主　　编：王　名
副 主 编：仝志辉
执行主编：马剑银
编　　委：陈洪涛　何建宇　李长文　李　勇　林志刚　张严冰　郑　琦　朱晓红
编辑秘书：刘彦霞　刘瑜瑾
刊物支持：上海增爱基金会

学术顾问委员会：
白永瑞（韩国延世大学）
陈健民（香港中文大学）
陈金罗（北京大学）
陈锦裳（香港理工大学）
陈旭清（中央民族大学）
大卫·霍顿·史密斯（David Horton Smith，美国波士顿学院）
邓国胜（清华大学）
丁元竹（国家行政学院）
高丙中（北京大学）
官有垣（台湾中正大学）
郝秋笛（Jude Howell，英国伦敦政治经济学院）
何增科（中共中央编译局）
华安德（Andrew Watson，澳大利亚阿德莱德大学）
黄浩明（中国国际民间组织合作促进会）
贾西津（清华大学）
江明修（台湾政治大学）
康保瑞（Berthold Kuhn，德国柏林自由大学）
康晓光（中国人民大学）
莱斯特·萨拉蒙（Lester Salamon，美国约翰-霍普金斯大学）
林尚立（复旦大学）
罗家德（清华大学）
马长山（华东政法大学）
马克·西得乐（Mark Sidel，美国威斯康星大学）
山内直人（Naoto Yamauchi，日本大阪大学）
沈　原（清华大学）
师曾志（北京大学）
天儿慧（Amako Satoshi，日本早稻田大学）
陶传进（北京师范大学）
托尼·塞奇（Tony Saich，美国哈佛大学）
王　名（清华大学）
王绍光（香港中文大学）
温铁军（中国人民大学）
吴玉章（中国社会科学院法学研究所）
谢寿光（社会科学文献出版社）
徐家良（上海交通大学）
雅克·德富尔尼（Jacques Defourny，比利时列日大学）
杨　团（中国社会科学院社会学研究所）
张　经（中国商会行业协会网）
张秀兰（北京师范大学）
张严冰（清华大学）
周延风（中山大学）
朱晓红（华北电力大学）
（以上均按首字字母排序）

本刊编辑部地址：北京市海淀区中关村东路1号院5号楼文津国际公寓807
电话：010-82423075
投稿邮箱：nporeviewc@gmail.com
英文版刊号：ISSN：1876-5092；E-ISSN：1876-5149
出版社：Brill出版集团
英文版网址：www.brill.nl/cnpr

China NonProfit Review Vol. 14 2014 No.2

中国非营利评论

清华大学公共管理学院NGO研究所
明德公益研究中心　主办

第十四卷　2014　No.2

社会科学文献出版社
SOCIAL SCIENCES ACADEMIC PRESS (CHINA)

本刊得到上海增爱基金会的赞助

理事长胡锦星寄语本刊：增爱无界，为中国公益理论研究作出贡献！

增爱无界

胡锦星

增爱公益基金會
More Love Foundation

主编按语

　　治理绝非今日中国之新话题，乃数千年来中国思想界不断探讨的亘古命题。从老子、孔子、孟子、庄子等诸子百家，到西汉董仲舒天人合一、独尊儒术的新儒学，以至宋明的程朱理学、陆王心学，从儒家，到道家乃至佛教，天道何治？世道何治？家国何治？德行何治？心性何治？治理的种种境界为历代思想家们所追索，留下来博大精深的文化遗产，为今日探索治理现代化提供了宝贵的历史线索。本期幸得多篇佳作。詹石窗对道家天道治世、无为而治思想的解读，杨燕关于儒家至诚无息思想的论析，姚中秋对孔子自治思想的发掘和阐析，均不失为古为今用的积极探索。期待以此为由，唤起更多的思考与讨论，让中华传统文化的思想之光照耀我们探索治理现代化的心路。

卷 首 语

6月初，我邀几位友人驱车访佛教圣地五台山，一了夙愿。

十多年前我曾借调研间隙云游五台，那山水雾雨，亭台楼榭，古庙老僧，给我留下极好的印象。后错过多次机会。友人新民前年来京一聚，唤起我重游五台的期许。拨开课业和诸多缠身凡事，近日终以兑现。

驱车驶近五台山，微雨清风中扑面而来的是仿佛梦境中的西风古道。传说中的五台原为太行山的五座山峰，因文殊菩萨与东海龙王的一段佳话而连为五指平台。千百年来，这里道场连山，香火不断，汇聚了中华传统文化中道家和佛教的各路风水、诸神仙气，迄今依然是宗门弟子修行论道的不二法门。踏进女子佛学院的深深幽院，脚下的青砖，头顶的青天，眼前的青衣青衫和青青的戒律，托起700个花样的青春书写青青心经。莫叹风雕月，这是离天最近的灵地。来到菩萨顶——这个被誉为"小布达拉宫"的藏传佛教圣地，金顶红墙，满眼肃穆。与章样摩兰住持的对话、合影，让同行的友人接到福运来电。正殿下的一副对联惟妙惟肖地刻画出五台圣境："五百里道场风风雨雨依然日出东台月挂西峰花发南山雪霁北巅，两千年香火断断续续又是晨钟悠扬晚馨清澈香烟缭绕腾幡翩纤。"晚餐后的茶坐间歇，我忍不住用蹩脚的书法将它摹写下来。傍晚的显通寺笼罩在沉沉暮色中。导游告诉我：这是文殊菩萨多次显现真容的地方。大殿下一副对联巧妙刻画斯景："灵鹫鹫灵灵灵鹫，真容容真真真容。"次日晨，冷风清月下，我们来到位于五台中心的五爷庙。相传龙王的五公子移住这里，带来人间祥和。人们为纪念他而修此庙。跨入庙门，一阵鼓乐声不绝于耳，原来五爷喜欢晋剧，香客可一边上供一边赏剧，可谓"人佛共赏"。早餐后，阴天冷云中，我们驱车上五台最高峰北台。过了两个关口，山路险峻，一途向上，迎面扑来滚滚浓雾，如腾云驾雾般惊险奇妙。北台的无垢文殊庙海拔 3061 米，被称为"华北第一峰"。微雨中，与一位满面红光、自称为"当家的"法师合影，仙气沾衣。下山的路一样险峻而刺激。顺道而至东台望海寺，雨歇雾散，那路捐百元，得聪明笔，兴奋不已。午餐后，大家建议小憩，我则选择登山。爬上附近的山顶，踩着羊群的脚印，与云聊天，借风散心。驱车驶离云雾缭绕的五台景区时，不知不觉过去了 20 多个小时，浸淫在浓郁的佛教文化中，汉传与藏传相伴，密宗与显宗同在，感天地之灵气，染古今之仙风，这忙里偷闲的短暂神游不仅彻底放松了身心，更贴近了神灵。

访五台后不久，我又携家人访台自由行，实现了多年来两岸亲人团圆的梦想，并去了佛光山、慈济和法鼓山三大佛教圣地。一路所见，令我打开了对文化的悟道，打消了许多蒙昧的成见，益发相信灵性乃人生社会的一大境界。

本卷讨论中国传统的治理思想。我们深信在博大精深的中华传统文化中，埋藏着大量可古为今用的治理思想的瑰宝。本卷有幸得多篇佳作，与读者诸君共赏。我们期待更有价值的思想和观点的碰撞，使这一讨论能够继续下去。

时逢那路生日，借笔祝他快乐进步。多年来，他和《评论》一起成长，研文习武进步了不少，模样、举止和志趣都更有君子风范了。对于未来，他只求进步，梦想成为古人所求的士君子。我们也梦想，让《评论》成为士君子的天地。

王　名

2014 年 7 月 3 日

目　录

CONTENTS

3

大道用世论

——传统管理智慧的当代解读

詹石窗[*]

【摘要】道家管理学具有宏观视野，尤其在社会管理上积累了丰富的经验。历代道家学者通过总结历史经验和观察人间各种活动，形成了独具特色的管理精神和行政方略。一方面，道家提出了自己的理想社会模式，这就是"至德之世"。在这种社会里，人民纯朴，上下亲和，人与自然关系融通。基于"至德之世"的理想，道家形成了"无为而治"的管理精神和"由道而法"的行政方略。道家的"无为"不是无所作为，而是遵循天道、尊重每个个体创造力的最大作为；道家的管理体现了动静相兼、和合有序的理路。

【关键词】道家　无为　方略

道家倡导"内圣外王"，这意味着修行既是个人的事，也是全社会的事。换一句话来说，修行不仅要实现自我的人格完善，还要实现社会的整体完善。因为道家修行所奉行的内圣外王目标，把个人修炼成仙与仙

---

* 詹石窗，哲学博士，四川大学老子研究院院长、四川大学道教与宗教文化研究所教授、博士生导师，教育部重大攻关项目"百年道学精华集成"首席专家、国家社会科学基金重大项目"百年道教研究与创新工程"首席专家。

圣治世两者有机结合起来，所以个人的身心健康与社会的公共健康也就具有一致性了。从这个意义上来看，无论先秦的道家或者东汉以来的制度道教，都不像以往某些学者所说的那样消极避世、不关心社会民生。恰恰相反，正是由于关心社会民生，从道家到道教都提出了社会理想，并且通过一定的实践活动，为实现自己的社会理想而奋斗。

一　大道盛行的理想社会

在社会目标上，道家与道教有什么主张？他们是如何实施其主张的？让我们先看看李约瑟博士的一段论述再展开分析。

（一）李约瑟对道家理想社会的概括

道门中人心目中的理想社会是什么样子的？关于这个问题，英国皇家学会会员、著名的中国科技史专家李约瑟博士有一段精辟论述，他指出：

> 道家在自然观察中愿意展示的那阴性的承受性，是和他们认为必须在人类社会关系中占主导地位的阴性的柔顺性分不开的。他们必然是和封建社会相对立的，因为他们所相信的那种柔顺性是和这种社会不兼容的；它适合于一种合作的集体主义的社会，同时在真正意义上也是这种社会的诗意的表现，这种社会在青铜时代原始封建社会的贵族、祭司、武士还没有完全分化之前的原始集体村社内，曾经一度存在过；在道家兴起之前的几个世纪之内，在中国文化的边沿地区仍然可能有这种社会存在；而且这种社会还要再度出现（尽管道家不能知道，人类在重新回到他们的理想以前，必须经历几千年之久）。道家的洞察力是如何之深邃，可见之于美国昆虫学家惠勒（Wiliam Morton Wheeler）和伯格曼（Ernst Bergmann）的精彩论文，其中极力主张，清算男性的进取性乃是促使合作集体主义社会成功的最重要的因素之一……道家进行了两千年坚持社会主义立场的活动……（李约瑟，1990：66~67）

李约瑟博士所谓"道家"是一个广义的概念，它包括以老子、庄子为代表的先秦道家，也包括东汉以来的道教。按照李约瑟的观点，道家的理想社会有两大特征：一是集体主义，强调人与人之间的合作互助；二是柔顺性成为社会的主导。在李约瑟看来，道家的这种理想社会在本质上是"主阴"的。所谓"主阴"是与"崇阳"相对而言的。作为中国文化史上的重要概念，阴与阳具有广泛的应用，无论是自然界还是人类社会，各种各样的事物都可以用阴阳进行概括。例如女人是阴，而男人是阳。如果说"崇阳"意味着对男人统治的一种表述和对刚性力量的崇尚，那么"主阴"则象征着女性在社会中的主导地位或者柔性力量在社会上居于主流。李约瑟这番论述是基于中国传统社会发展的历史提出来的，也是对老子思想的一种比较深刻的解读。他以提纲挈领的方式，描述了上古道家与道教的社会蓝图以及生存、组织方式，有助于我们理解道家的理想社会模式。

（二）道家的理想社会

道家的理想社会到底是怎样的？从种种文献记载可知，道家喜欢追溯以往的历史，通过对不同历史阶段社会状况的描述来表达自己的理想社会模式。关于这一问题，《淮南子·览冥训》有一段比较典型的陈述：

> 昔者黄帝治天下，而力牧、太山稽辅之，以治日月之行律，治阴阳之气，节四时之度，正律历之数，别男女，异雌雄，明上下，等贵贱，使强不掩弱，众不暴寡，人民保命而不夭，岁时熟而不凶，百官正而无私，上下调而无尤，法令明而不暗，辅佐公而不阿，田者不侵畔，渔者不争隈。道不拾遗，市不豫贾，城郭不关，邑无盗贼，鄙旅之人相让以财，狗彘吐菽粟于路而无忿争之心。于是日月精明，星辰不失其行，风雨时节，五谷登孰，虎狼不妄噬，鸷鸟不妄搏，凤皇翔于庭，麒麟游于郊，青龙进驾，飞黄伏皂，诸北、儋耳之国，莫不献其贡职。（刘文典，1989：205~206）

《淮南子》这段话通过描述黄帝"治天下"的清明盛况，寄托了道家所崇尚的理想社会。这种理想社会的总体特征是"治"而有序，所谓"治"是从认知日月运行的自然规律入手，之所以要从认知日月入手，是因为日月直接关系到人们的生存，如果不能掌握日月运行规律，就无法有效安排各种社会生活。在行文中，《淮南子》用了一个很有启发意义的词汇——"行律"，它既表征日月的运动规律，也意味着一种自然启示。按照《淮南子》的看法，在了解日月"行律"之后，还应该进一步"治阴阳之气"。如果说"治日月之行律"是一种相对具体的探索认知活动，那么"治阴阳之气"则是一种由具体到一般的精神升华。有了这种升华，就可以达到社会理想状态，这种状态有两个基本特点：一是社会和谐有序，具体表现为男女有别，雌雄有异，上下分明，贵贱同尊，辅佐人君的大臣刚正不阿，百官秉公执法，法令公开透明，强势群体不会欺负弱势群体，耕田者不会超越边界，打鱼者不会争夺临近的水域，没有欺诈，没有盗贼，大家相互谦让，没有仇恨与争夺的现象，整个社会非常安宁，人们都能够尽天年之寿命；二是人与自然和谐有序，具体表现为日月星辰运转正常，风调雨顺、五谷丰登，虎狼不随意扑咬，猛禽不随便搏击，凤凰翱翔于庭院，麒麟闲游于郊外，青龙进献车驾，神马安伏饲槽，边远的国家纷纷前来朝贡，一派祥和景象。

从行文语气来看，《淮南子》是肯定黄帝治世真实性的。作者以记录历史事实的姿态，描述了令人向往的淳朴社会景象，字里行间充满了对黄帝治世的赞美。之所以赞美，是因为这样的社会给后世树立了一种可以通过努力而实现的理想目标。

《淮南子》对理想社会的憧憬是有文化传统的。早在先秦时期，老子、庄子等道家先驱已经对此有诸多论述。老子《道德经》第十七章说：

> 太上，不知有之。其次，亲而誉之。其次，畏之。其次，侮之。信不足焉，有不信焉。悠兮其贵言，功成事遂，百姓皆谓我自然。

在这一章里，老子通过对比，彰显理想社会的自然状态。依照百姓的态度，老子把人间社会分为四种类型：第一种是"太上"的圆满社会，在这种社会中，老百姓都不知道有人在为公共事务工作，更感觉不到被统治的压力；第二种是百姓"亲誉"的社会，在这种社会中，圣人担当社会公共职责，与老百姓同甘共苦，老百姓不仅亲近担当公共职责的领导者，还交口赞誉；第三种是百姓畏惧的社会，在这种社会中，统治者执行严刑峻法，所以老百姓都感到害怕；第四种是百姓起来侮辱统治者的社会，在这种社会中，统治者言而无信，处处欺压百姓，直到老百姓忍无可忍，最后揭竿而起，推翻统治者，让那些极施淫威的统治者感受到侮辱。从其描述中可知，老子是肯定"太上"圆满社会形态的。

在老子《道德经》中，除了通过对比来彰显社会理想之外，还特别阐述了"小国寡民"的社会生存模式，该书第八十章说：

> 小国寡民。使有什伯之器而不用。使民重死而不远徙。虽有舟舆无所乘之。虽有甲兵无所陈之。使民复结绳而用之。甘其食、美其服、安其居、乐其俗。邻国相望，鸡犬之声相闻。民至老死不相往来。

如何理解老子的"小国寡民"社会图景呢？老子这一章所谓"国"不是具有"天下"意义的"国"，而是诸侯国意义上的"国"。在春秋时期，最高统治者被称作"天子"，他统治的范围称作"天下"，在"天下"里分出若干诸侯国，这种"国"又称作"邦"，是一种地方自治区域。有人说《道德经》这一章表明老子反对大一统的天下，这是极大的误解。读老子《道德经》，我们可以看到短短五千言，不时地使用"天下"这个词汇，例如第十三章的"故贵以身为天下，若可寄天下"，再如第二十二章的"是以圣人抱一为天下式"等等，都反映了老子具有非常宽广的视野和整体意识。第八十章之所以不用"天下"，而用"国"，只是为了阐述一种社会管理的理想模式。按照老子的设想，天下应该划分出许多可以自治的"国"。这种"国"的领土范围不大，人口也不多，尽管有很多先进工具，却不必使用：人民珍惜生命，所以不愿意远徙他乡；虽然有车有船，却没有乘坐的必要；虽然有兵器，但社会安定，完全没有使用的时候。在这种社会里，人们吃得好、穿得好、住得好、心情也好。国与国之间鸡犬的叫声都能听见，但少有那种为了名利而熙熙攘攘的"往来"。人们纯朴天真，充分地享受自由快乐、无忧无虑。

老子之后，《庄子·马蹄》描述了"至德之世"的理想社会图景：

> 至德之世，其行填填，其视颠颠。当是时也。山无蹊隧。泽无舟梁，万物群生连属其乡，禽兽成群草木遂长。是故禽兽可系羁而游，鸟鹊之巢可攀援而窥。夫至德之世，同与禽兽居，族与万物并，恶乎知君子小人哉？同乎无知，其德不离，同乎无欲，是谓素朴。素朴而民性得矣。

《庄子·马蹄》篇中所谓"至德"，从字面上讲就是至高无上的"德"，而"至德之世"指的是至高无上的"德"盛行的社会。《庄子·马蹄》的"至德"与老子《道德经》的"上德"是同一种境界，都表明一种非常圆满的状态。为了陈述这种状态，《庄子·马蹄》篇用了"填填"与"颠颠"作为整体面貌的概括。按照焦竑的解释，"填填"形容"迟重"，也就是稳重；"颠颠"形容专一，也就是没有非分之想。意思是说：在至德的社会里，人们的心念行为稳重而专一。那个时候，山里没有蹊径隧道，河海湖泊没有船舶过渡，各种不同的物种一并存在，飞禽走兽成群结队，草木生长繁茂，一派欣欣向荣的景象。由于没有伤害的心念，没有占据的行为，人与其他动物相处得很好，彼此没有什么隔阂，人们甚至可以用绳索把各种动物与自己连接起来一起游玩，还有鸟雀的巢穴也可以攀上去看看。总的来讲，《庄子》的"至德"社会，有两大特点：一是人与禽兽和平相处，大自然的各种生物自然而然地生长；二是人心十分淳朴，大家没有非分之想，知足常乐，彼此不用斗智，也就无所谓君子与小人的分别了。为什么可以达到这样的境地呢？那是因为人们保持着淳朴的天性。

在《庄子》一书中，有多处描述"至德之世"的情况。除了上面引述的《马蹄》篇之外，《天下》篇也言及"至德之世"的特质，指出在这种社会中，"不尚贤，不使能，上如标枝，民如野鹿。端正而不知以为义，相爱而不知以为仁，实而不知以为忠，当而不知以为信，蠢动而相使不以为赐。是故行而无迹，事而无传"。所谓"不尚贤"来自老子《道德经》第三章。老子的意思是说，社会上虽然存在贤才，也需要贤才，但用不着标榜，这样可以使天下百姓们不会争夺贤位。至于"不使能"则是针对《墨子》"使能"说的。《墨子》所谓"使能"是以尊尚有才干的人为前提。本来，一个社会让有才干者发挥作用，这是无可厚非的，也是应该的，但在道家看来，如果宣传过分也会造成社会不平等之类等诸多问题。所以，老子反对"尚贤"，当然也不主张靠技巧而居于社会高位。《庄子》继承了老子思想并且有所发挥。在《庄子·天下》篇看来，在"至德之世"中，虽然有君主的存在，却像树立标杆一样，他们不会对人民采取什么统治手段，所以普通百姓的生活无忧无虑，像野外的麋鹿一样自由奔跑。人们的行为自然是端正的，所以不知道什么叫作"义"；大家相亲相爱，所以不知道什么叫作"仁"；大家交往很实在，所以不知道什么叫作"忠"；大家的行为得当，所以不知道什么叫作"信"；大家依照本能相互帮助，不以为是馈赠，所以行动没有留下刻意的痕迹，事情办好了也用不着宣传。《庄子·天下》把"至德之世"不仅看成百姓的理想国，还是君王无忧患的社会。

（三）道教的理想社会

作为一个以生命为本的传统宗教，道教的长远理想是修炼成仙，但这并不意味着道教远离社会、远离人们的现实生活。因为修炼成仙是一个历史过程，所以道教在为生命理想而努力的过程中，必然涉及一系列社会问题，尤其是修炼的自然环境、社会环境等等。另外，按照道教的精神，修炼成仙并非只是个人的目标，还具有更为深刻和丰富的内涵，其中包括社会团体成员的身心健康、人格完善等。鉴于这样的理念，道教一方面继承老庄的理想社会模式，另一方面则对老庄的理想社会模式予以具体化和时代化解读。

早期道教经典《太平经》提出了一个致"太平"的理想社会蓝图。该书首先解释了什么叫作"太"，以为"太者大也，乃言其积大行如天"；其次解释什么叫作作"平"，以为"平者，乃言其治太平均。凡事悉理，无复好私也"；又说："太者大也，平者，正也。"（王明，1960；

148）按照这个解释，"太"意味着对"天"的效法，具有"天"的自然本性；至于"平"则有三个特点：第一是"太平均"，也就是在财富分配、福利享受等方面都达到均衡和谐状态，《太平经》在"平均"之前特别用了"太"字，表明这不是一般的平均，而是达到完善美好的状态。第二是"悉理"，所谓"理"即有条不紊、井然有序，就是说，在太平社会中，不论什么事情都非常有秩序。第三是"无复好私"，言外之意就是达到公平、公正，因为"私"是与"公"相对而言的，不好私，反过来就是强调社会的公平。在这里，作者用了一个"复"字，表明这样的社会不能再反复回到"私欲膨胀"的状态。

《太平经》的"太平"理想社会蓝图是基于老子《道德经》的"道气"论而提出来的。在论述宇宙形成过程的时候，老子不仅阐述了"道"生化万物的功用，还指出了阴阳相感成就的"冲气"，这种"冲气"的最大特点是交通成和，《太平经》根据老子"冲气以为和"的精神，指出了太平理想社会是由于"太平气"的存在，它说："气者，主养以通和也；得此以治，太平而和，且大正也，故言太平气至也。"（王明，1960：148）照此说来，天下太平的标志是因为"太平气"的存在，其基本特质是"和"。这个"和"表现在天地人、君臣民关系上的"合"，《太平经》称之为"三合相通"。在《太平经》看来，天地人三统，不可能孤立存在，而是相须而立、相须而成，这就好像一个人的头、腹和脚的关系，不论去掉哪个部分，都将残破毁败，所以，"太平"理想社会的首要标志是天地人三统处于和合不乱的状态，在这种状态中，日月星辰，周转不息，春夏秋冬，往来有序，人不会受到天地失常的伤害，而人自身也不会背离天地之德而伤害自然。与天地人三统的和合相对应，人类社会中的基本关系君臣民也是和合的。《太平经》说：

> 故君者须臣，臣须民，民须臣，臣须君，乃后成一事，不足一，使三不成也。故君而无民臣，无以名为君；有臣民而无君，亦不成臣民；臣民无君，亦乱，不能自治理，亦不成善臣民也；此三相须而立，相得乃成，故君臣民当应天法，三合相通，并力同心，共为一家也。比若夫妇子共为一家也，不可相无，此天要道也。（王明，1960：150）

《太平经》这段话阐述了君臣民三者之间相互依存的和谐关系是天下大治的关键，而这种相互依存的关系是出于"天法"。《太平经》认为，如果君臣民三者都能依"天法"行事，达到"三合相通"的境地，社会就会成为一个和谐的大家庭。从直接的层面看，《太平经》是在说君臣民和合的重要性，但在深层次中却表达了一种构建依天道而行、君臣民上下和谐、犹如一个完美家庭般理想社会的美好愿望。

　　从某种意义上说，"治"也是一种社会理想。因此，《太平经》在描述和谐的社会景象时常常言及"治"。基于修炼成仙的基本信仰，《太平经》提出了社会治理的结构图标，它把治理者分为六种类型："一为神人，二为真人，三为仙人，四为道人，五为圣人，六为贤人，此皆助天治也。"（王明，1960：289）他们的分工是"神人主天，真人主地，仙人主风雨，道人主教化吉凶"，圣人、贤人则相互辅助管理天下苍生。神仙世界的最高统治者是天君，天君下属各路神仙，"大神为上主领群神"（王明，1960：710）。这种明确的分工和相互合作的治理格局体现了《太平经》作者对和谐社会秩序的强调。

　　从以上论述可知，《太平经》的理想社会蓝图、老子《道德经》的"小国寡民"模式以及《庄子》所憧憬的"至德之世"在形式上是有所不同的。之所以不同，是因为《太平经》作者面临的是汉代社会曾经出现的混乱情形和儒家思想占据统治地位的现实。考虑到当时社会民众的接受程度，《太平经》作者采撷儒家的君臣关系论，并且作了变通。不过，从实质来看，《太平经》基本上是沿着《道德经》与《庄子》的精神轨迹来阐述其理想社会模式的。它所强调的依然是人们的素朴性。因为在神仙社会中，社会管理者是遵循天道的，而天道是自然纯朴的，所以社会管理者以天道治世的时候，最终的效果当然是复归于"朴"了。

　　《太平经》之后，道门中人虽然比较关心身心性命的具体修养和精神超越问题，但有关理想社会问题的探讨也作为一个方面不时地出现在经典诠释与杂著之中。例如南宋末元初道士邓牧所著《伯牙琴》就是一例。该书模仿《庄子》的语气说：

> 古之有天下者，以为大不得已；而后世以为乐。此天下所以难
> 有也。生民之初，固无乐乎为君；不幸为天下所归。而不可得拒者，
> 天下有求于我，我无求于天下也。子不闻至德之世乎？饭粝粱，啜
> 藜藿，饮食未侈也；夏葛衣，冬鹿裘，衣服未备也；土阶三尺，茅
> 茨不穷，宫室未美也；为衢室之访，为总章之听，故曰："皇帝清问
> 下民"，其分未严也；尧让许由而许由逃，舜让石户之农而石户之农
> 入海，终身不反，其位未尊也。夫然，故天下乐戴而不厌。惟恐其
> 一日释位而莫之肯继也。（邓牧，1959：4）

　　邓牧这篇文章以对比的方式，说明古今为君之不同。文中通过设问，提出了"至德之世"，显然是受了《庄子》的影响。他所向往的是上古时期那种不以天下为己有的社会。那个时候，人们直接从大自然中采撷食物，没有奢侈风气；夏天穿葛衣，冬天披鹿裘，没有华丽的穿着讲究；至于住宿也很简单，不过是垒砌三尺高的土阶，用茅草为盖而已，根本没有盛大的宫殿建筑。作为统治者的君主与普通老百姓在生活条件上没有什么区别，上下之间没有严格的位置之分，人们不会想占有天下。例如，尧希望把君主的位置传给许由，而许由逃跑不想接受；舜要把天下让给他的朋友——一位住在石户的农夫，结果这个农夫却埋怨舜太不够意思，把这么沉重的负担转嫁于人，于是带着妻子儿女逃到海里的荒岛上，再也没有回来。邓牧以《庄子·天下》中的故事为证，说明上古时期人们不眷恋君主大位，所以天下人反而乐于拥戴那些肯为民众服务的有德君子。不难看出，邓牧所向往的是一种关系简单、生活简朴的社会。像邓牧《伯牙琴》中的这种描述在道教文献中虽然不多，却典型地体现了宋元以来道教的社会理想。

二　无为而治的施政原则

　　以黄帝、老子为大宗的道家体系，不仅构建了别具一格的社会理想蓝图，还依据"天文"与"人文"对应的思路，提出了"无为"的施政原则。

（一）无为的精神：顺应自然

"无为"这个词汇的确切含义对于当今的一般民众来说依然是陌生的，因为这不是生活用语，而是政治哲学术语，所以普通人不熟悉是不奇怪的。至于知识阶层和领导干部，情况比较复杂：其中，有很熟悉的，有比较熟悉的，也有非常不熟悉的。这种复杂情况发生在当代中国是正常的，因为当代中国的知识领域与古代中国的知识领域有很大不同。人们在分工越来越细的情况下往往难以了解本行业以外的术语，所谓"隔行如隔山"形容的就是这种情况。

孔夫子说，"知之为知之，不知为不知"。承认自己对某事某物不知道，这是实事求是的态度。然而，当今学术界和政界，有一些人实际上并不了解"无为"的由来和内涵，却偏偏要给"无为"来一番定性，说"无为"就是无所作为，是消极、落后的，反映了没落贵族的思想立场等等。这种看法曾经在数十年中占据主导地位。

"无为"真的表示无所作为吗？非也。为了正确理解"无为"的内涵，《道德经》第三十七章说：

> 道常无为而无不为。侯王若能守之，万物将自化。化而欲作，吾将镇之以无名之朴。无名之朴，夫亦将无欲。不欲以静，天下将自定。

老子告诉我们：大道化生天地万物，任其自然生长，从不加以干涉，这就是"无为"。从宇宙的存在状态来看，金、木、水、火、土五行变迁，春、夏、秋、冬四季轮换，没有一样不是大道的造化，这一切便是"无为之道"产生的"无不为"结果。假如侯王能够恪守"无为之道"，天下万物便自然生化不息，丰盛富足。但是，丰盛富足的物质难免会使一些人私欲膨胀，导致种种贪婪欺诈行为。如果侯王善于治世，就应该以身作则，少私寡欲，并且以"无为"的道理去开导和教化私欲过剩者，人民自然归于清静且无争夺，天下自然就能够安定。

理解此道理，我们就可以回过头解释一下本节开头所谓"天文"与

"人文"对应的问题了。中国古代所谓"天文"与当今的"天文学"是有所不同的。《周易·贲》之《彖》辞说:"观乎天文,以察时变;观乎人文,以化成天下。"此《彖》辞的"天文"指的是天的自然纹理,可以理解为天体的各种自然现象,而"人文"指的是社会人伦,即人与人之间的关系。整句合起来的意思是说:考察天体运转的自然现象,就能够预知时节与气象的变化;考察社会人伦,就能按照普遍的法则来教化天下百姓。可见,《周易》的基本思维方式乃是天人对举,从天道观察入手,进而推论人事,其中蕴含着人类社会应该效法天道的精神。老子《道德经》的"无为"论与《周易》这种思维方式是颇为一致的。就文化传承而言,《道德经》的"无为"理论乃是《周易》观天道以推人事这种思维模式的贯彻结果。正是基于"天文"与"人文"相互关联的思路,老子将大道的"无为"法则与侯王应该有的行为联通起来论述。在老子心目中,大道的无为特征可以用"朴"来形容。所谓"朴",乃是树木的自然状态,没有他者干预,保持纯真本性。在没有进入名相思考范围时,这种天然的树木就称作"无名之朴",它意味着没有乱作的欲望,侯王治理天下的简单道理就是恪守一个"朴"字。如此,内心清静而合于大道本性,天下也就自然而然地平定了。

顺应自然的"无为"精神对于社会政治生活来说相当重要。关于这一点,可以秦汉社会更替的情况来说明。大家知道,历史上的秦始皇是一个好大喜功的君主,贾谊《过秦论》曾经描述说:"及至始皇,奋六世之余烈,振长策而御宇内,吞二周而亡诸侯,履至尊而制六合,执敲扑以鞭笞天下,威振四海。"耀武扬威的秦始皇,虽然在统一度量衡、统一文字、统一国土方面作出重大贡献,但他主导下的秦国兴师动众,横征暴敛,劳民伤财,致使民不聊生,怨声载道,最终引发农民大起义,丢失政权。汉代秦而立,百废待兴,无论是王朝政府还是普通百姓都相当贫困。在这种背景下,"无为而治"的黄老道学政治思想在社会上勃兴,名相曹参、张良、萧何等人深感实施"无为而治"方略的意义。与民休息,发展生产,成为当时的基本导向。经过一个阶段的努力,社会逐步恢复元气。汉文帝、汉景帝时期,"无为而治"思想进一步被当时掌握大权的一批政治家们所认同,并且成为这一时期治国的基本方针,故而生产力大幅度提升，社会财富迅速增加，出现了"道不拾遗，夜不闭户"的良好社会风尚，整个社会安定繁荣，史学家们将这个时期称作"文景之治"。秦朝到汉初的事实证明：能否遵循"无为"精神来治理国家，其结果是大相径庭的。

（二）无为：对施政者膨胀私欲的制约

老子的"无为"精神原则，是在观察天道的情况下提出来的，也是在思索人间社会复杂关系的情况下提出来的。按照老子《道德经》的基本思路，天道是自然无为的，而人间社会本应该效法天道，顺应自然无为的运行大势，这样才能使社会享有公平与公正。然而，人间社会的现实却并非如此，他意味深长地指出：

> 天之道，其犹张弓与？高者抑之，下者举之，有余者损之，不足者补之。天之道，损有余而补不足；人之道则不然，损不足以奉有余。

老子把天道的运化比作"张弓"。他以设问和比喻的方式阐述"天之道"与"人之道"的区别："天之道"的自然法则，不就像拉弓射物吗？弓位高了就要往下压一压，弓位低了就要往上抬一抬，这就是天道，用多余的来补不足。可是，"人之道"却与"天之道"相反，不是损有余以补充不足，却是损不足以奉有余。于是，富的更富，穷的更穷。整个社会也就处于一种贫富悬殊、矛盾逐步激发的状态。在老子看来，人间社会这种损不足以奉有余的现象是违反大道自然法则的做法。

而人间社会之所以发生"损不足以奉有余"的怪现象，在老子看来，就在于政府官员个人私欲膨胀，不能出于公心。对于那些自私自利的政府官员的行为，老子以犀利的笔锋予以抨击。《道德经》第五十三章说：

> 朝甚除，田甚芜，仓甚虚，服文彩，带利剑，厌饮食，财货有余，是谓盗夸。非道也哉！

这一章通过对比，描述了社会贫富悬殊的情形：一方面是耕作者的田园荒芜，仓廪空虚，人民的吃穿得不到保证；另一方面是负有社会管理责任的部分官员忘记了廉俭的品德，他们穿着华丽的衣服，佩上明亮的利剑，吃厌了山珍海味，玩腻了声色犬马，财产很多，受用不完，却从不去接济别人。对于这些官员，老子给予非常严厉的批判，说他们简直就是强盗头子。在老子看来，这种占有欲望强烈的官员被私心所驱使，他们在决策的时候处处考虑的是既得利益，所以不可能符合大道精神。

老子《道德经》基于"无为"理念对那些将社会财富占为己有的自私自利官员的批判是相当深刻的，体现了老子对社会的深层反思，也很有现实意义。当今社会，有一些官员不正是如此吗？他们拥有人民给予的权力，却处心积虑地为自己谋利益，而不为社会百姓谋利益。他们利用手中职权和可能的机会，侵吞国家财产，贪污受贿。善于钻营的腐败官员往往喜欢搞蒙骗百姓的"建设工程"，他们表面高举"建设"大旗，却在暗地里勾结开发商，搞权钱交易，他们不顾百姓死活，强行拆迁民房，使得许多人无家可归，有的被拆迁者甚至被迫自焚，酿成一幕幕悲剧。广大老百姓对那些横行霸道的贪官恨之入骨却无可奈何！当中国共产党和政府惩治腐败，将许多贪官绳之以法的时候，老百姓拍手叫好！事实证明：党和政府惩治不法官员的腐败行为，这是顺应民心的英明决策，也是符合大道精神的。

其实，如何做一个让老百姓欢迎的领导者，老子《道德经》第五十七章早有告诫：

> 我无为而民自化，我好静而民自正，我无事而民自富，我无欲而民自朴。

这是发人深省的金玉良言。文中的"我"代表关怀百姓的圣人。当圣人居于领导岗位的时候，他们最为关心的是人民能否安居乐业。为了让老百姓过得幸福，圣人采取的是"无为而治"的治国方略。在此处的四句话里，老子明确指出了实施"无为"的效果——"民自化"，社会上形成了淳朴的乡风民约，老百姓自我管理、自我约束，这一切都是因为领导者真正把握了"无为"准则的缘故。就领导者风范来说,"无为"的具体内涵就是"好静"、"无事"、"无欲"三个方面。"好静"表示领导者冷静地面对一切事务,不可莽撞行事,更不可为私心所驱使,而应该正己不贪,这样才能使老百姓有效法的榜样,从而端正行为。"无事"表示领导者不要瞎折腾,更不要随便兴师动众搞这样那样的建设,这样那样的方案、审查,结果却是劳民伤财,无功有害;相反,应该给老百姓宽松的社会环境,唯有如此,老百姓才能感到自由自在,没有压迫,从而发挥自己的聪明才智,达到自然致富的目的。"无欲"表示领导者必须去除个人的种种欲望,时时刻刻,出于公心办事,这样才能使老百姓安心地生活,从而保持淳朴本色。

当然,必须指出,老子《道德经》讲"我无欲"并非意味着担当了领导职务就不能有任何生理情欲,而是特指在履行公职的时候不能有私心,更不能侵吞国家或集体财产,不能损害公众利益。至于维持生命基本生理情欲,老子《道德经》只是告诫应该有所节制,例如第十九章说的"见素抱朴,少私寡欲"就是这方面的忠告,它包含两层意义:一是承认人的基本生理情欲,乃合于自然本性,所以必然存在;二是告诫人们应该注意克制过度的情欲,所谓"少"、"寡"其实就是说"饮食男女"的生理情欲不能任其无限制地膨胀。由此延伸到领导干部来说也一样,因为领导干部首先是人,享有作为人的基本权利。不过,即便如此,也依然需要节制生理情欲。不然,任其泛滥,不仅可能损害自己的身心健康,也对社会风气乃至国家政治产生巨大危害。

(三) 无为:正确决策的思想前提

就社会管理来讲,"无为"说到底就是以"天人合一"为纲领,认识和遵循社会运动规律,从而进行正确决策。

所谓正确决策,最重要的前提就是破除偏见。因为只要存在偏见,就会被假象所迷惑,无法真正作出符合客观事物运行规律的判断,从而造成决策失误。

人为什么会形成偏见呢?除了自我私欲的干扰之外,还在于认知存在问题。大家知道,一个人自从生下来之后,就受到了两种限制:首先是受到生活范围的限制。由于处境不同，每个人的生活范围是有区别的，有的人生活范围大一点，有的人生活范围小一点，但不论是大一点的，还是小一点的，只要将其范围放在茫茫宇宙之中，就都显得非常渺小。因此，人的认知眼界从一开始就受到制约。这种制约造成了人们在认识事物时有可能造成偏差。就社会领域的认知来讲，这种制约也是存在的。例如在东部生活的人对西部的情况就不一定能够了解得详细和深入；反之，在西部生活的人们也不一定能够对东部的情况了解得详细和深入。再如一个从事机械制造的专家不一定能够了解病人的疑难杂症；反之，一个医生也不一定能够对机械制造过程了解得透彻。由于地域和行业分工的关系，人们通过某种途径得来的具体知识本来就具有局限性。其次是受到既得知识传统的限制。为了"种类"的繁衍，老一代会将自己的知识传授给下一代。就生活经验来讲，由老一代传下来的知识大部分都是有用的，其中包括语言、习惯以及各种常识等。然而，由前代人传授的知识本身就是有局限的，这不仅在于前代人的认知本来就受到局限，而且在于随着时间的变更，认知对象的情况发生变化，由此造成了知识传统与认知对象实际情况的不一致。不论是认知空间的限制，还是知识传统的限制，人们都可能形成某种偏见，并且把这种偏见当作"真理"。

在《庄子·秋水》中，有个"井底之蛙"的寓言故事，反映的就是这种情形。作者告诉我们：有一只青蛙，住在一口浅井里。有一天，从东海来了一只巨鳖。青蛙对巨鳖说："我生活在这里真快乐啊！你看，当我高兴的时候，就跳到井外，攀援到栏杆上，蹦蹦跳跳，痛快地玩耍。要是玩累了，我就回到井里，躲藏在井壁的窟窿里，闭上眼睛，舒舒服服地休息。这里的水不深，我跳进井水中的时候，井水差不多浸到我的两腋，我轻轻托住下巴，在水上漂浮；井中的稀泥很软，我就把双脚埋在里面，那种感觉太好了！再看看周围的那些小虾、螃蟹、蝌蚪什么的，谁能比得上我快乐呢？再说，我独自占领了一口井水，尽情地享用其中的乐趣，这样的生活实在太美了，在下邀请您进来看看吧！"巨鳖接受了井蛙的邀请，准备到井里看看，但它的左脚还没有跨进去，右脚就已经被井的栏杆给绊住了，巨鳖不得不慢慢退回去，然后站在井旁对青蛙讲述大海的奇观："兄弟，您知道海有多大吗？即使用'千里之遥'来形容，也难于说明它的波澜壮阔；即使用'千丈之高'来比喻，也不能表示它的高度。还在夏禹的时候，气候很不好，十年当中就有九年在下雨，大水泛滥成灾，但却感觉不出海面已经增高了；商汤的时候，气候更反常了，八年当中就有七年干旱，四面八方的土地都裂开了缝隙，但依然感觉不出海岸降低了。我生活的东海啊，不因时间长短而改变，也不因为雨量的多少而增减，在这样的环境中生活才叫作快乐啊！"井蛙听了巨鳖的叙述，非常吃惊，好半天都说不出话来。这时候，它才知道自己生活的地方实在太渺小了。

关于"井底之蛙"的故事，以往的学者多有解读。大多数专家认为，《庄子·秋水》是以生活在井底的青蛙象征那些眼界狭小的人们。这一点当然是不可否认的，因为井底之蛙不仅感觉自己生活环境的优雅舒适，还把自己与小虾、螃蟹、蝌蚪相比，以为自己比它们都快乐，看起来就有点洋洋得意，甚至骄傲自满了。像井底之蛙一样的人们在现实生活中的确存在。你看那些封闭式的领导干部谈起本单位的情况时常常也是将其描述得天花乱坠，好像他领导下的区域，人们已经是在天堂中似的。这种只说好不见坏的情形，不仅反映了严重的认知偏见，而且表现了固执的品行，最终必然导致决策上的失误。然而，《庄子·秋水》何止是讽刺井底之蛙式的人物呢？其实，那只从东海来的巨鳖也不值得效法，甚至也是被讽刺的对象之一。你看，面对井底之蛙，巨鳖的口气很大，它用了许许多多夸张性的语言来描述东海的情形，把东海的好处说得简直到了无以复加的地步，依然反映了某种偏见。如果说井底之蛙是因为生活环境的狭小而产生偏见，那么巨鳖则因为生活环境的相对宽阔而形成自我优越感，它喜欢吹牛，这从本质上看也是偏见，甚至可以说具有偏执的心态。从道学的立场看，两者都不值得提倡，引申到社会管理领域，都是应该避免的。

因生活环境和知识传统引起的认知偏见，可以使人骄傲自负，刚愎自用。如果担当领导职务，就不会很好地听取他人的意见，甚至可能一意孤行，其决策就可能与不断发生变化的客观情势不适应，最终导致失败。对于这种固执己见、刚愎自用的决策者，老子《道德经》早有告诫。该书第二十九章说：

> 将欲取天下而为之，吾见其不得已。天下神器，不可为也，不可执也。为者败之，执者失之。

在这一章中，有个关键性的语词——"执"。这里的"执"是"固执"的意思，引申之则为"操弄"。在老子看来，天下是不能随便操弄的。那些为了满足个人私欲而操弄天下的人，不能达到最终的目的。谁想操弄天下这种"神器"都会失败，即便一时到手，最后还是会丢失的，从而被当作千古罪人来唾骂。

既然偏见、固执都将造成决策失误，那么应该如何避免这种不良的认知呢？老子《道德经》第十六章告诉我们，应该通过精神修养，达到"归根复命"的心灵状态来修正自我认知：

> 夫物芸芸，各复归其根。归根曰静，是谓复命，复命曰常，知常曰明。

老子指出，宇宙间万物生生不息，纷繁复杂，但最终都要回到本初状态。回到本初就是由动而入于静。什么是"静"呢？老子讲的"静"并非只是描述人的躯体处于不动状态，更为重要的是表征了精神的安宁无念。决策之前，之所以需要进行精神的调理，是因为日常生活的事务纷纷扰扰，如果让各种琐事占据了内心，就会受到蒙蔽，不能达到真知。因此，为了正确决策，必须修真。所谓修真说到底就是去除妄心杂念、去除私欲，从而回归生命本初。具体来说，可以从调整自我呼吸入手，逐步地进入忘我状态，使自己与天地融通为一。这时候，我即天地，天地即我，精神信息库得到了彻底清理和纯化，就像我们当今使用计算机把那些无用的垃圾信息通通排除了一样，大脑的运行不仅正常，而且提高了效率。

从决策立场来看，"归根复命"的效果乃是把握了万物之"常"。所谓"常"也就是"常道"。在各种信息纷繁和私欲占据心灵的时候，"常道"隐潜不明，唯有静定才能使自己的心灵犹如一面没有灰尘的镜子，从而感通大道周转不息的规律，这就叫作"复命曰常"。由于掌握了事物运动的规律，内心明澈，这就不会被假象所迷惑，这就叫作"知常曰明"。老子讲的"明"既是一种修持功夫，也是一种决策前提。因为"明"是通过宁心静气的方式实现的，而宁心静气乃是破除偏见的最佳途径，通过宁心静气、破除偏见，与大道感通，实现"天地与我并生，万物与我为一"的境界，从而进行决策就能够公平、公正，这就是老子所说的"道常无为而无不为"。

三　由道而法的行政方略

道家所谓"无为"对于社会管理是不是就意味着不要规则、章法了呢？当然不是。这个问题常常被误解，所以有必要再做进一步解读。

（一）依道制法：人性自然的行政关怀

就整个思想体系来讲，大道理论并非一成不变，而是不断发展的。先秦以老庄为代表的大道理论提出了一些根本原则，后来的道家学者又不断予以发挥和丰富。在社会行政管理方面也体现了这种发展。所以，我们论说这个问题应当有历史眼光。

大家知道，社会管理需要一定的习俗或制度来保障。在古代，社会管理属于礼制范围。"礼"包含的内容很多，其中有民俗伦理方面的，也有行政典章、法律条文方面的，还有宗教礼仪方面的。

对于"礼"的内容和作用问题，古代各学派的认识与看法有所不同，尤其是儒、道两家的立场差异颇大，有的时候甚至是针锋相对的。

儒家从建立之时起就相当重视礼制文化的传承与建设。在孔子时代，儒家学习与研究的学科之中就有"礼"一门。按照《汉书·艺文志》等文献记载，儒家学习的"礼"包括《周礼》、《仪礼》、《礼记》三部。

相传《周礼》是西周时期著名政治家、思想家、文学家、军事家周公旦所著，孔子教授弟子的礼学据说就出自这个传统文献。然而，就现存文本看，《周礼》在流传过程中也发生变化，留下了许多其他学派的思想痕迹。就内容而论，《周礼》涉及的领域颇广，大至天文历象，邦国建制，文物制度；小至工艺制作，衣饰车马，甚至草木虫鱼，无所不包。

与《周礼》相辅为用的还有《仪礼》，这是一部记载古代礼仪制度的著作。根据前人的考证，《仪礼》的产生时间可能比《周礼》还早，因为该书具有明显的商周礼仪痕迹，当时社会上层有许多复杂礼节，需要经过比较长时间的学习才能掌握，而儒生对此是有专门训练的。在操办过程中，儒生逐渐积累了关于社会礼仪的各种资料，后来汇编起来就成为《仪礼》。

至于《礼记》，乃是古代儒生解释《周易》与《仪礼》的理论性著作。它的编定时间在西汉，时有礼学家戴德和他的侄子戴圣，相继编纂关于古代礼学的解说资料。前者所写为《大戴礼记》，共有八十五篇，但在流行过程中有所散失，到唐朝时期只剩下三十九篇；后者所写为《小戴礼记》，共有四十九篇。大小戴《礼记》在内容上各有侧重和特色，流行更广的是《小戴礼记》，因为该书在东汉时期有著名经学家郑玄做了出色的注释，所以很受历代儒生欢迎。

从"三礼"的传授可以看出，儒家是很强调社会礼制学习的。这种情况从孔子时期已经奠定了思想基础，他曾经明确表示自己要"克己复礼"。孔子所要复的"礼"是什么呢？这就是周礼，他对此讲得很明白：

吾说夏礼，杞不足征也；吾学殷礼，有宋存焉；吾学周礼，今用之，吾从周。（《礼记·中庸》）

意思是说：我讲论夏朝礼制，夏朝后裔杞国已不足以验证它；我学习殷朝礼制，殷朝后裔宋国只是还残存着一些制度罢了；我学习周朝礼制，这种礼制现在还在实行着，所以我遵从周礼。——从这种陈述中可知，孔子是经过比较之后选择周礼的。后来的儒家学者沿着孔子的思路，对于礼制相当维护。

与先秦儒家的做法很不同，早期道家虽然熟知礼制内容，但对之持批判态度。老子《道德经》第三十八章说：

失道而后德，失德而后仁，失仁而后义，失义而后礼。夫礼者，忠信之薄而乱之首。

老子告诉我们：失去了大道，然后才讲求"德"；失去了"德"，然后才讲求"仁"；失去了"仁"，然后才讲求"义"；失去了"义"，然后才讲求"礼"。如果社会的"礼"成为虚伪的装饰，人与人之间的忠信丧失，祸乱与灾变就要发生了。

老子为什么批判"礼"呢？《庄子》对此有一番意味深长的解释。《庄子·知北游》篇说："礼，相伪也。故曰：失道而后德，失德而后仁，失仁而后义，失义而后礼。礼者，道之华而乱之首也。"《知北游》把"礼"说成"相伪"，真可谓开门见山，一针见血。该篇在重述了老子言论之后紧接着对"礼"的本质做了补充性说明，它所讲的"道之华"并非意味着"道的精华"，而是指"道的装饰"，即徒有的华丽外表。在《知北游》看来，用华丽外表来装饰，这就好像一个人在说谎，最终总要被戳穿，因此是天下大乱的罪魁祸首。①

老庄对"礼制"的批判具有很强的针对性。春秋战国时期，在社会大变革过程中，原本朴素的"礼学"发生危机，这种危机表现在伴随着"礼"与"仁义"的时兴而出现了假仁假义现象。所谓假，含有假借意义，也就是把"仁义"当作手段以达到其他目的，比如争夺霸权等。像被史学家称作"正而不谲"的齐桓公，其实就是靠"假仁假义"最终完成霸业的典型之一。齐桓公一方面帮助遭到狄人侵扰的邢、卫小国，筑夷仪以封邢，城楚丘以封卫，从而使"天下诸侯称仁焉"；另一方面则对诸侯"拘之以利，结之以信，示之以武，故天下小国诸侯既许桓公，莫之敢背，就其利而信其仁，畏其武"（《国语·齐语》）。可见，齐桓公所谓"仁"只是他推行"武事"以成就霸业的一种掩盖而已。像这种例子在春秋战国时期是很多的，被儒家尊奉为"亚圣"的孟子，在他的书中就陈述了"五霸"在仁义方面的很多虚假行为。正因为如此，以老庄为代表的先秦道家对那些具有虚假特性的"礼制"给予猛烈抨击。

以老庄为代表的先秦道家批判虚伪的礼制，从社会管理的层面看，就是要恢复人性自然。因为人性出于道性，道性自然，人性当然也应该是自然的。所谓"人性自然"包含两层意蕴：一方面，人性基于道性，

---

① 当然，老庄哲学怀疑主义并非在任何情况下都否定"礼"与"仁义"，而是为了剥去伪装，他对于原始朴素的"仁义"还是给予一定地位的。

本来是质朴的，就像婴儿的发声、吃奶等事，均为自然性的表现。这种自然性，也可以说就是善性。民国时期的著名学者刘咸炘在论及《淮南鸿烈》的时候说："人皆知《孟子》主性善，而不知道家亦主性善。道家言自然善，自然皆善，则性善何疑？特未标此义耳。标此义者，则有《淮南·本经篇》明本原之义，而曰：心反于初而明性善。"（刘咸炘，2010：218）这是相当精辟的概括。老子《道德经》以"上善"谓大道，说明大道的本性是善，人由大道而生，当禀赋了大道的善性，所谓"修道"就是要去掉那些覆盖在善性上的污垢，恢复本真。另一方面，基于性善的认知，社会管理应该具有人文精神，从而实现行政的人文关怀。老子《道德经》第八章说"正善治"，这里的"正"通"政"，意思就是说：社会行政因为"善"而达到治理的良好效果。从这个角度看，所谓"正善治"也就是营造一种人性化的社会制度。这种制度讲究诚信，没有欺诈，老百姓的善良本性也就得以恢复。如何实现行政上的人文关怀呢？在老子看来，最为关键的是上层领导者对下层老百姓的态度。《道德经》第四十九章说："圣人无常心，以百姓心为心。"从今天的立场看，"圣人"就是具有高尚道德情操的领导者，他们进行社会管理并没有固定模式，而是从老百姓的需求入手来考虑问题，能够想百姓之所想，急百姓之所急，这就是行政上的人文关怀。

道家理论批判虚伪礼制，力图实现行政上的人文关怀，这并非表示完全否认人类社会生活的法度。相反，从老子开始，就已经明确提出了人类社会应该有"法"。《道德经》所谓"人法地"虽然不是直接从法度意义上讲的，但也意味着人类社会应该有适合于生存的规则。这种思想被后来的《黄帝四经》继承和发挥，《黄帝四经·道法》篇说"道生法"，这个"法"就是法度，即社会生活的准绳，延伸开来就是规章制度。按照道家的主张，"道"是根本，"法"是派生；"道"是主导，"法"是维护社会秩序的具体措施。出自大道精神的"法"有什么特性呢？《鹖冠子》说："唯道之法，公正以明。斗柄东指，天下皆春；斗柄南指，天下皆夏；斗柄西指，天下皆秋；斗柄北指，天下皆冬。斗柄运于上，事立于下；斗柄指一方，四塞俱成。此道之用法也。"（《道藏》27：207）《鹖冠子》所讲的"法"不是由人随意决定的，而是根据大道原则确立的，所以称作"唯道之法"。这里的"唯道"两个字特别重要，表明人类社会的"法规"应该以大道作为唯一的遵循根据，体现着社会运行规律，这种规律犹如北斗星的运转一样，其斗柄指向与春夏秋冬的自然节律相一致。从这个意义上看，"法"其实是效法天道自然本性的体现，因此是"公正以明"的。

（二）一任法度：公正无偏的行政机制

道门认为，遵循大道而建立起来的法度对于维持社会秩序是很重要的。关于这一点，《通玄真经》有很好的论述，该书之《上义》篇说：

> 夫法者，天下之准绳，人主之度量也。悬法者，法不法也。法定之后，中绳者赏，缺绳者殊（诛）。虽尊贵者，不轻其赏；卑贱者，不重其刑。犯法者，虽贤必诛，中度者，虽不肖无罪。是故公道而行私欲塞也。（《道藏》16：725）

照《通玄真经》看来，社会国家要能够有序地运行，必须有法可依。法是天下的准绳，君主管理天下必须有法才能对各种行为予以判断。因此，法律必须颁布，让普天下的人们都明白，这就叫作"悬法"。就字源而论，"悬"本是人首倒挂的样子，从于系。引申之，"悬"则表示将某物挂起来，"悬法"就是把法令条文放在明显位置，令人一目了然。于是那些原本无所适从的地方就有法可依了，而不明白"法"的人也能够明白了，这就叫作"法不法"。当"法"公布于世后，实施者就应该做到依法办事。凡是遵纪守法的人就给予奖赏，凡是违法乱纪的人就给予惩罚。在执行过程中，必须中正公平。具体说来，应该做到如下几条：第一，很尊贵的人，如果他是守法的，不应该少给奖赏；第二，如果是卑贱的人犯法，不因为他卑贱，就加重惩罚，而是依法量刑；第三，不论是在什么情况下，只要犯法就应该追究责任，即使平日被奉为"贤人"的人照样不能免；第四，如果行为符合法度，即便他曾经是个"不肖"的人，也不能随意加罪。能够做到上述四个方面，公道就能够在天下畅行，而私欲就会被塞住。

根据天道法则，道门以为社会治理要达到中正公平，必须经过一番探索和体验，处理好各种关系。《通玄真经》说：

> 治人之道，其犹造父之御驷马也。齐辑之乎辔衔，正度之乎胸膺，内得于中心，外合乎马志，故能取道致远，气力有余，进退还曲，莫不如意，诚得其术也。（《道藏》16：724）

这里的"治人"可以理解为社会行政管理，而"治人之道"就是关于社会行政管理的基本原则。按照天道的精神，社会行政管理能够形成一套具体的操作技术，这种操作技术就像"造父"驾驭驷马一样，应该遵循车马运行的规律，才能运作有序。

"造父"是一个什么人呢？据《史记·赵氏世家》等文献记载，造父本姓嬴，东夷族人，是周穆王的首席御官，据说周穆王曾经令造父驾车到西方巡狩，周穆王见了西王母长得漂亮，乐得忘记了回返的事。恰在这时候，徐偃王造反，周穆王才着急起来。幸好造父驾驭马车的技术高超，他载着周穆王快马飞奔，日行千里，终于赶回故国。周穆王一回国就组织兵力，一举击败徐偃王。为了表彰造父的救国安邦之功，周穆王把赵城封给造父。从此，造父就以赵为姓，成为赵姓始祖。

造父为什么会有那么高超的御马驾车技术呢？据《列子·汤问》记载，造父的技术是向泰豆氏学习的。一开始，造父就很谦恭，但这样坚持了三年，老师依然没有传授造父关于驾驭车马的技术。于是，造父在礼节上更加恭敬小心。泰豆氏看出造父是个可教之才，就说："古诗言：'良弓之子，必先为箕，良冶之子，必先为裘。'汝先观吾趣。趣如吾，然后六辔可持，六马可御。"意思是讲，古代诗歌中说：擅长制造良弓的人，必须先做簸箕的活儿；擅长冶炼的人，必须先做皮革处理的活儿。你先观看我快走的姿势，然后慢慢学习，等到你快走的姿势与我差不多一样了，就可以掌握住六根缰绳，驾御好六匹马拉着的车子。造父回答说："一切遵照您的吩咐办。"这时，泰豆氏便立起木桩作为道路，这木桩很小，只能放一只脚。泰豆氏按照一定的步伐数目放置木桩，踩着木桩行走。他快步往返，却不会摔跤，也没有失足。造父就跟着老师学习走木桩的技术，三天就完全学会了。泰豆氏非常惊讶地说：徒儿，你真是太聪明了，学得这么快！那些久经实践的驾驭人也不过像你这样而已。记住！前面你这样快步行走，用的是你自己的脚，但应该在心中细细体会其中的技巧，领悟了其中的秘诀之后就推而广之，应用到驾御方面。在协调缰绳和辔衔的时候，是快是慢，要让马的嘴唇感觉和你的手力一致，让马的行动法度掌控在你的心中，把握住所有节奏，这样就能够得心应手，并且让马也心领神会。如此，就能进退自如，走得像用绳墨画的一样笔直，转弯像圆规画的一样圆。如果能够这样，即便要去的地方很远也会有气力。学会了驾御技术，你就可以领悟：衔有动作，响应的却是来自辔的装置；辔有动作，响应的却是来自手的感觉；手有动作，响应的却是来自心灵的本能。到了这样的境地，你就不是用眼睛看马，也不是用鞭子赶马，真正达到了心境闲暇，身体端正，六匹马的缰绳都不会错乱，二十四个马蹄也不会出现不协调的状况；转弯、前进、后退，没有不是中规合矩的。这时候，车轮之外就可以不要多余的车道，马蹄之外也可以不要多余的地面。于是，你就不会感觉到山川峡谷有什么危险，至于平原湿地，看它们的时候都是一样的了。我的技术全都在这儿了，你把它牢牢记住就是了。

从造父学御的故事中，我们可以获得什么启迪呢？其中最为重要的是"回旋进退，莫不中节"（《冲虚至德真经四解》14，《道藏》15：113），这表明驾驭也是有法度的。所谓"莫不中节"就是一切都合于法度，而要达到这样出神入化的境地，就必须经过一番严格训练，并且能够细心体验，最后才能使人心与车马节奏融通为一。这种道理也适用于社会行政管理，所以《通玄真经》采用造父的故事以比喻"治人之道"，并且予以引申发挥，强调"正度"的重要性。所谓"正度"，说到底就是公正合理。在《通玄真经》看来，社会行政管理，也与御马驾车一样，需要得其"自然之道"，才能达到"万举而不失"（《道藏》16：724）的效果。《通玄真经》这种看法乃是老子《道德经》效法自然思想在社会行政管理上的应用，代表了发展时期道家的基本主张，至今依然具有现实意义。

（三）简约明达：释放潜能的行政环境

道门主张社会行政管理一任法度，并非是要制定很多烦琐的法律条文以及各种令人眼花缭乱的行政措施。相反，从先秦开始，道家宗师就指出政令应该简明，使人们生活方便。

老子《道德经》第五十七章说："法令滋彰，盗贼多有。"老子所讲的"法令"就是各种政策法规条文，而"滋彰"则是形容发布的政令法规已经超出了实施的可能范围，到了泛滥成灾的地步。照此说来，一个政府如果发布太多的法令条文，弄得人们无法遵循，就会出现许许多多的盗贼，因为法律条文烦琐，就可能产生歧义，留下漏洞，那些想钻漏洞的人就会顺势而兴，这些人因为是通过钻漏洞而窃取资源，其行为与在光天化日之下抢劫没有什么两样，所以称作"盗贼"。老子这种思想得到了《通玄真经》的继承，该书《微明》篇以文子向老子请教的方式论述国法问题。文子问曰："为国亦有法乎？"老子曰："今夫挽车者，前呼邪轷，后亦应之。此挽车劝力之歌也。虽郑卫胡楚之音，不若此之义也。"在这里，老子以两人合作拉车与推车作为比喻。他指出，在前面拉的人一声"邪轷"，后面就响应一声，这是为了协调用力所唱出的号子。虽然在不同的地域，所唱的号子也许不同，譬如郑卫胡楚的人，其发音不同，但用意一样，这就是协调行动，具有"法"的意义。可见"法"来自生活，用于生活，形式如何无关紧要，使社会有序运转才是关键，因此，就像驾车的号子一样，简单可行最好，不需要太多太复杂的曲调。通过这个比喻，《通玄真经·微明》作出结论说："治国有礼，不在文辩；法令滋彰，盗贼多有！"很显然，《微明》篇这个结论是对老子《道德经》思想的直接弘扬。基于老子的思想，《通玄真经》在许多场合都强调法令不能烦琐苛刻。例如《道原》说："夫法苛刑诛者，非帝王之业也。棰策繁用者，非致远之御也，好憎繁多，祸乃相随。"作者告诉我们，法令繁多并且滥用，最终只能引发灾祸，这可以说是一个严重的警告。

法令繁多严苛为什么会引发灾祸呢？王弼在《道德经注》第四十九章的注释中说明了这个问题："若乃多其法网，烦其刑罚，塞其径路，攻其幽宅，则万物失其自然，百姓丧其手足，鸟乱于上，鱼乱于下。是以圣人之于天下，歙歙焉心无所主也。"意思是讲，刑罚不胜其烦，就把生活的路径都堵塞了，万物失去了自然本性，老百姓的手足好像都不能自由伸展了，这就好像鸟儿不能在天上飞翔，鱼儿不能在水里穿梭一样。如此一来，宇宙之间反而坏了规矩，这是多么严重的问题啊！所以，圣人管理天下从不用烦琐而严苛的法令去束缚人们的手脚和心灵。

既然法令太烦琐有害，那就只有删繁就简了。所以《通玄真经·精诚》说："法省不烦，教化如神。"严遵《道德指归论》卷一《上德不德篇》也说："法正而不淫。"所谓"不淫"就是不要滋生出种种不必要的枝节来。正如《庄子》所用"骈拇"的比喻一样，人的手脚本来都有个大拇指，但如果从大拇指再生出一个旁支来，就是累赘了，此非"天下之至正"（《庄子·骈拇》），所以应该去除。

根据以上的认识，《通玄真经·上义》总结说：

> 善赏者，费少而劝多；善罚者，刑省而奸禁；善与者，用约而为德；善取者，入多而无怨。故圣人因民之所喜以劝善，因民之所憎以禁奸。赏一人，而天下趋之；罚一人，而天下畏之。是以至赏不费，至刑不滥。圣人守约而治广，此之谓也。（《道藏》16：725）

《通玄真经》这里讲的"赏"、"罚"、"与"、"取"都属于法令规章的范畴。如何对善举进行奖赏？如何对恶行予以惩罚？又如何给予？如何获取？其中都是很有学问的。《通玄真经》用了"少"、"省"、"约"、"不费"、"不滥"的语词，都在于表明依大道治国，应该简而不繁。

在社会行政管理上之所以要简约明达，是因为这在精神上符合大道的"抱一"原理。《道德经》第二十二章说："少则得，多则惑。是以圣人抱一为天下式。"在这几句话中，"抱一"是关键词。所谓"抱一"就是持守大道而不舍。"一"是与"多"相对应的，老子明确反对"贪多"的做法，这也包括了法律条文不能烦琐。按照老子的意思，唯有简明才是治理天下所应该遵循的，这就叫作"天下式"。这里的"式"尤其具有深意，它意味着"法度"、"模式"的纯正不偏、简要为本。

关于社会行政治理的"抱一"简要原理，老子《道德经》在第五十九章中有进一步论述，他把这个原理又称作"啬"，以为：

> 治人、事天莫若啬。夫唯啬，是谓早服。早服谓之重积德。重积德则无不克。无不克则莫知其极。莫知其极，可以有国。有国之母，可以长久。是谓深根固柢、长生久视之道。

什么叫作"啬"呢？这就是节俭、爱惜。老子教导我们：不论是社会行政管理，还是敬奉上天神明，都应该遵循"啬"的精神。为什么要"啬"呢？因为只有贯彻体现节俭原理的"啬"，才符合"早服"的行动趋向。所谓"早服"就是及早地做好准备，从持守大道的精神方面检讨行为。按照老子的思路，社会行政管理与养生治身是一个道理，都应该节俭精神、积蓄能量。能够如此，就叫作"重积德"。因为节俭精神，使之不妄泄，就能够心德全备；而心德全备，就能回复到人的自然本性，使人尽早投身于"道"的事业。真心投身于"道"的事业，就要在世上多做善事，不断地积累"功德"。若能做到德行深厚，治理人与事奉上天，就没有不能胜任的。既然可以胜任这样的大事，就难以估计他力量的极限。像这种力量难以估计的人，也就可以担负治理国家的重任了，这样也就抓住了治国的根本。圣人率天下以"道"，天下自然就可以长治久安了。这就好像深山的大树，高大挺立，根深叶茂，生命旺盛，千秋万载，难于撼摇，这就叫作"长生久视之道"。

在老子《道德经》中，"去繁就简"的节俭原理，属于"三宝"之一。在该书第六十七章中，老子说：

> 我有三宝，持而保之：一曰慈，二曰俭，三曰不敢为天下先。

老子以充满期待的语气告知世人：我有三件宝物，长久以来一直珍藏着它们，慎重地使用它们：第一称为"慈"，第二称为"俭"，第三叫作"不敢为天下先"。所谓"慈"即慈爱天下万物，慈爱天下万物就能产生勇气。比如一位母亲，为了子女的生活，背负着自己的责任，敢于面对人生的种种艰难苦楚，这就是慈爱所激发的勇气。"俭"即节俭爱惜，节俭爱惜才能宽裕，做事游刃有余。譬如节俭自己的精神，使不妄泄，就能精神饱满，使先天之气运转，五气朝元，三花聚顶，元神复位，然后山川依我驰骋，天地任我遨游，从而更能发挥济人救世的伟大作用。"不敢为天下先"，才能成为天下万物的首领，因为只有具备谦虚宽容的美德的人，才能受到人们的尊敬和拥戴。

老子《道德经》把"俭"置于"三宝"之中，这尤其意味深长。由此可以看出，道家倡导社会行政管理的"简约明达"，并非孤立行为，而是由慈心决定的。有了慈心，必然就会宽容，不会以烦琐严苛加在他者身上，由此引申，就必须尊重他人，所以"不敢为天下先"也是势在必然了。由此可见，"俭"而不繁，是社会行政管理具有人性关怀的必然要求，也是彼此相互谦让的行为基础。

一个社会，如果能够奉行大道原则，无为而治，简约明达，所有人都感到宽松自在，潜能被源源不断地激发出来，人与人、人与环境全都和谐共处，这样的社会，将是多么令人向往的世界啊！

参考文献

陈鼓应（1983）：《庄子今注今译》，中华书局。

邓牧（1959）：《伯牙琴·君道》，中华书局。

刘文典（1989）：《淮南鸿烈集解》，上册，中华书局。

刘咸炘（2010）：《道教征略》，上海图书馆、上海科学技术文献出版社。

卿希泰、詹石窗编（2009）：《中国道教思想史》（四卷本），人民出版社。

王弼（2006）：《老子道德经注》，《诸子集成》第三册，中华书局。

王明（1960）：《太平经合校》，中华书局。

〔英〕李约瑟（Joseph Needham）（1990）：《中国科学技术史》第二卷，科学出版社、上海古籍出版社。

On the Universal Use of Tao
—A Modern Explanation of Traditional
Management Wisdom

Zhan Shichuang

Abstract: Taoist scholars in Chinese history had wide-ranging views on management, with rich experience in social management especially. They established distinctive management philosophies and administrative plans by summarizing experiences and observing various human behaviors. They developed their own models of ideal society, such as "the society of great virtue" in which the people are unsophisticated, and all classes, high and low, are affectionate towards each other and living in unity, while man and nature coexist harmoniously. On the basis of this ideal, the Taoist school formulated the management spirit of *wuwei erzhi* (to govern without exertion) and the administrative strategy of *youdao erfa* (from Tao to law). In Taoism, *wuwei* does not mean to do nothing, but is the greatest action of following the way of nature and respecting the creativity of every individual. The Taoist approach to management is reflective of combined movement and rest, harmony and order.

Keywords: Taoism; *Wuwei*; Strategy

（责任编辑：林志刚）

论《中庸》的至诚之道

【摘要】"至诚之道"是《中庸》修身治国的基础理论之一，向来为学者们所重视，千百年来注家蜂起。然而，由于立场不同，文化背景差异，其解释至今众说纷纭。本文从文本语义学入手，重新进行解读，认为"诚"是天道，"诚之"是人道。对普通人来说，与生俱来的至纯真"性"被后天参差不齐的"气"所蔽，虽然有"诚"，但所"诚"不全，所以需要通过"择善固执"，不断努力，才可以逐渐达到"至诚"。达到"至诚"，则必然能洞明万事；能洞明万事，则必然"至诚"。"诚"、"明"对举，"诚"为体，"明"为用。人有至诚，则自然及物，至诚之性不仅以一身之"成"为外在彰显，而且必然同时以成就他人、成就外物为特征。至诚者以曲致直，成己成物，参天赞地。作为一种最高明的修习境界，在现实人生中，亦有其最真实的化用和形态。这就是《中庸》最后几章所讲的"至诚无息"。

【关键词】中庸　至诚之道　修德治国

中华民族在以往数千年中形成了修身养性、社会交往的道德原理与系统伦理规范。这种传统道德之学对于维系社会运转曾经产生了巨大作

---

　*　杨燕，哲学博士，四川师范大学政教学院中国哲学与文化研究所副教授。

用。然而，近代以来，由于种种原因，传统道德精神与伦理规范受到了极大冲击，以至于人们在日常生活中处于无所适从的境地。随着社会转型，人们越来越感到重新认识和评估传统道德文化价值的必要性。鉴于此，本文拟就儒家"四书"之一的《中庸》所涉及的道德内涵略作解读。

《中庸》一书，除了大量篇幅论述"中庸"与"中和"之外，还有大约三分之一的内容讨论"诚"。围绕"诚"，《中庸》提出了"诚者"、"诚之者"、"诚明"和"至诚"等一系列说法，对此，我们要如何理解？对于学人来说，这一部分对我们修习德性又会有什么样的启示呢？

一 "诚"的意涵理解

《中庸》第二十章曰："诚者，天之道也；诚之者，人之道也。诚者不勉而中，不思而得，从容中道，圣人也。诚之者，择善而固执之者也。"

"诚"是天道，"诚之"是人道。为什么这样说呢？天地无言，不待安排而自得，周流不虚，万物无所遗，亦无所弃，各得其所，自然而成，这就是天道，它最典型的特征就是"诚"。"诚"与"成"通，大道至诚无妄，纯粹至善，所以能"成"万物；万物顺道而生，因诚而形，因此，各得其性，各得其诚。所以，"诚"实为人性本有之内涵。圣人与天地同流，通透人性之本有，达到了与中庸之道相合无间的境界，悠然自得，随心所欲，不用勉强而所行无不合宜，不用思虑而对万事万物无不了然，因此，圣人是达道者，是"诚者"。

然而，对普通人来说，与生俱来的至纯真"性"被后天参差不齐的"气"所蔽，虽然有"诚"，但所"诚"不全，所以需要通过"择善固执"，不断努力，才可以逐渐达到"至诚"，也就是圣人的境界，天地的境界。这个不断努力的过程就叫"诚之"，"诚之"之"诚"是"动词"，意谓"使之诚"，"之"指人后天被蔽之"性"。因此，"诚之"乃为"人之道"。

对《中庸》之"诚"，宋朝的儒家杰出代表朱熹有一个解释，他说："诚是实理，自然不假修为者也。"（黎靖德、王星贤，1986：1563）

"'如恶恶臭，如好好色。'十分真实，恁地便是诚；若有八九分恁地，有一分不恁地，便是夹杂些虚伪在内，便是不诚。"（黎靖德、王星贤，1986：2486）因为"诚"的根源为天理之所在，是人性得自于天的部分，并非由外而来，所以对人来说，"诚"指的是所行所想无不出乎纯粹心底的那份自然，完全朴质无一丝毫的欺诳不实，"诚"意味着真实无妄。战国时期的孟子说"万物皆备于我，反身而诚，乐莫大焉"，其实质就是阐发了《中庸》的"诚"思想，与《中庸》所说的"诚"一脉相通，存在着前后相继的学术渊源。

为什么这样说呢？我们先思考这个问题：为什么孟子说"万物皆备于我"？或者说，他所说的"万物皆备于我"到底是什么意思？是不是现在很多解释《孟子》书中所说的"孟子认为世间万物全都存在于自己的一心"呢？

显然，从物理学的意义上说，万物当然是不可能存在于某一个人的肉体之心。但是，如果我们把此心理解为世间所有人之"心"的总和，之精神感知性能的统一体，试想，如果世间有什么东西存在于此"心"之外，那么，它到底是存在还是不存在呢？设若，你以为它是存在的，则其必已为你心所感知，则此物不得谓在你心之外；若谓此物在一切人心所可感知之外，则必不为世间一切人心所认识，则其不可以说是存在的，这也就是后来王阳明所说的"心外无物"。那么，从这个意义上说，可不可以说"万物皆备于我"呢？我想是可以的，而且是必须的，因为所谓的"存在"，其先期的条件就是必须已为某个能感知之"心"感知，因此，说到"存在"，则必在心内，或者说是"必备于我"。然而，对于此必备于"我"之"万物"，又并非人人皆现实拥有此种感知之力，如何可以真切由此体验并最终获取此与万物通的快乐呢？这就是"反身而诚"，也就是《中庸》中的"诚之"。以真实无妄之心直接体悟万物最神秘之关系，若能在一瞬间获得这种最高的智慧，试想，这种洞察生命秘密的快乐该是如何之激烈啊！世间自然无有更大之乐能与其相比。相信孟子一定对此有极高的体悟或经验，所以，他才能说出"反身而诚，乐莫大矣"的话。

在道教界，高道刘一明对《中庸》素有研读，对《中庸》之"诚"

也有自己独特的看法。在《神室八法》中，他从"真实无妄"的角度对"诚"与丹道修习进行了详细的分析讨论。该文曰：

> 诚之一法，乃神室之基址……盖道也者不可须臾离也，可离非道也。不离之道贵乎诚，能诚则大道可学，大道可知，大道可成。不诚则心不纯，心不纯则疑惑生，疑惑生则妄念起，妄念起则脚根不实，一行一步，入于虚假，一举一动俱是烦恼，隔绝大道，闭塞灵窍，而欲明道，不愈远乎？（刘一明等，1996：389～390）

在这段话中，刘一明将"诚"定位为内丹修炼的基石和修习大道必备的品性。唯达"诚"之人才能论"明道"之事。因为"诚"意味着人心纯，心纯则专一于道而不疑，不疑才能踏实修习。"夫诚者，醇厚也，专一也，老实也，无欺也，不隐也，不瞒也。善用其诚者返朴归醇，黜聪毁智，主意一定，始终无二。"（刘一明等，1996：390）接下来，刘一明进一步论道：

> 何为诚？安危不计，一心向前，出言无伪诈，行事不怪异，随地而安，遇境而就，到安乐处不喜，逢困难时不忧，择善固执，顺守其正，至死抱道，永无变迁，有过即改，遇善即行……人一能之己百之，人十能之己千之。果能此道矣，虽愚必明，虽柔必强。诚之一法，岂小补云哉！（刘一明等，1996：390）

可见，"诚"这种美德使人做事平实、坚定、持久；同时，"诚"又能助修习者反朴归醇，黜聪毁智。而修成大道所需要的正是这种看起来有些蠢钝的坚持功夫。历史的经验以及生活事实也证明，往往是那些看起来比较笨拙的人，反而在最后获得了更大的成就；而那些看起来很聪明的人，却因为很快就对所学的东西一知半解，反而容易产生骄傲轻忽的情绪，最后一事无成。这不由又让人想起老子那句"大智若愚"。

"诚"作为"道"的品性，同时还具有"明"的能力。"明"是人对道的自觉意识。《中庸》认为"诚"在圣人身上表现为"至诚"，而在普通人身上则表现为部分之"诚";同样,"明"在不同人身上的表现也不一样。对至诚者来说,由天然完备之至诚而自然能了然万事,完全体现大道在人身的发用,这是浑然天成的"大明";对于普通人来说,因"诚"有所不至,所以须从学习开始,由"不至之诚"所具有的部分之"明",不断修习才能达到"大明"、"至诚",这个过程就叫"教"。

《中庸》第二十一章曰:"自诚明,谓之性;自明诚,谓之教。诚则明矣,明则诚矣。"无论是天成之人,还是后天修习而成之人,达到"至诚",则必然能洞明万事;能洞明万事,则必然"至诚"。"诚""明"对举,"诚"为体,"明"为用。学人正是因为有"明"的能力,所以能由未至之"诚"推而直至"诚"之极致,即"至诚";而达到"至诚"的过程,同时也是个人之"明"由小至大,最后无不通透的过程。

二 成己成物

《中庸》曰:"诚者非自成己而已也,所以成物也。成己,仁也;成物,知也。性之德也,合外内之道也,故时措之宜也。"这段话的意思是说,人有至诚,则自然及物,至诚之性不仅以一身之"成"为外在彰显,而且必然同时以成就他人、成就外物为特征。成就个人叫"仁",成就外物叫"知"。从"德"的角度来说,"仁"为本体,"知"为外用,虽然从外在来看,一内一外,但二者都是人心本有,得自于天的"性",是"道"在人身的表现。一个至诚之人,"仁"、"知"双全,内外兼得,自然能够做到与万物和谐共处,时时相得融洽。《中庸》这一段话,从内外两个层面,物我双向一体的角度,论述了至诚之道的一个最重要的实践表征,也是修习大道的最高功效、终极目的——即"成己成物"。

在二十二章,《中庸》有这样一段话,更详细地探讨了至诚者尽性成己,成己成物的过程。其文曰:"唯天下至诚,为能尽其性;能尽其性,则能尽人之性;能尽人之性,则能尽物之性;能尽物之性,则可以赞天地之化育;可以赞天地之化育,则可以与天地参矣。其次致曲,曲能有诚,诚则形,形则著,著则明,明则动,动则变,变则化。唯天下至诚为能化。"这段话从直接翻译成白话文大概的意思是说:唯有天下间达到至诚的人，能彻底明尽自己得于天的本性；能彻底明尽自己本性的人，也能明尽他人的本性；能明尽他人本性的人，进而能明尽天地万物之性；当一个人不仅能明尽人类之性，还能彻底明尽万物之性的时候，他就可以赞天地之化育了；达到这样的境界时，也就是可以与天地并立而为参了。

那么，到底什么是尽性？什么是赞天地化育？什么是与天地参？为什么尽性就可以与天地参？

"尽性"，主要有两个层面的意思。一是从向外的角度来讲，把人得自于天的所有潜能都挥洒出来；一是从向内的层面来讲，就是深刻而完整地领悟生命的秘密。《中庸》认为"至诚"者就是能深刻而完整地领悟生命秘密的人，他们能向外全然地挥洒得自于天的潜能，所思所往而无不自由，真正地是自己的主人；同时，由于他们对最深刻的生命本源有了彻底的领悟，因此，他们在穷究人自身生命本体的同时，也就能穷究一切生命及宇宙的奥妙，明了天地间一切生命的本然，进而觉明后知后觉者，协助他人各得其所，各得其位，万物都各得其用，这就叫赞"天地之化育"。我们通常说称赞某某人，又说对前辈不敢赞一词。称赞一个人的前提是欣赏他，而欣赏意味的是了解、理解。对前辈的不敢赞一词，从语词的表达上来说或许是为了表达一种敬仰，然而"不敢赞"的事实前提却是没有能力了解。对天地之大道所谓"赞"或不能"赞"者，也是在同样的语义中使用的。所以，只有"至诚"方能"尽性"，只有"尽性"才能明了天地化育万物的秘密，只有明了才有"赞"之可能。而当人已对天地宇宙之最高法则了悟时，人、天、地才能并行大道之中，人作为天地间最灵最秀者的最根本特征才算真正得到了彰显，此为"成人"之最高表征，如此，则为"与天地参"。

《中庸》的这一思想，后来同样被《孟子》继承。在《孟子·尽心上》中这样说道："尽其心者，知其性也。知其性，则知天矣。"这其中所依循的理路正是《中庸》所论的"至诚——尽性——赞天地"，"知天"方能"赞天"，也就是"赞天地之化育"。

《中庸》在二十三章接着论述这个问题道："其次致曲，曲能有诚，诚则形，形则著，著则明，明则动，动则变，变则化。唯天下至诚为能化。"承接前文由"至诚"入手，论"至诚能参"的境界，转而从"致曲"入手，论"至诚能化"的过程。

《老子》说"大直若曲"，中庸之道正是天下最大的"直"，不过"大直"不直，就好像地球的赤道一样，是地球上最大的"直"，然而，学过现代地理的人都知道，赤道同时也是地球上最大的曲。说到这里，笔者不禁感慨这个世界构造的精密神奇，到处都是大道的密码，一旦我们找到了钥匙，便处处彰显。不过，遗憾的是，大部分时候，我们都是一片茫然，有眼无珠，对无处不在的昭示熟视无睹。而前贤往圣在数千年前就给我们的启示，在现时代又如此地被众人轻忽，真是可悲的事。所以，有缘读前圣经典的人是幸运的。

赤道之"曲"是可见之"曲"，而大直之"道"的"曲"，指的则是顺时顺势而动的规则。顺时顺势并非如浮萍般随波逐流，而是要像引导溪河流向的堤岸，顺水势而蜿蜒，导万江而入汪洋。行随若"曲"，其理最"直"。中庸就是一种像堤岸顺导河流一样，以"若曲而实直"的方式顺应事物自身之性的大道、直道、曲道。这种由"曲"而得"直"的过程就是"致曲"。"致曲"为"中庸"，为"道"，其中所体现的正是"诚"。因为河堤不得有丝毫虚伪不实，否则就会汪洋恣肆。"大道"也从不会有任何虚伪，否则将万物不生，宇宙不存。而这种顺势顺时，因势利导，使一切生灵都各得其所，各尽其能的"诚"，虽然其自身不可得见，然而，由之而成之世界却是最大的彰显，所以，"诚则形"；大道发用，宇宙在瞬间生成壮大，由无形到有形，由至微之无到至大之有。一旦有形的"有"呈现生成，则自然昭明显现；有形之物不可常静而必动，动则变，变则化，生生不息，宇宙就此生成存在矣！此即《中庸》所讲的"形则著，著则明，明则动，动则变，变则化"。

从现实已有之世界反观之，即是《中庸》第二十六章所云："天地之道，可一言而尽也：其为物不贰，则其生物不测。天地之道：博也，厚也，高也，明也，悠也，久也。今夫天，斯昭昭之多，及其无穷也，日月星辰系焉，万物覆焉。今夫地，一撮土之多，及其广厚，载华岳而不重，振河海而不洩，万物载焉。今夫山，一卷石之多，及其广大，草木生之，禽兽居之，宝藏与焉。今夫水，一勺之多，及其不测，鼋鼍、蛟龙、鱼鳖生焉，货财殖焉。"如果用一句话来描述天地之道的话，那就是为物不贰，也就是"诚"，万物由此而成，"诚"的效用无处不在：天，运系日月，覆护万物而不见穷；地，承载华岳，背负河海而不觉重；山，草木生生，藏宝居兽而不见竭；水，蓄鼋鼍鱼鳖，无数货财而不知其深。此皆为"诚"之用的广大悠远神奇之处，然"诚"自身及其生成万物世界之细节却微妙不测。这里，《中庸》用常人熟知的常识再次旁敲侧击，以助学人由显入微，切实体悟圣人所言"成己成物"之真谛。而这部分内容所隐含的宇宙生成理论，更是与现代科学界最为前言的宇宙爆炸说不谋而合①，实在让人惊奇！

如果说从自然科学的角度看，《中庸》所讲的"著、明、动、变、化"是中国古老的宇宙学说的话；那么，从君子修习大道的角度来看，"著、明、动、变、化"就是君子模仿宇宙运动的规律修养自身，变化自我，先成己，再成物的一个修养模式。《礼记·学记》中说："君子如欲化民成俗，其必由学乎！"（郑玄、孔颖达，1999：1224）以"学"为化民成俗的道路，而所谓"学"者，在古代指的正是君子修德，又说："五年……谓之小成。九年……谓之大成。夫然后足以化民易俗，近者说服，而远者怀之。此大学之道也。"（郑玄、孔颖达，1999：1227）"大学之道"，所讲的由学而至小成，而至大成，由成己之大成，到化民易俗，近者悦服，远者怀之的成物境界，与《中庸》所讲的由曲致道，成己成物可谓完全一致。所以，这也无怪乎北宋以来的儒者，由于对儒家内在心性修习学问的关注，而把《大学》、《中庸》等书视为具有内在有机关联的一体，最终集结为一本书了。

三　至诚无息

至诚者以曲致直，成己成物，参天赞地。作为一种最高明的修习境界，在现实人生中，亦有其最真实的化用和形态。这就是《中庸》最后

---

① 现代科学宇宙爆炸论认为，宇宙在瞬间形成，并不断膨大，直到我写这字的一刻，你读这字的一刻，仍在不断继续着这个膨大的过程，与《中庸》所隐含的宇宙生成描述不谋而合。

几章所讲的"至诚无息"。

《中庸》首先描述了什么是"至诚无息",其文曰:

> 故至诚无息。不息则久,久则征,征则悠远,悠远则博厚,博厚则高明。博厚,所以载物也;高明,所以覆物也;悠久,所以成物也。博厚配地,高明配天,悠久无疆。如此者,不见而章,不动而变,无为而成。(朱熹,1983:34)

至诚的境界,也就是把握了宇宙整体最隐秘的规则,所以,必能万物谐安,永存不朽,从时间上讲这就是"久"。永不停息的存在,光耀璀璨,以有形征表世间,在空间上看,就是悠远博大。这宇宙博厚高明,时空纵横,天地万物永存其中,但是,掌控这一切的微妙至理,我们却从没有见到它出现;然而,它又分明无处不在;试问,有人见过是谁在安排四季的轮回吗?有人见过是谁在推动那些星球的运转吗?有人见过是谁给予了地球内核无限的能量,使得烈火亿万年得以在土中燃烧吗?答案是否定的,没有人!然而,我们却分明可以感知到一种不可抗拒的力量,无时无刻不在左右我们目力所及,心力所及的每件事物!我们没有见过它来回运动,它却瞬息万变;我们也没有见过它有所作为,但宇宙万物由此而生,它确实能无所不为。这种力量我们没有办法描述,只知道它的一个特性是"至诚"!它最显著的表征是"无息"!而我们人最希望达到的境界就是如这种神秘的力量一样,可以在悠然间永久自如地左右与我们触碰的一切事态。假如我们勉强用"神"来描述这种不可思议的存在的话,那就是,人希望能够成为神!然而,"神"之为"神",就因为其不可测度,所以,人又几难为神,那么,如果我们愿意退而求其次,尽力模仿神的行事方式,神的品性,是不是就可以在某些事情上,像神一样做到"无息"呢?答案是肯定的。

在接下来的论述中,《中庸》以孔子为典型,描述这一人间圣人的至诚之德,进一步明晰"至诚无息"的外在表征和现实化用。其文曰:

> 仲尼祖述尧舜,宪章文武;上律天时,下袭水土。辟如天地之

无不持载，无不覆帱，辟如四时之错行，如日月之代明。万物并育
而不相害，道并行而不相悖。小德川流，大德敦化。此天地之所以
为大也。（朱熹，1983：37）

仲尼遵循前圣尧舜之德，效法周文王和周武王的礼乐制度；以天时
为律，以地理为规。他的德行就好像大地一样，包容一切；又好像四时
运转、日月推移一样按部就班，秩序井然。万物齐生，虽各不相同，但
并不以此害彼，看起来世间的道路纵横交错，但各行其是，互不妨碍。
德性小者，譬如山川溪流，浸润萌芽；德性大者，厚重化生，滋养万物。
这就是天地为什么可以成为"大"的原因啊！

文中所说的天地之所以为"大"的原因其实就是"至诚不息"的原
因，至诚者所以能"不息"从外在的有形世界观察，其中一个非常重要
的原因就是"包容"。所谓"天地无亲，以万物为刍狗"，自然无弃物，
所有的有生命物也好，无生命物也好，一切平等，在整个宇宙的结构模
式中，无不有其存在的位置和意义。宇宙因平等包容而和谐广大，因和
谐广大而生生不息。尧舜也好，文王武王也好，孔子也好，他们的德性
之所以为人称道，他们的法章之所以为人效仿，就是因为他们遵循天地
之道行事，以宽容为本。因此，后世之君主治世，世人修身，若要想达
到"至诚不息""协和万邦"，所及所触而不无欢乐悠然，则必以天地为
法，以宽容平等之心为行事之则。

在《列子》中有一个关于商丘开至信不伤，与物和谐的故事，或者
可以对我们学者修习，并进一步理解《中庸》至诚之道以很好的帮助。

这个故事是这样的：古代晋国有个姓范的家族，这个家族有个叫子
华的人，很受晋国国君的宠爱，虽然他并没有官职，但他的社会地位却
在众臣之上。他赞赏谁，谁就能得到爵位，他憎恨谁，谁就会被罢免官
职。全国的人因此都很佩服他。他喜欢蓄养门客，在他家里议事的人跟
朝廷上一样多。范子华还喜欢让他蓄养的这些门客互相攻击，即使这些
人受伤流血，死在眼前也毫不在意，并以此取乐，这种风气甚至影响全
国，几乎成了晋国的风俗。

在子华蓄养的这些门客中，有两个人，叫禾生和子伯，有一天，这

两个人出门游玩，住在荒郊野外的老农商丘开家里。晚上，两个人就议论起范子华的势力，说他能让死人活，活人死；富人穷，穷人富。

商丘开一直以来贫困潦倒，听到这样的议论，马上借了些干粮，一路就投奔范子华去了。到了那里以后，出身"贫农"，苦大仇深，面色黧黑，衣冠不整，年老体弱的商丘开立刻成了其他门客的欺负对象。他们不断地侮辱、戏弄他，推搡捶打，无所不为。商丘开却是忍辱负重，一点恼怒的神色也没有。最后，这些门客手段都耍完了，欺负商丘开都欺负得疲劳了，商丘开还是老样子，一点也不生气。

后来，他们又想了一个新办法，带着商丘开登上一个高台，其中一个人说谁要是能从台上跳下去，就赏谁一百金。这群人争相响应，却并没有人真的相信这句话。只有傻瓜一样的商丘开信以为真，第一个从台上跳了下去。只见他就像一只展翅的飞鸟一样，飘飘荡荡就落到了地面，竟然毫发无伤。这些门客虽然觉得事情有些奇怪，但是，又觉得可能事出偶然。于是，他们指着不远处一条河弯的深水处说："那水里有宝珠，潜水下去就可以摸到。"商丘开又第一个跳进了水里。当他游出水面后，手里竟然真的拿着一颗宝珠。这时候，其他的门客都惊呆了，感到非常奇怪，认为商丘开一定是一个奇人。范子华也因此让商丘开穿上绸缎做的衣服，吃上肉做的饭食。

日子过了没多久，范家的仓库起了大火。范子华说："凡是能钻进火中取出绸缎的，根据取出的多少赏赐你们。"其他门客都面面相觑，不敢钻进火里去抢救财物，只有商丘开面色不改地钻进了大火中，来来回回跑了好多次，取出了很多绸缎，脸上却干干净净，没有一些烟尘，身体也毫发无损，没有任何受伤的痕迹。这下子，范家的那些门客都彻底傻了眼，认为商丘开一定有什么道术，于是，一齐向他道歉，并且请求商丘开教一教他们。

然而，商丘开的回答显然让他们很失望，只见商丘开说："我没有什么道术，甚至我自己也不知道这到底是怎么回事。不过，对这些奇迹的原因，我心中模模糊糊有一点猜测，姑且向你们说一说。过去你们中有两位门客曾经住在我的家中，我听到他们议论范氏很有能力，他能使活着的人死去，死去的人复活；富有的人贫穷，贫穷的人富有。

我就完全真诚地相信了他们说的话，没有一点怀疑，所以，我不怕路途遥远而赶到这个地方。我来了以后，对你们所讲的话同样没有任何怀疑，以为这些话都是真实可靠的，因而只怕我的诚心不够，行动得不快，并不知道我的形体到了哪里，也不知道利害在什么地方，只是专心一意做事，任何外物也不曾改变我的诚心，如此而已。现在，我知道原来你们一直都在欺哄我，于是我心中便萌生了猜测与疑虑之情，回想过去侥幸没有被烧焦、淹死，不由得害怕得心中发抖，哪能再靠近水火呢？"

这件事后来传到了孔子的弟子宰我那里，宰我就是那个非常有名的、白天睡大觉的懒学生，不过，宰我因为白天睡大觉被孔子大骂之后，好像改正了不少，后来，他不仅成了孔子三千弟子中的七十二贤人之一，还是有名的孔门十哲之一，善于辞令，是孔门第一外交家。话说宰我听说了这件事后，马上告诉了他的老师孔子，孔子立刻趁机对他的众弟子进行了一次教育，他说："汝弗知乎？夫至信之人，可以感物也。动天地，感鬼神，横六合，而无逆者，岂但履危险，入水火而已哉？商丘开信伪物尤不逆，况彼我皆诚哉？小子识之！"（杨伯峻，1979：57）意思是说："你们难道不知道吗？至信的人，是可以感动万物的。甚至可以感动天地，感动鬼神，横行天下而没有违抗的人或事，何止是身处险境、出入水火而已呢！商丘开相信假话尚且凡事无阻，何况你我这些修习至诚大道的人呢！小子们啊，你们要牢牢记住！"

在这个故事中，主角商丘开其实就是一个心眼实诚的老农民，商丘开前能后不能的关键，不在于他有什么特异功能或者高深道术，而在于他内心是不是完全至信。当他对范子华的能力确信不疑，对众门客的话完全信任时，他的内心对外物无疑、无惧、无虑，浑然一体，合而为一，彼此无分别，无障碍，完全没有高台、烈火与深潭可能对人造成伤害的意识，所以，他能毫无惧色地跳高台，潜深渊，来往于烈火之中而无伤。等到后面他心中有了疑虑，起心动念之间，则分别之心随即而起，物我两重天，当然自由全失，往来皆阻。商丘开为"至信"之人，即便他信的是虚假之物，他都可以入水不濡，入火不焦，何况是修习至诚大道的人呢？如果一旦达到如"大道"那般的至诚之境，自然更是可以纵横六合而无不自在。试问，有哪个同学见过与"道"不能兼容的事物吗？唯"道"有容，方能至大无疆，和谐万邦，生天生地，纵横六合，无碍无阻，无始无终，这不就是"至诚无息"吗？

这下诸位可能就恍然大悟了吧。《中庸》一文首尾连环，说来说去，说的就是一个字——"道"。"中庸"是道，"中和"是道，"至诚"还是道。从学者修习的角度来讲，"中和"由人之性情说，"中庸"由人之行为说，"至诚"由人之品性态度说，万流归宗，其原生点就是恒久不变的"大道"。所以行"中庸"也好，至"中和"也好，达"至诚"也好，其终极、最高的境界就是如大道周流万物的情形完全一致，即所谓"无息、久、征……配天地、无疆域"。

至此，我们不妨再去看一下《论语》，在《论语》中有一段著名的记述，后人称之为"吾与点也"。这段文字所显示的境界和气质与《中庸》的"至诚无息"同样具有相当的一致性，可见子思确实继承和发扬了其家学，亦可帮助我们理解《中庸》"至诚无息"内容对君主治世的启示。

这段文字是这样写的：

> 子路、曾皙、冉有、公西华侍坐。子曰："以吾一日长乎尔，毋吾以也。居则曰：'不吾知也！'如或知尔，则何以哉？"子路率尔而对曰："千乘之国，摄乎大国之间，加之以师旅，因之以饥馑；由也为之，比及三年，可使有勇，且知方也。"夫子哂之。"求，尔何如？"对曰："方六七十，如五六十，求也为之，比及三年，可使足民。如其礼乐，以俟君子。""赤，尔何如？"对曰："非曰能之，愿学焉。宗庙之事，如会同，端章甫，愿为小相焉。""点，尔何如？"鼓瑟希，铿尔，舍瑟而作。对曰："异乎三子者之撰。"子曰："何伤乎？亦各言其志也。"曰："暮春者，春服既成。冠者五六人，童子六七人，浴乎沂，风乎舞雩，咏而归。"夫子喟然叹曰："吾与点也！"（朱熹，1983：129~130）

子路、曾皙、冉有、公西华与老师孔子一起闲谈，孔子就说了：你

论《中庸》的至诚之道

们平常老是说没有人赏识你们，如果有人赏识你们的话，你们会有什么表现呢？子路性格坦率，与孔子年龄相差不多，在门弟子中与孔子关系十分密切，所以他第一个站起来，说了一通自己治国的远大志向，结果孔子不过"哂之"而已。"哂之"是什么意思，就是面带讥讽的笑，这分明是嗤之以鼻呀。看来孔老夫子也不总是像雕塑那样一个表情。接着冉有、公西华也分别发表了自己的豪言壮志，可是孔子都没有什么表示，看来也不认可。这时候到曾点了，他正在弹琴，见老师点到自己了，就停了下来，不过他没有像其他三个同学那样志满意得，而是谦虚了一下，意思是说，我曾点的志向不像他们那么远大，老师你可不要见怪啊。孔子说：没关系没关系，大家也不过是闲谈而已，不要那么在意嘛。于是，曾点就说了这段流传千古的话，他说：我的愿望就是到了春天，穿着刚做好的新衣服，五六个大人，带着六七个小孩子，到沂水洗洗澡，在舞雩台上吹吹风，然后唱着歌回家。曾点刚一说完，孔子就禁不住赞叹道：我和点想的那是一模一样啊。

这可真是有点奇怪啊，我们都知道孔子一心推销自己的政治主张，希望能挽救礼崩乐坏的天下于水火，为什么他对子路等人说的具体治国之道不屑一顾，反而与曾点"心有戚戚呢"？问题的关键就在于曾点所述的这幅万物任情，自然快乐的图景，其背后所蕴含一个天下大治的前提，如果天下混乱，又怎么可能有这样自得其乐的生活。所以，曾点的志向实在是最高远的，与《中庸》所说的"至诚无息"无二，套用现在最时髦的话来说，他的愿望可不就是和谐社会的生动写照嘛。可见，曾点确实非同一般，他深得道之三昧，也难怪独得孔老夫子赏识，引其为知音。

如果我们把思维放得更开一点，就会发现，《中庸》"至诚无息"在政治上的意味除了于儒家内部可以找到共鸣者外，这种思想与道教首席专家老子所说的理想社会同样异曲同工。在《中庸》一文的最后这样写道："《诗》云：'予怀明德，不大声以色。'子曰：'声色之于以化民，末也。'《诗》曰'德輶如毛'，毛犹有伦。'上天之载，无声无臭'，至矣！"将君主治世分为三等，一为明德，一为如毛，一为上天之载。在最理想的社会中，君主就如上天一样，没有声音，没有气味，完全感觉不到他的存在；再次是以明德治世化民，再次是以刑罚治民。有明德则有暗污，有刑罚则有罪孽，暗污与罪孽必不能与其他平等，人类从此有分别差异，众生便无法至诚协和，此即"非道"，"非至诚"也。《老子》中则说："太上，下知有之。其次，亲而誉之。其次，畏之。其次，侮之。"（王弼、楼宇烈，1980：40）一个高度和谐美好的社会，必是多元的社会，能包容不同声音的社会，人人各得其所，各尽其责，各发其声，所以，就像大道运行，生养万物而万物自得不知大道之所在一样，最好的君主老百姓根本感觉不到他的存在，次一点的君主，老百姓口口声声对他感恩戴德，而最差的君主，就是老百姓恨不得与之共毁灭了。这不就是《中庸》文末的治世三等级嘛。

总之，无论是《老子》、《论语》还是《中庸》，对"至诚无息""无声无臭"的认识是完全一致的。最高的社会治理状态就是"不知有之"，最高的君子修养就是"小德川流，大德敦化"。这种景象用《诗经》中的一句话说就是"鸢飞戾天，鱼跃于渊"。这种包容一切，物我融和，各得其所，与自然浑然一体的至诚境界，在后世的学术流传中，一直被作为君子修德治国的终极追求标志，悟与不悟，也是学人醍醐灌顶的关键所在。禅宗有一句著名的偈语，所谓："青青绿竹，莫非真如；粲粲黄花，无非般若"，其中之真意，岂不让人再次叹息古圣人所说的："天下殊途而同归，一致而百虑。"真至理名言矣！

参考文献

杨伯峻（1979）：《列子集释》，卷2，中华书局。

（汉）郑玄注，（唐）孔颖达疏（1999）：《礼记正义》，卷36，北京大学出版社。

（清）刘一明，羽者等点校（1996）：《道书十二种》，书目文献出版社。

（宋）黎靖德编，王星贤点校（1986）：《朱子语类》，第4册，卷64，中华书局。

（宋）朱熹（1983）：《四书章句集注》，中华书局。

（魏）王弼注、楼宇烈校释（1980）：《王弼集校释》，中华书局。

Discussion on the Sincerest Path of
The Doctrine of the Mean

Yang Yan

Abstract: "*Zhicheng Zhidao*", or The Sincerest Path, is one of the basic theories encompassed by *The Doctrine of the Mean* for character cultivation and for the government of a country. It has been valued and expounded upon by Chinese scholars for time immemorial. Yet there has so far been no agreement about its meaning due to differing stances and cultural backgrounds. This paper re-explains the work from a semantic perspective and claims that *cheng* (sincerity) in the phrase refers to "the way of nature" and *chengzhi* (to attain sincerity) is "the way of man". To ordinary individuals, their inborn *xing* (nature) of utmost innocence is concealed by their acquired uneven qi (life force), so that they possess sincerity but not in its complete form. They must therefore "choose what is good, and firmly hold fast to it" while making unceasing efforts so that they may gradually attain the greatest sincerity. He who attains the greatest sincerity is certain to understand all things; he who understands all things is surely the most sincere. Sincerity is the essence, while intelligence is for practical use. He who is the most sincere affects things naturally. The nature of the most sincere is not simply manifested externally by the attainment of the same, but is at the same time characterized by prompting other individuals and things to attain success. By determining right from wrong, he who is most sincere fulfills himself and things alike. As the highest state of cultivation, full sincerity also has its true utility and form in real life. In other words, what the last chapters of *The Doctrine of the Mean* deal with- "ceaselessness of complete sincerity".

Keywords: *The Doctrine of the Mean*; Sincerest; Character cultivation and government

（责任编辑：郑琦）

孔子与社会自治之发轫

姚中秋[*]

过去两千多年间，中国有一个连续而丰厚的社会自治传统。对此，学界已有相当多的研究，尤其是对宋以来明清、民初的社会自治，文献极多。本文将简单梳理孔子之言与行，探究这一社会自治传统在中国之发轫。

一　政府之外的治理

首先需要确定一点：在孔子之前是没有社会自治的，因为那个时代，不存在"社会"。

孔子之前的三代皆行"封建"，其社会治理机制是"礼治"。礼治秩序中，人们生活在高度稳定的小型共同体，即封建意义上的"家"之中。治理是混融的，礼无所不包，无所不在，而没有私法、公法之分。也因此，共同体中也没有社会、政府之分，甚至没有"权力"这样的观念和现象。①

到孔子时代，这一混融的治理模式开始分化，首先是权力意志的觉醒。各国强势卿大夫，如晋国诸卿、鲁国三桓、齐国陈氏、郑国子产等

* 姚中秋，北京航空航天大学人文与社会科学高等研究院教授。
① 关于礼治的特征，参考（姚中秋，2013：100～112）。

执政者，都具有了权力意识。他们尝试运用官僚、刑律治理变化了的民众，比如《论语·颜渊篇》记载：

> 季康子问政于孔子曰："如杀无道，以就有道，何如？"孔子对曰："子为政，焉用杀？子欲善，而民善矣。君子之德，风；小人之德，草。草上之风，必偃。"

民众从封建的小型共同体中游离出来，来到陌生地方，不再受无所不在的礼乐的约束，行为趋向于放纵。其中有些人生计艰难，而成为盗贼，春秋中后期，不少邦国都面临严重盗患。季康子决心用刑罚威慑他们。郑国子产则作《刑书》，晋国也铸刑鼎。由此，出现了雏形的现代政府。

孔子早年培养的弟子冉有、子路等人，也参与了这个雏形的现代政府。这些弟子也按照现代政府的逻辑，致力于增加财政收入。《论语·先进篇》记载：季氏富于周公，而求也为之聚敛而附益之。子曰："非吾徒也。小子鸣鼓而攻之，可也。"这些加入政府的弟子也协助其攻灭攻夺田邑，如《论语·季氏篇》记季氏将伐颛臾，冉有、季路见于孔子云云。

由此一路发展至战国初期，各国陆续形成"王权制"的社会治理模式。西方在十六世纪出现的 absolutism 与此类似，其统治工具有官僚制、刑律之治和常备军。这是一种带有强烈现代性的体制，完全不同于封建制的社会治理模式，至后来的秦它发展到极致。①

孔子预见到了这种社会治理的完整形态，上面所引的章句清楚表明，孔子对此政体持批评态度。孔子进行过制度比较，《论语·为政篇》：

> 子曰："道之以政，齐之以刑，民免而无耻；道之以德，齐之以礼，有耻且格。"

"道之以政，齐之以刑"就是战国时代出现的政治体制之基本运作机

---

① 关于王权制略微详尽的分析，可参看（姚中秋，2013：189~202）。

制，在其中，发挥治理作用的唯一主体是政府：政府运用行政力量管理民众，如果民众不顺服，政府就依据刑律予以惩罚。政刑的后盾都是政府掌握的暴力。

孔子断言，单纯依靠政府管理和统治民众，不足以形成良好社会秩序。形成优良秩序，首先需要"道之以德，齐之以礼"，在此基础上，政府"道之以政，齐之以刑"，才是有效的。如果没有前者，则民众没有耻感，缺乏最基本的自我约束，随时准备在政令、刑律的空白处投机，而政府统治的成本将非常高，高到政府无力承受。"道之以德，齐之以礼"才有可能让民众具有耻感，能够自我约束，这样，政府才能以可承受的成本维护相对稳定的秩序。

"道之以德，齐之以礼"的主体当然可以是政府，关于"为政"，孔子提出的基础性命题是："为政以德"（《论语·为政篇》）。但是，这绝不意味着，德、礼之治的主体仅限于政府。下文将讨论，大多数士君子实际上是在政府之外发挥着"道之以德，齐之以礼"的治理作用。

也就是说，孔子的制度比较观念敞开了相对于政府的社会的出现之门。在孔子理想的社会治理模式中，政府的统治与非政府的治理同时发挥作用。孔子是社会自治理念和制度之中国始创者。更为重要的是，孔子构造了社会自治的主体，也构想了社会自治的两项重要制度。

二　士君子作为社会自治之主体

孔子创造了社会自治之文化与社会主体：士君子。

社会自治是社会治理的一种形态，同样需要治理者，即需要民众的自组织，以此生产和分配公共品。而任何组织都需要领导者，哪怕是民众的自我组织。没有领导者，就没有组织；没有组织，分散的个体无力生产公共品，也就不能自治。领导的核心含义是，自治组织的领导者拥有一定的资源支配权，并且能够发号施令。这与政府官员是一样的。

不过，两者的资源支配权、领导权之渊源有重大区别：政府官员的后盾是国家暴力，其工具有"政"和"刑"。民众缴纳赋税，服从官员指挥，经常是因为恐惧。自治领导者不享有政府官员的权势，他不能以暴力强制自治组织中的成员。他发挥作用的前提是后者自愿服从他。自愿的服从总是来自被领导者对领导者的信服。也就是说，自治领导者的资源支配权和领导权来源于自己的道德、文化和社会权威。

于是，社会自治得以生成、展开的关键就在于一群人中有一种机制，让其中某些人具有道德、文化和社会权威，并乐于以此组织人们自我治理。孔子兴学，养成士君子，就开创了社会自治领导者的生产机制，源源不断地生产出具有道德、文化和社会权威且具有自治意愿的自治主体。

生当礼崩乐坏之际，孔子的理想是重建秩序。而孔子深知，重建秩序，第一需要恰当的制度。儒家绝不是不重视制度。孔子对中国文明的最大贡献，在于删述"六经"。六经为先王之政典，六经是制度之渊薮。经由六经，孔子对古往今来的制度之起源及流变有深入理解，故孔子自信地说："殷因于夏礼，所损益，可知也；周因于殷礼，所损益，可知也；其或继周者，虽百世可知也"（《论语·为政篇》）。后世儒家也都极为重视制度，《孟子》前半部多在讨论制度。

重建秩序的第二个要素是恰当的社会治理主体。孔子虽然重视制度，但同样重视治理主体："文、武之政，布在方策。其人存，则其政举；其人亡，则其政息。人道敏政，地道敏树。夫政也者，蒲卢也。故为政在人"（《中庸》）。孔子通过删述六经而成为立法者，然而，谁来创造立法？孔子兴办教育，以经学、儒学教授弟子，以养成士君子，担负创制立法、重建秩序之大任。《论语》首章清楚说明儒门生存之形态和目标：

子曰："学而时习之，不亦说乎？有朋自远方来，不亦乐乎？人不知而不愠，不亦君子乎？"

孔子时代，礼崩乐坏，其根本标志是古典的君子群体溃散。本章清楚表明，孔子的目标是养成庶民为君子。至于养成君子的方法则是学，"博学于文，约之以礼"（《论语·雍也篇》）。弟子学于孔子，孔子兴办教育，这是全新的现代教育形态。

然而，君子何为？孔子在不同语境中给君子下的定义，尤其是他关于君子、小人之分的论述，清楚地说明，孔子以合群为君子之依归。《论语·卫灵公篇》：

> 子曰："君子矜而不争，群而不党。"

人们引用这章经文，通常只注意到"不党"，而忽略了"群"，而这才是全句的重点所在。君子确实不可以"党"，因为，君子的功能是合群，即组织分散的个体成为有机的群体。君子正是为了合群，才"不党"。

《白虎通义》解释说："或称君子何？道德之称也。君之为言，群也；子者，丈夫之通称也。"简而言之，君子就是具有卓越合群能力的人，所谓社会治理，其本质就是人的组织及组织的有效运作。养成庶民成为君子，也就是让他们具有合群能力，从而能够成为社会治理之主体。古典时代的君子就是具有卓越合群能力的人。礼崩乐坏的主要表现就是古典君子群体溃散。孔子旨在重建秩序，乃以学养成庶民为士君子，孔子明确指出，儒家士君子的社会功能也是合群。

君子、小人之别正在于此。《为政篇》：

> 子曰："君子周而不比，小人比而不周。"

君子的功能是合群，而且是尽可能广泛地合群。所谓党、所谓比，就是把自己限制在狭窄的情感、利益确定的人际关系界线内。聚集在一起的诸多个体中，君子具有合群能力，因而是自我组织的发起者、领导者，小人则因为缺乏合群能力，而是组织的普通成员。

那么，君子如何做到尽可能广泛地合群？关键在于义、利之辩，《里仁篇》：

> 子曰："君子喻于义，小人喻于利。"

义利之辩具有十分丰富的内涵，而其中最为重要的含义指向君子 – 小人之别：小人就是普通人，他们当然可以求利，在日常生活中按照利进行决策。君子却不可这样，君子是社会治理者，君子必须合群，即组织社会、管理社会。为此，君子必须超越于个人之利，一切秉乎事务之宜，也即"义"。唯有如此，君子才能克服情感之偏私，平等对待所有人，合更多人为群。

《论语》等典籍所收孔子言论，谈论最多的是君子，孔门弟子所关心的核心问题正是如何养成君子，君子如何履行自己的社会职能。孔子广泛地评论他之前的古典时代之君子的品德、技艺和威仪，以此向弟子揭示成就君子之道。详细考察孔子关于君子之德的论述就会发现，这些德都指向了合群，指向了社会治理。《论语·先进篇》描述孔门四科："德行：颜渊，闵子骞，冉伯牛，仲弓。言语：宰我，子贡。政事：冉有，季路。文学：子游，子夏。"士君子之"德行"有助于合群，"言语"是合群的主要媒介，"政事"的职能就是合群，"文学"传承六经，养成君子。

孔子养成之士君子，当然并不拒绝进入政府，孔子本人也曾谋求进入政府，因为，这是行道天下、重建秩序的重要途径。不过，孔子并未能长期留在政府中，孔门弟子也大多未进入政府。后世儒家士君子，也都只有少数进入政府。士君子之所以未进入政府，不光是因为，掌握政府权力的人不"知"这些士君子之德能，因而，不能给予其以相应的位，《论语》首章就提出"人不知而不愠"。更为重要的是，孔子养成的儒家士君子"志于道"（《论语·里仁篇》），因此，士君子会以"义"判断自己是否进入政府。士君子何以出处，也是《论语》关注的一个核心问题。"邦无道，谷，耻也"（《论语·宪问篇》），如果邦国的政治不上轨道，士君子主动拒绝进入政府，而"不愠"。

因此，历代大量儒家士君子停留在政府之外。显然，他们不可能无所作为。他们掌握了知识，具有了合群之能力和意愿，并且具有重建优良秩序之理想，他们希望行道天下。这一志向，对于理解士君子的行为模式至关重要。儒家士君子始终希望行道于天下，而他们停留在政府之外，不掌握权力，他们必定为自己开创出治理的空间。

这些停留在政府之外的儒家士君子自然地在政府之外，创造出了社会的自我治理。《荀子·儒效篇》这样形容孔子：

仲尼将为司寇，沈犹氏不敢朝饮其羊，公慎氏出其妻，慎溃氏逾境而徙，鲁之粥牛马者不豫贾，修正以待之也。居于阙党，阙党之子弟罔不分，有亲者取多，孝弟以化之也。儒者在本朝则美政，在下位则美俗。儒之为人下如是矣。

晚清名臣曾国藩的名作《原才》清楚地说明了这一点：

风俗之厚薄奚自乎？自乎一二人之心之所向而已。民之生，庸弱者戢戢皆是也，有一二贤且智者，则众人君之而受命底焉；尤智者，所君尤众焉。此一二人者之心向义，则众人与之赴义；一二人者之心向利，则众人与之赴利。众人所趋，势之所归，虽有大力，莫之敢逆，故曰："挠万物者，莫疾乎风。"风俗之于人心也，始乎微而终乎不可御者也。

十室之邑，有好义之士，其智足以移十人者，必能拔十人中之尤者而村之；其智足以移百人者，必能拔百人中之尤者而材之，然则转移习俗而陶铸一世之人，非特处高明之地者然也，凡一命以上，皆与有责焉者也。

这里所说的"一命"，就是指布衣士君子。在曾国藩看来，士君子在社会层面的努力，就能够由近及远，从文化到社会再到政治，改变风俗，改造政治。风俗之改变，依赖社会的自我治理。

当然，士君子在社会层面发挥作用，也绝不只是依凭自己的德行。士君子创造了社会自我治理之诸种制度。儒家士君子创制立法的能力，让中国维系着社会自治的传统。

三　社会自治之诸制度

孔子本人创造了中国最为重要的自治制度：儒家之学术自治。

人们经常谈论儒家只适合于血亲关系的组织，他们却忽略了一点，孔门作为一个团体，与血亲没有任何关系，而是一个完全由陌生人组成的自治性团体，是后封建时代之全新合群实践。

孔子所处时代，礼崩乐坏，"游"是当时社会的基本特征。这个词在周秦之际文献中反复出现。其含义就是流动性，人们从封建的小型共同体中游离出来，在空间和社会结构上流动。正是为了因应一个高度流动的社会，才出现了战国时代的政府，这个政府的目的就是为了管理陌生人组成的社会。

处于封建君子群体之最底层的士，得风气之先，是流动性最高的群体。孔子形容自己是"东西南北人也"（《礼记·檀弓上篇》），孔子的弟子都是"游士"。孔子第一个在封建治理结构之外将游士组织起来，构建了一个群——一个自治的教育、学术团体。

儒家主张五伦，这是人际最为重要的五种伦理关系。然而，儒家也清楚指出，五伦关系中，朋友、兄弟两伦完全不同于父子、兄弟、夫妻。前两者是陌生人的合群之道，而在这两者中，"朋友"有不同于君臣。孔门弟子之间相互为朋友，这是陌生人平等相处之道，儒家对此十分重视。弟子之间有密切关系，和而不同，从而生活在文化与社会团体中。

与诸子百家相比，尤其是与道、法家相比，儒家的合群生活之特征十分引人注目。当然，儒家团体之组织化程度不及墨家，也不及西方的教会。但儒家的学术活动仍然是有组织的。据《史记·仲尼弟子列传》记载，孔子去世后，弟子曾推有子为领袖。这一制度后来虽然没有延续下去，但儒家士君子仍生活在以学术为本、相对松散的组织中。

儒家学术团体就成为此后中国最为重要的自治性社会组织。不论环境如何，历代儒家都会积极兴学，比如汉代经师之家学，宋明之书院。曾子曰："以文会友，以友辅仁。"（《论语》）《周易》"兑"卦之《象传》曰："丽泽，兑；君子以朋友讲习。"兴学，以学相合，维持道德、思想、学术的凝聚力，这是儒家存在的基本社会形态。

经由学，儒生自近及远，结成地方性、地域性乃至全国性团体。这个团体是自治的，道德高尚、学术纯正者自然拥有权威。从全社会来看，这样的儒家团体自然享有文化权威，据此而具有社会权威，并可发挥重大政治影响。其中最为重要的机制是社会舆论。清末康梁之公车上书，就清楚说明了儒生是如何借助学术活动发挥政治影响的。

在这个组织化学术体系中成长起来的士君子，也是更为广泛的社会自治制度的运转主体。孔子本人就第一个论证了具有血亲关系的人群中间的自我治理，对于形成优良社会治理的重要性。

礼崩乐坏，封建的"家"等小型共同体解体，士在"游"，庶民也游离出来，其生存之社会形态也发生了极大变化，逐渐形成核心小家庭，战国秦汉之际文献经常提到"七口之家""五口之家"。如此离散的人群如何治理？掌握权力者的回应是"道之以政，齐之以刑"。孔子认为，这显然不够，还需要"道之以道，齐之以礼"。然而，后者的制度载体是什么？《论语·为政篇》：

> 或谓孔子曰："子奚不为政？"子曰："《书》云：'孝乎惟孝、友于兄弟，施于有政。'是亦为政，奚其为为政？"

这是中国历史上，基层社会自我治理的第一次理论表达。当时，已具雏形的政府在运用权力管理民众，"或"认为，这才是政，士君子只有进入政府，才算为政。孔子则充满信心地断言，基于孝悌的社会自组织，同样是"政"，同样具有治理之功用。

这样，孔子扩展了"政"的概念，政府运用权力管理民众，固然是政，有助于秩序之维系；但在政府之外的社会主体，不运用权力，运用其他机制，同样可以发挥维系秩序的作用，这也同样是政。孔子宣告，新时代的政，实有两种：政府之政，政府之外的社会之政。可以说，本章中，孔子阐明了"治理（governance）"理念，而这构成儒家为政思想之基础。后世儒家讨论优良秩序之塑造和维系，从来不限于政府运用权力进行的管理，而总是同时关注政府之外的为政，且以之作为社会治理的关键和基础。

孔子在这里也已经指出社会自治的基本机制：借助孝悌之德，维护家庭及更大范围的血亲共同体内的良好秩序。《论语·学而篇》更清楚地阐明了这一点：

> 有子曰："其为人也孝弟，而好犯上者，鲜矣；不好犯上，而好

作乱者，未之有也。君子务本，本立而道生。孝弟也者，其为仁之本与！"

这是整个《论语》的第二章。第一章表明，孔门之核心目的在于通过学养成君子。儒家认为，重建秩序，首须重塑君子群体。然而，君子如何在庶民中重建秩序？有子指出，通过孝悌之唤醒、扩充。借由孝悌之教化，可以稳定小家庭，这是社会秩序的基础。有子更进一步指出，家庭本身又是一个教化机制，人们在此体认仁、习得敬、爱陌生人的技艺。

这样，孔子就教给士君子组织中普通民众的一个重要机制：借助人们天然具有的血亲之爱，稳定家庭，组织家族或者宗族，把离散的庶民重新组织起来，过公共生活，并生产和分配公共品。从此，宗族制度成为中国基层社会自我治理的基本组织形态，当然，这一制度在汉晋时代和宋明时代的表现有所不同。

需要说明的是，不论是在汉代，还是在宋代，宗族的构建都是士君子有意识努力的结果，而不是自然就有的。宋明宗族制度的形成与朱子《家礼》有极为密切的关系。而这些宗族就是基层社会的公共治理组织①。

当然，中国社会也在这种血亲关系之外形成了其他自治性组织，但仔细观察即可发现，所有组织，都渗透着儒家价值。至关重要的是，所有这些组织的发起者、组织者、领导者都具有君子品质。

四 结语

自儒家诞生之后，中国社会自我治理的基础就在儒家学说中，中国社会自我治理的主体向来是儒家士君子，中国社会自我治理的诸制度向来是以儒家价值为内核的。两千多年来，士君子在社会与政府两个层面同时活动，在下美俗，在上美政。他们依据变动了的社会情势，创造社

---

① 关于这一点，可参考（姚中秋，2012：44~58）。

会自治的有效组织形态，并在自治中发挥发起、组织、领导的作用。

儒家式社会自治之枢纽是士君子。儒家的君子论旨在提升普通人成为具有一定德能的人，成为合群者。在任何领域中，这些人都可发挥组织和领导的作用，从而随时随地展开自我治理。这包括，中国源远流长的企业家传统，也得益于儒家的君子论。[①] 儒家的君子论让自我治理在中国成为一项自然而然的事情。

孔子以来的历史经验证明，若没有一个有效的机制养成具有一定德能的士君子群体，就不可能有成熟的社会自治。当今中国之所以社会自治严重滞后，不是因为普通民众没有自治的意愿，也不是因为政府不给自治空间，而主要是因为，没有人愿意并有能力发挥领导作用，从而社会各个领域普遍陷入"搭便车困境"与"集体行动困境"中。走出社会自治困境的出路是教育之更化，以养成士君子群体。

参考文献

姚中秋（2012）：《重新发现儒家》，湖南人民出版社。
——（2013）：《国史纲目》，海南出版社。

（责任编辑：马剑银）

---

① 考察《史记·货殖列传》所记工商企业家的品质，完全是儒家的，最具有深意的是，司马迁所记第一位自由商人就是孔子十分喜欢的弟子——子贡。

行为能力视阈下的中国社会组织：
基于集合案例的研究[*]

余 翔 李 伟 李 娜^{**}

【摘要】 中国社会组织处于较短的发展历程、较复杂的发展环境、较艰巨的创新使命等多重影响因素裹挟之下，对社会组织有不同的观察视角和评估结论。基于社会组织的法律身份，从当为、能为、未为等维度对社会组织行为能力进行分析，发现当前中国社会组织已具备一定自治能力、代言能力和公共服务能力，同时也发现各类社会组织在行为能力发育上的不平衡。开展社会组织建设应当对社会组织行为能力进行全方位诊断，完善对社会组织行为能力的法律指引，集中资源优化社会组织行为能力结构，加大行为能力储备，推动社会组织在社会建设与社会管理事业中发挥更大作用。

【关键词】 行为能力 自治 代言 服务

---

* 基金项目：民政部 2013 年中国社会组织建设与管理理论研究项目。感谢北京师范大学社会发展与公共政策学院陶传进教授、张欢副教授、广东工业大学文法学院邵俊武教授、国家民间组织管理局刘忠祥副局长对本文写作的指导，感谢审稿专家和编辑老师提出的诸多宝贵意见。

** 余翔，浙江大学光华法学院博士后，浙江大学宁波理工学院法律系研究人员；李伟，浙江大学宁波理工学院法律系教授，管理学博士；李娜，宁波大学法学院副教授，法学博士。

一 研究缘起

改革开放以来，在政府推动以及民间自发力量催化下，有别于传统的政府机关、企业事业单位、人民团体的新型组织体蓬勃发展。根据民政部的统计，截至2012年底，全国共有社会组织49.9万个，吸纳社会各类人员就业613.3万人，形成固定资产1425.4亿元；社会组织增加值为525.6亿元，占第三产业增加值比重为0.23%[①]。它们在组织规模、规范程度、经费筹集途径、活动能量、影响范围上尚不能同国外类似组织比肩，但在推动市场机制发育成熟、承载政府赋予职能、服务社区建设、推动公益事业方面的作为引人瞩目。在谈论中国社会组织时，人们常常套用西方社会理论中"第三部门"的概念（萨拉蒙，2002：1），应当说，这一表述对我们认识社会组织地位具有较好的指导性，但这不足以作为中国社会组织功能的唯一解释。反而，在中国语境下，社会组织还有更广阔的探讨空间。

研究社会组织可以有不同视角。本文主要采用法学视角，将"行为能力"范畴引入社会组织。之所以采取这个视角，主要基于以下考虑：首先，现代社会本质上是法治社会，社会组织的一举一动都离不开法律。社会组织依法组建并开展各项活动的过程，实际上是发生不同法律关系的过程。社会组织必须享有一定的权能、承担一定的义务。在社会组织卷入法律纠纷和法律诉讼时，对它的法律行为及法律责任的解释、判断离不开对行为能力的研判。当前，社会团体、基金会、部分民办非企业单位等社会组织已取得与民事法人同等的资格，还有一些社会组织（如登记为合伙、个体性质的民办非企业单位）则没有获得法人身份，因此，社会组织法律身份比较庞杂，它们的行为方式、行为后果的承担还有很多具体的问题需要研究。其次，长期以来国家对社会组织的管理、扶持主要从社会组织应该做什么、能够做什么等角度开展。从逻辑上推断，社会组织活动中与法律法规、政策期望不相符的成分，极可能是其超出

[①] 民政部：《2012年社会服务发展统计公报》，2014年4月1日，参见"中国社会组织网"：http://www.chinanpo.gov.cn/2201/66026/yjzlkindex.html，因2013年全国社会服务统计数据尚未发布，在本文使用的是2012年时的数据。

行为能力（"不可为而为之"），或者是错误理解自身行为能力（"不当为而为之"）的部分。而今，在政治、经济、社会中占有一席之地的社会组织的发展不能无序、不能失控，分门别类研究其行为能力，对于宏观管理和微观执法都有指导意义。再次，社会组织发展本质是国内问题，当前中国社会组织发展处于复杂的国际环境，部分社会组织和国外存在着财务、信息、组织等方面的千丝万缕联系，我国在社会组织建设与管理事务上亦时常受到国外势力的影响、指摘。行为能力是国际通用的法律概念，在民事、行政、刑事立法上都有体现，澄清社会组织的行为能力，表明我国应有的管理理念和立场，对于社会组织领域开展正常国际交往、学术沟通、政务合作等都有益处。

二　我国社会组织的基本面貌及其所处的内外法律关系

（一）我国社会组织的基本面貌

从范围上看，社会组织涵盖了社会生活中不同于公营部门（政府、国有企业、事业单位）也有别于私营部门的所有组织，与学术界和民间使用过的非政府组织、非营利组织、第三部门、非政府公共组织、民间组织、草根组织有不同程度的重叠（汪玉凯，2003：71～73；王绍光，1999：13～17；赵黎青，1998：42～43）。

行政管理实践中，社会组织通常指由各级民政部门归口管理，需要办理组织登记手续的正式组织，包括社会团体、民办非企业单位、基金会等大类。整体上看，第一，社会团体的类型极为丰富，服务的范围也非常广泛。第二，民办非企业单位创设历史较短，它很好地体现了政府主管部门在社会组织管理上的独特创新，它巧妙地按照中国的国情为社会组织设置了一种"过渡"形态。一方面，妥善地解决了那些既带有企业血统，又努力向自主管理性、非营利性方向靠拢的新型组织的需求。另一方面，它刷新了过去人们对"社会中介组织"的看法，使原本带有浓厚经济色彩的市场与市场之间、政府与市场之间、市场与社会之间的行纪、居间关系蜕变成为社会公共性服务联系（吴忠泽、陈金罗，1996：66）。最为成功的例证是民办非企业单位成为政府购买公共服务的采购对象。第三，基金会是舶来品，近年来基金会成为金融服务社会慈善事业的成功范式，它成功地将大量的人力、物力、财力输送到社会公益领域。中国年度慈善捐赠规模的纪录刷新和基本保持离不开基金会的有效运作。第四，随着政府职能转换和事业单位分类管理改革，政策上已经明确将一部分公益服务性较强的事业单位转制为社会组织，但由于人员、编制等体制结构固化因素的影响，这一过程将较为漫长。第五，我国长期以来存在着一种"灰色"的社会组织，即一些找不到业务主管单位，或不愿接受业务主管单位管理的社团，它们采取工商登记的形式，名义上注册为公司、企业，但实质从事非营利及公益活动。

　　我国绝大多数社会组织用短短20余年时间走过了西方近百年的发展道路，以前述理论界盛行的非政府组织（"第三部门"）学说来看待现阶段我国社会组织发育的深度和广度，可以发现，我国社会组织在今时今日已不再局促于政治、经济的边缘地带，已经和政府开始了互动并开始影响社会生活。相较之下，社会组织影响社会的力度比影响政府（国家）的力度更强。联系法团主义和公民社会两组理论模式来看，中国的社会组织发展走出了另外一种道路，即在相对明确的政治引导下，在活动领域上，沿袭了公民社会氛围下关注社会发展、遵循群体效应的风格，大力传承着"为公"理念；在组织方式上，具有法团主义色彩，经常性地进行外部和自我整合，在组织创新方面服从于稳定，在组织规模方面延续小型化为主的特性，在组际关系、官民关系上呈现半契约化趋势。在此背景下，社会组织的行事比较容易出现"事件化"影响和个人效应，前者如汶川地震、玉树地震后的公益活动热潮，后者包括一些资深公益人士（已故的梁从诫先生，柏万青，佟丽华等）。[①] 这些基本面貌深刻影

---

①　梁从诫先生是清华大学教授，全国政协委员，是知名的社会活动家，他创办的自然之友是我国较早关注环境保护的社会组织。柏万青女士是上海市退休干部，人大代表，2005年创办了"柏万青志愿者工作室"，带动3000多名志愿者开展医疗健康教育、老年人服务，失足少年帮扶等公益活动。佟丽华先生是北京市知名律师，担任北京市青少年法律援助中心、北京市农民工法律援助工作站负责人，长期为弱势群体提供免费法律援助。

响着社会组织的运作和功能发挥。

（二）社会组织面临的外部法律关系

社会组织卷入的外部法律关系，是其在与政府、与市场打交道时所遭遇的法律关系。在非营利组织管理过程中，社会组织与政府的关系是最热门的话题，政府和社会组织的互动大致可以归结为几种类型：第一，审批、监管关系。在我国，政府的指导（有时是指挥）、监督、管理政策政府对社会组织的影响非常之大，最为严厉的手段包括限制社会组织活动范围、撤销其组织登记资格。对部分官方性色彩较浓的社会组织，政府还可以进一步采用申斥、警告和撤换负责人等严厉手段。第二，评议、监督、影响关系。社会组织对政府行为、官员行为进行评议、监督既基于政府的主动邀约，也是社会治理的必然要求，在一定程度上能够促进政府决策民主化、科学化，规范政府的行为，在两者的互动中渐次推动社会和谐，社会组织也能找到进一步发展的空间，学会独立思考。在现阶段，有些社会组织还凭借某些行业的经济实力、贡献度和景气程度对政府决策施加一定的影响力，甚至试图借助、联合舆论的力量对政府的决策和行为进行一定程度的抵制。第三，参与合作关系及资助关系。在政府由"全能型"转向"有限型"的改革过程中，会将一些经济领域的行业进出规制、标准规制、价格规制、征税规制等转移给社会组织，也会将社会领域的一些非垄断性公共产品提供职能转让给社会组织，如教育援助、宗教慈善、卫生健康、社会及社区福利、历史文化艺术遗产的保护、环境保护和生态改善、动物保护及福利、业余体育运动、促进人权与和解、科学研究及普及等，这些阵地被社会组织牢固占有并发挥着越来越明显的作用（刘求实、王名，2009）。政府既坚持组织、监督者和权威赋予者的角色，也扮演资助、奖励的角色。

（三）社会组织面临的内部法律关系

社会组织的内部法律关系，主要指社会组织与加入本组织的成员以及所联系的社会事业关注者之间的法律关系。相当多的社会组织是人合型组织（除慈善信托外），成员是其最重要的资源，社会组织与其成员之间规范、和谐的法律关系是社会组织存续和开展活动的基础。对于基金会类组织而言，虽然它集聚的是财产。但从深层次讲，它与捐出财产的企业、社会人士之间存在受托关系（吴军，2010）。

社会组织的内部法律关系主要特征有三方面：一是大多数内部法律关系是基于契约形成的关系，即便是会员加入社会组织的行为，依照现代法学一般原理，也可以被视作一种契约行为。二是内部法律关系承认特殊的社员权。社会组织作为社团类法人或类似法人实体，其成员享有相应的社员权。但这种社员权和政党与党员之间、政府机构与公务员之间、公司与雇员之间、公司股东与雇员之间的权利义务结构相比有其特殊之处。首先，这种社员权带有比较浓厚的平等性和民主性，不完全唯出资多寡、职位高低、加入时间短长论，这充分地体现在社会组织制定章程规约、选举领导成员、议事表决等方面。其次，在对成员的权利限制、行为救济等方面，社会组织的决策和行为较少地受到国家的干预，在内部管理自由度、组织管理制度与法律法规的关系、纠纷裁处等方面显示出较强的自治性。三是由于治理和信息披露等原因，社会组织内部法律关系具备较好的透明度，特别是在接受政府扶持、社会捐助和志愿人员参与等事项以及财务会计、税收等方面。当代社会中，有些社会组织得到了法律的授权和行政机关的委托，行使着一定公共行政管理职能，其管理对象主要是组织的成员，这种情形下的内部法律关系中除了权利义务这一对基础范畴外，还带有公法因素的权力成分。因而，社会组织与其成员之间的内部法律关系除了传统的"权利—义务"架构外，还存在"公权力—义务"、"公权力—权利"的特殊模式。

社会组织的内部法律关系与外部法律关系不是截然分离的，而是有序衔接的，关于社会组织内外部法律关系的制度安排直接决定着社会组织行为能力的强弱和时空范围。

三　社会组织行为能力的渊源

作为大陆法系中的一个重要性抽象概念，行为能力可以具体被分解为法律主体组织的意思表示形式、权利义务来源、法律责任构成、内部治理机制、职能作用等方面。行为能力首先来自民法领域，在很多场合下，行为能力与民事行为能力是通用的，但在其他法律领域中也贯通了行为能力的观念和体系。社会组织的行为能力从源泉上当属民事法律所规范的行为能力。对各种不同的民事主体而言，行为能力既有共同的基础或者底线，也存在一定的层次差异性，如残疾人、精神健康状况不稳定人员与健康人相比，合伙、个人独资企业与股份公司相比，其可行使的行为能力是适度受限的。社会组织是一个庞大的群体，各种成分之间的行为能力"内容包"不会完全一致。在国外及境外，有一些官属社会组织，如我国香港地区的"平等机会委员会"，即由政府支持和任命，负有一定的纠察之责。在国内，社会组织所拥有的社会、法律地位也有差异，相应受到了主管部门的分类管理指导，这种身份上的复杂性使得它们的行为能力不可能整齐划一，不能简单地通过组织规模大小、层级高低、社会影响强弱来判断其行为能力（周红云，2011）。因此，我们需要同时关注社会组织的现实行为能力与潜在行为能力，整体行为能力和个体行为能力，作为行为能力与不作为行为能力，将这些行为能力综合起来分析。

之所以提出这一论断，是基于法律尤其是在民事法领域得到公认的"权利能力—行为能力"两分法。所谓权利能力，是指个人或组织依法律所赋予或者从法律中获得抽象授权的从事某种法律行为的自由，即法定人格、法定权能、法定责任。具体到社会组织，则指依照宪法、部门法、社会团体登记管理法规、经济管理法规、社会管理法规等规范，能够从事或参与到一系列法律关系中的可能性。如协会类社会团体可以获准发展集体或个人会员、可以组织成员活动、可以收取会费、可以接受政府管理部门授权从事某些管理事项。又如从事公益事业的基金会可以向公众募集慈善捐助，其中公募基金会可以向不特定公众征募捐款，非公募基金会可以向成员募款。权利能力界定的是可能性，行为能力界定的则是可行性，是个人或组织在法律授权范围内根据法律关系的属性、法律关系各方的合意情况、权利义务变动情况，结合自身所能行使的权能的大小、多寡，而决意从事某种法律行为以设立、变更、消灭某一类型的法律关系的实际可行性及其行为结果。例如，法律规定可以吸收会员，那社会组织能否吸收到会员加入以及吸收到多少会员加入，即是其发起设立的行为能力表现。法律规定有资格的社会组织可以提起环保公益诉讼，而关注此领域的社会组织成功提起诉讼，甚至于联合多位当事人开展集体诉讼，即是其开展公益维权的行为能力。

社会组织可以在不断的法律关系交往中延伸自己的行为能力，扩大自身的影响力；也可以通过积极行为去救济、纠正特定法律关系中的权利义务失序状态，维护自己的社会身份。反之，如果某一社会组织超出法律、法规、章程进行活动，在缔造法律关系时不运用其合法的行为能力，则这个社会组织的作用是存疑的。如有些社会组织不在法律规定的范围内活动，未经同意超越区域设置分支机构，不但令社会组织的活动合规性出现瑕疵，增加了社会组织被处罚乃至被取缔的风险，同时给社会组织宗旨使命的实现与扩展造成偏差，导致一定范围内社会关系的混乱，产生负面的社会作用。

因此，可以总结出社会组织行为能力与其功能的基本逻辑联系：其一，社会组织在自身行为能力的驱动下发挥社会功能，行为能力的外化程度与功能作用的发挥呈正相关。其二，社会组织违反其宗旨使命，超出其行为能力行事，会造成社会组织功能作用负面化、污名化。

四　社会组织的主要行为能力

出于服务现实、服务政策的目的，本文将侧重分析社会组织的现实能力，具体做法是根据社会组织与其内部成员、社会组织与政府、社会组织与其他社会成员之间的法律关系案例，进行社会组织行为能力的提炼和整合。同时，由于不同社会组织的发展程度、活动宗旨、所联系的成员、资源存量差异，从事社会交往的侧重点有所不同，本着抓住典型、寻求共性的原则，本文将着重陈述在某一社会领域活动较为频繁、影响较为显著的代表性社会组织，同时也兼顾一些行事逻辑、行为效应存在差异化的特殊社会组织，如探讨社会组织与政府关系时主要选取行业协会及基金会作为观察对象，探讨社会组织与民众关系时主要选取公益类社会组织为研究标本，在此基础上进一步扩展评述，使得研究所得出的结论能够覆盖到更多元化的社会组织。

（一）充当自治主体，行使内部治理权能

【案例1】温州烟具协会成立于1991年。1993年温州市政府下发文件，授予烟具协会行使企业审批、产品质量检测、制定最低保护价和新产品维权等权利，使烟具协会成为本行业名副其实的管理者。为维护市场公平竞争秩序，保证温州打火机产业的健康发展，温州烟具协会制定了《烟具行业维权公约》。该公约规定，会员企业研制出新型产品，可以向协会申报维权登记，在产品检验合格后由协会颁发证书。取得维权证书的产品在有效期内（6个月）内如发现侵权行为，协会一经查实将对侵权产品的模具和专用夹具就地销毁，仿冒的产品和专用零配件给予没收。情节严重者，由协会提请工商部门吊销营业执照。协会还建立了打火机质量检测站，赋予其检验报告高度权威性，作为整顿企业侵权的有效凭证。协会颁发的维权证书克服了申请专利周期长、花费多、跟不上技术更新的弊端，成为专利的有力补充。现在，维权已经成为会员间的一种自觉行为。企业一有新型产品研制出来，首先想到的就是到协会申报维权登记。这一证书甚至成为外商大批量订货的重要条件（黄燕、李立华，2002）。

2002年，温州打火机行业遭遇严重的外部"围剿"。当时温州每年打火机出口达5亿只，在欧洲市场占有率达到80%，出口价格多在1欧元左右，绝大多数打火机没有安装安全锁。根据2002年5月欧盟标准化委员会公布的打火机安全标准（CR标准），出厂价或海关价低于2欧元的打火机必须安装防止儿童开启的安全锁，并须通过欧盟相关认证部门的实验。因此，温州打火机生产厂家2004年6月以后向欧盟出口1欧元以下打火机必须按照CR标准安装安全锁。而这些童锁专利基本为欧洲和美国掌握，温州企业要想符合欧盟的童锁标准继续出口，要么支付巨额的专利费购买外国专利，导致生产成本大大提高，使温州打火机生产商失去价格优势，失去市场；要么开展自行研发，但研制需要很长的时间和巨大的开发费用，也可能失去欧盟市场。事件发生后，在国家、省市商务部门组织支持下，温州烟具协会组织企业对打火机的定理、分类进

行科学评估，对各类打火机的安全性能进行科学实验，并拿出哪些该加、哪些不该加安全锁的科学论据，将之提交欧盟参考。烟具协会还聘请律师，率领 15 家企业共同联合应诉，并发动全行业筹措应诉资金。交涉结果是：2003 年 12 月 9 日欧盟《通用产品安全规定指令》（GPSD）紧急委员会取消了对打火机制造商从 2004 年 6 月起强制执行 CR 的决议。同年，欧盟又宣布从 2004 年春季开始对所有进入欧盟市场的打火机、点火枪等危险品均将执行 ISO9994－2002 标准。新标准中"温度试验"和"燃烧高度"标准都大为提高。按照该标准温州大部分打火机企业的产品目前都达不到要求，将再次被拦在欧盟大门之外，温州打火机生产商又一次积极应对贸易障碍，经过积极沟通、协同行动，温州企业没有丢掉欧盟打火机市场的出口份额（黄少卿、余晖，2005）。

温州烟具协会是成立时间较早、成员草根性特点强、活动声势较强烈的社会组织，它的行事逻辑在同类社会组织中有较鲜明的代表性。温州市烟具协会的存续宗旨非常明确，就是要以既熟悉行业又超然于成员企业之上，解决行业发展中必然出现的问题。绝大多数情况下，它是通过"内部渠道"来解决问题，类似于行业的大管家。它所拥有和运用的行为能力可以集中概括为自治能力。

在社会组织工作中，习惯使用管理、服务等词汇来界定社会组织与成员之间的关系，而对"自治"的认可度不高，有时甚至会认为"自治"有脱管之嫌。从理论上观察，社会组织为成员提供服务、协调成员之间关系、根据章程对其成员进行管束、调处成员之间的纠纷、处理社会成员对其内部成员的投诉、对违反章程的行为予以惩戒等功能，其支撑的基点就是自治性行为能力。温州烟具协会的实践证明了作为社会组织完全可以承担起自治的功能，实现成员间以至行业间某种秩序的建立。而且这种自治权能对对其成员的扶助作用是明显的，对比我国企业在轮胎、自行车、电视机等产业在国际贸易摩擦中遭遇的"滑铁卢"，越发显现出这种自治力的可贵之处。

对于更广泛的社会组织而言，其自治强度是不同的。有些松散的、控制力不强的社会组织的自治主要表现在协调、服务方面，如为成员提供信息、收集整理数据、提供咨询、组织交流、调研、培训；一些得到政府支持和成员拥护的社会组织,则可以主导"游戏规则",甚至惩罚成员,达到行业自律目的。其中,社会组织的内部惩罚机制非常值得研究。它指自治过程中,社会组织通过制定行规或规约,对实施违规行为,损害组织声誉、利益的成员予以惩罚(文军,2012)。在经济活动领域,一些行业协会采取通报批评("黑名单")、罚款、拒绝交易、差别对待等措施就具有惩罚性质。如:

【案例2】中国农业机械工业协会农用运输车分会制定了《全国三轮农用运输车市场销售自律价实施细则》(以下简称《细则》)。该《细则》规定,根据举报一旦确认某企业违约,将在全行业通报批评,并由违约企业承担20万元的行业广告宣传费;严重违约者行业协会将提请国家机械工业总局和公安部取消其产品目录。农机行业的龙头企业——市场占有率达30%的时风集团,成为行业自律价出台后的第一个牺牲品,被罚款95.3万元。

在一些涉及组织成员行为规范领域的问题上,社会组织也对成员"开刀"问责,如:

【案例3】2004年7月22日,《北京晚报》、《北京日报》及《法制晚报》等媒体刊登北京市律师协会对"北京市九众律师事务所及李坤等律师进行公开谴责的处分"一事的报道,网络媒体也进行了大量的转发。当事人李坤律师认为北京市律师协会决定中所反映的内容严重失实,造成其名誉受到严重侵害。因此,他向北京市海淀区人民法院提起诉讼,请求法院依法宣告北京市律协出具的处分决定书无效,令北京市律协在其网站首页及北京律师杂志首页上以正常字体刊登致歉信;赔偿因侵害名誉权造成的精神损失五万元。2006年5月19日,法院对李坤诉北京市律师协会名誉权纠纷一案进行了公开审理。经审理后认为,依照《律师法》、《律师协会章程》规定,取得律师执业证书的律师为律师协会的个人会员。律师协会可以对团体会员、个人会员进行奖励和处分。北京市律师协会作出涉及李坤的决定,无论是否为公众了解,均系社会团体对其管理的人员作出的处理决定,依据最高人民法院《关于审理名誉权案件若干问题的解释》第四条第二款规定,国家机关、社会团体、企事业单位等部门对其管理的人员作出的结论或者处理决定,当事人以其侵害名誉权向人民法院提起诉讼的，人民法院不予受理。据此法院当庭裁定驳回了李坤的起诉。

上述案例中中国农业机械工业协会农用运输车分会和北京市律师协会对其成员采用了近似行政处罚和处分的强力手段，行使这种权力的基础可以是社会组织成员在加入组织时认可的规约章程，或是在社会组织活动规则框架下达成的权利处分合意。从民事主体可在法律规定的范围内处分自己的权利的角度来看，这类制度安排是不违反法律的。但与界定社会组织与其成员间权利义务的常规性原则和规范相比，这种处置机制不是必需性的，组织成员对此有一定的选择性权利。部分社会组织则有意识地将自治行为能力扩张到令组织成员认可、接受处罚的层次，以提高社会组织对成员的控制力。

笔者认为，这种机制是双刃剑，用得好有利于行业自治，用得不好则会对成员的权利、权益造成影响甚至侵犯。就案例而论，对社会组织自治权能中的惩戒性功能何种场合下应当认可、支持，何种场合下应当限制、取消，尚没有统一的标准，也难以作出整齐划一的规定（李云峰，2011）。各类型社会组织都会有其自身的业务、事务决策范围，这些决策对成员的奖励、惩戒层面也各不相同。对于自治性的奖罚功能是可以做到一定程度地事前约束的，如规定奖惩尤其是惩罚措施必须要有相应的告知规则、裁决规则、异议规则、申诉规则，在强自治性措施作出后，也应当保证社会组织的成员可以获得应有的救济。

（二）充当"群意"代言人，行使意思表示权能，促成集体行动

【案例 4】北京市中关村外商投资企业协会成立于 1990 年，现已拥有近千家会员企业。协会的成员都是在中关村海淀园区内注册的高新技术外商投资企业。该协会没有官方背景，像是一个外商"俱乐部"或"沙龙"。但该协会在协助外资企业和政府开展沟通、帮助外商企业行使合法权益方面发挥着积极作用。例如，国务院颁布的《关于对生产企业自营出口或委托代理出口货物实行"免、抵、退"税办法的通知》出台后，海淀园区软件出口企业都反映如果按照上述政策执行，企业的税收负担过重。协会得知情况后马上行动起来，一方面对企业进行走访，了解企

业的想法，邀请企业商讨对策，统一企业的意见。在此基础上，协会根据会员企业提供材料整理成书面报告，呈送给海淀园区领导及国家有关部门，详细指出了有关政策的正面和负面效应。另一方面，协会主动上门邀请国家税务总局、市税务局的有关领导到园区进行实地考察，并安排9家企业的领导和有关部门官员进行座谈、对话。这些工作受到了国家有关部门的重视，为国家调整软件生产企业的税收政策提供了依据。

现实生活中不乏此类的例子。如在上海市煤气涨价决定出台过程中，上海市政府专门听取了煤气、沐浴、餐饮行业协会所反映的业内企业的各种意见。从这些例子中，我们可以看出社会组织有着良好的利益代表性和传递性，它能够迅速准确地捕捉成员的利益需求，并通过整合、提升，形成具有广泛代表性的意见，从而成为"群意"，可以成为称职的利益表达主体（李建勇、程挺，2004）。从一般立场上，社会组织代表其成员表达利益和愿望是不需要授权的，这也可以理解为社会组织所拥有的意思表达权利。但这之中并非没有"软肋"。如果社会组织内部没有健全的民主机制和气氛，而是由个别领导人支配，或者受到政府、资本等各种力量的左右，那它反映的群意是否真实以及能在多大程度和范围上反映群意，是值得关注的。

【案例5】2006年9月，北京律师王某等四人前往北京湘水之珠大酒楼就餐，自带了一瓶白酒。王某用餐后，湘水之珠酒楼向其收取开瓶服务费100元。王某认为湘水之珠酒楼收取开瓶费的行为违反法律规定，侵害其公平交易权及其他合法权益，故向法院起诉要求湘水之珠酒楼公开赔礼道歉，返还开瓶费100元。湘水之珠大酒楼应诉时称，收取开瓶服务费不是法律所禁止的行为，且酒楼菜谱上标明了自带酒水的开瓶服务费为100元，并没有强制王某消费。一审法院经审理认为，湘水之珠酒楼菜谱中关于自带酒水收费的规定系格式条款，应为无效。酒楼向王某收取开瓶服务费，有悖于消法的规定，亦剥夺了王某享有的自主选择商品和服务权利，侵害了王某的公平交易权，属于不当得利，应予返还。故判令湘水之珠酒楼返还开瓶服务费100元。一审宣判后，湘水之珠酒楼提出上诉。二审法院审理认为，对于加重消费者义务的重要条款，提供合同方如果没有以一些特别标示出现于一些特别显著醒目的位置，则无法推定消费者已经明知。因此，确定湘水之珠酒楼没有证据证明事前明示消费者收取开瓶服务费，其行为侵犯了消费者的知情及公平交易权，应当就此承担相应的侵权责任，驳回了湘水之珠酒楼的上诉。判决结果一出，中国烹饪协会、北京市烹饪协会、北京市饮食行业协会、北京西餐业协会四大饮食协会纷纷发表支持餐饮企业的意见，四家协会及北京60家餐饮业的代表共同就"开瓶费"问题召开研讨会。北京市烹饪协会秘书长罗远琪表示，"消费者虽然自带酒水，但是进入了餐厅，就占用了餐厅的经营场所，享受了餐厅的服务，因此收取开瓶费实际是产生服务的费用"。北京市饮食行业协会秘书长何之绂认为，餐饮企业是专门为消费者提供饮食消费的经营单位，它要对消费者在店内整个饮食消费过程的卫生安全负责。此外，在市场竞争日趋激烈的情况下，酒水销售是企业收入的一个重要组成部分，"如果都是自带酒水，餐馆还要无偿提供服务，企业的利益受到损害由谁来保护呢？允许顾客自带酒水，那么自带饭菜或者其他食品来餐馆消费该如何处理？"何之绂建议，是否收取开瓶费、收取多少开瓶费，都可以由市场来调节。会后，北京市的三家协会将这一问题反映给北京市的相关政府部门。中国烹饪协会则向商务部进行报告。

时隔数年后，真正为这场纠纷止争的是最高司法机关。最高人民法院在2014年2月颁布了《最高人民法院关于审理食品药品纠纷案件适用法律若干问题的规定》，其中第十六条规定："食品、药品的生产者与销售者以格式合同、通知、声明、告示等方式作出排除或者限制消费者权利，减轻或者免除经营者责任、加重消费者责任等对消费者不公平、不合理的规定，消费者依法请求认定该内容无效的，人民法院应予支持。"最高法院相关负责人发表谈话表示，餐饮业制定的不平等格式条款（俗称"霸王条款"）虽不适用于上述司法解释，但对于违反《合同法》与《消费者权益保护法》的条款，消费者可请求人民法院确认"霸王条款"无效。虽然有了权威的定调，但这并不表示餐饮业行业组织的代言丝毫没有效果，但这一事件的直接影响是消费者对行业组织的角色感观更加标签化，从而削弱其公信度，而对一些敏感的社会组织而言，也在一定程度上会滋生慎言、担忧政府令其禁言的压力。

什么是社会组织的使命？对组织成员的利益的尊重和维护是其核心内容之一。社会组织履行使命的前提是组织成员盼望受到社会关注，盼望能够发出统一的声音，盼望得到回应。在市场氛围和社会生活中，原子化的组织成员通过社会组织形成了一定的凝聚态，但真正完成则需要有可信赖的诉求输送渠道，而且还要适度淡化商业方面的利益色彩，令外界认为这是"公正"的诉求。社会组织所具有的代言能力和议会政治中的议员、政治活动中的"白手套"相似，即为所"管辖"的群体输出利益诉求，表达群知。

从当前来看，社会组织在充当代言人方面的作为数量偏少，声音偏弱，不少政府部门及社会公众对社会组织的代言角色还存在着忽视态度。而社会组织成员也尚未将本组织作为一种有效的社会资源看待。另一个误区是，社会组织的一些成员认为社会组织的层级越高、与政府的关系越密切，其代言的效力越可靠，社会组织和成员的利益目标越有可能实现。事实上，社会组织为其成员代言是否奏效，尽管受到媒体传播频次、公关技巧等方面的影响，但更重要的因素是能不能通过代言来提高成员的共识和觉悟，营造集体行动的声势。如：

【案例6】上海炒货行业协会是全国首家成立的炒货行业协会，有会员单位 52 家，集中了大量炒货品牌企业，其中有 6 家企业在上海的市场占有率达到 75%。上海的外资零售企业家乐福超市一直以来都向其供货的企业收取各种名目的"进场费"，如"法国节日店庆费"每年 10 万元，"中国节庆费"每年 30 万元，"新店开张费" 1 万 - 2 万元，"老店翻新费" 1 万 - 2 万元，使供货商背上沉重负担。2003 年 4 月 22 日和 5 月 1 日，上海炒货行业协会先后两次向家乐福发出谈判邀请函，要求就新一年的炒货企业供货合同中的有关条款特别是高额进场费问题进行谈判。家乐福起初未予理睬，后来才接受谈判要求。6 月 13 日，双方进行最后一次谈判，炒货协会提出新一年的进场费用应在原有的基础上降低 50%等要求，遭到家乐福法方代表拒绝，谈判破裂。炒货协会随即宣布，因"家乐福的恶性收费超过一半销售额"，协会旗下 9 家与家乐福有业务往来的常务理事企业即日起向家乐福暂停供货。十余天后，家乐福总部单方面向部分炒货企业发出"邀请函"，要求洽谈下一步的"合作事宜"，想避开行业协会，实施"逐个击破"的战术。为此，炒货协会召开了一次理事会议，参加单位一致通过决议，在炒货企业和家乐福进场费纠纷尚未正式解决之前，旗下任何企业都不得独自与家乐福商谈合作，并在决议上签字。沪上食品、百货、纺织等10多家行业协会对炒货协会表示声援。2003年7月26日，家乐福和炒货协会达成协议，双方都作出了让步。炒货行业协会宣布，从即日起各会员单位恢复供货，并与家乐福签订新一年的购销合同。

在市场经济成熟的国家，经济领域的行业组织非常发达，日本每个产业、工种甚至每一种产品都有自己的协会（如海苔协会、土豆协会）。平日它们发挥着提供信息、制定标准、技术指导、确定配额的作用。在成员权利受到损害时，协会协调会员采取共同的行动措施，如共同谈判、共同定价、共同抵制等，以克服单个成员对外交涉力量分散的不利局面，保障成员的利益（见陈东、綦建红，1995）。这类行为有节约交易成本（包括信息收集成本、谈判和决策成本、政策制定成本以及合约的监督和执行成本）、提高资源的配置效率、保障成员利益和行业利益、维护正常经济秩序的良性作用。同时，我们也应当看到，社会组织在经济领域发挥的作用不全都是正面的，有的行业组织为垄断势力所操控，成为垄断利益的代表，推行限制进入、勾结定价等措施，排挤竞争对手、阻碍技术进步。如：

【案例7】2005年1月25日，一家名为"眼镜直通车"的眼镜超市在广州开业，所出售的眼镜产品同样品牌价格只有同行的一半左右，引起了行业震动。次日，广东最大的两家眼镜连锁集团作出反应，要求"眼镜直通车"超市的供应商必须断绝向其供货，否则就撤下它们的产品。1月28日，广州眼镜商会紧急召开零售商会员会议。2月1日，商会向全体零售商和批发商发出抵制"眼镜直通车"的公开信，先后有十多家供应商到"眼镜直通车"要求撤货，涉及二十多个品牌。这一事件引起了媒体关注。在接受记者采访中，"眼镜直通车"的经营者司马尚炎向媒体自曝眼镜行业存在暴利，20元一副的镜架可以卖到400元，有很大的降价空间。记者也分别联系了广州眼镜商会会长罗科及此次封杀行动的牵头者、商会副会长宋宁（他还是广州某大眼镜连锁集团的董事长）。他们婉拒了记者的采访要求，只是提供了相关材料，揭发司马尚炎开办眼镜店的"种种劣迹",并"敬告"眼镜消费者,称"眼镜直通车"的广告有很多虚假成分误导消费者,呼吁广大消费者提高警惕,不要上当。虽然媒体报道了此事,然而平价眼镜店生存状态仍未好转。司马尚炎表示:"平价眼镜店只剩半个月的货了,广州眼镜商会还变本加厉,将封杀扩展到上海的供应商。"为此,他以"名誉侵害"为由向越秀区法院起诉广州眼镜商会。4月14日,广州市越秀区法院判决驳回了"眼镜直通车"的起诉,法庭驳回的理由是眼镜商会并未捏造事实,亦无侮辱性表述。但法庭同时承认,"商会的做法有违市场公平竞争原则"。对此结果,部分商会业内人士认为:"这是一个地方事件,它没有必要、也不可能影响全国。"但他们的判断明显失准,在今后的几年内,"眼镜直通车"的经营模式被迅速复制到国内多个大中城市,尽管眼镜行业的秘密营利模式没有完全颠覆,但这一领域的市场竞争之火已熊熊燃烧,同时,这一行业商会的领导力和影响力日益式微。

上述案例所引发的思考是:社会组织成员的共性利益、社会组织个别成员的利益、社会组织自身的利益往往是交错层叠的,到底哪些行为是组织成员共同利益的代言?哪些是披上代言外衣的个别化利益表达行为?社会组织代言能力的形成和运用应有边界在哪里?在信息充斥的年代,信息噪音不可避免,但社会组织的代言能力是无法剥夺的,片面性、扭曲性的代言将会常态化存在,尚难归结出合适的评价标准去看待社会组织的代言能力。

社会组织的代言功能与前述的自治功能在外表上有较多的相似性,但不应混为一谈。其根本性不同在于,社会组织的自治是以社会组织自身名义所作出,由社会组织自身承担法律责任。而社会组织的代言则是以组织诸多成员的名义作出,社会组织扮演代理人角色,其代言行为的后果归属于社会组织的成员。而两者的相似之处在于,社会组织要达成自治目标或受组织成员的托付代言,都需要有良好的组织权威性和影响力。

(三)接受成员委托,充当公共服务主体、发挥"第三极"作用

【案例8】武汉大学社会弱者权利保护中心成立于1992年,是全国首家依托高校为社会提供公益服务的民间法律援助机构,其发起人是我国

中青年法学家，现任全国人大常委会副委员长的万鄂湘教授。中心设妇女权益部、未成年人权益部、残疾人权益部、老年人权益部和行政诉讼部五个部门，中心成员是武汉地区高校法学教师和专职律师，同时招募研究生、本科生利用课余时间到中心从事志愿法律援助工作。中心"以最优秀的法律人才为最需要的帮助的人依法提供最优质的服务"为宗旨，面向全国为社会弱者义务提供法律服务。服务方式包括回复咨询求助信函、接待来访、电话接谈、代理诉讼案件与非诉讼案件等。20 年来，中心已接待咨询约 15000 人次，回复信件近 2900 件，电话咨询约 20000 次，代理诉讼案件 800 余起（其中绝大部分以胜诉告终），还多次组织了城乡普法和调查活动。许许多多自身权益受到侵害而又无法得到法律保护的妇女、未成年人、残疾人、老年人和"民告官"者在中心志愿者帮助下依法讨回了公道，走出了绝望和无助的困境。千名学生志愿者在中心义务提供法律服务，得到了很好的锻炼。

根据西方学者提出的政府失灵和契约失灵理论，社会组织来到世界上的目的之一就是提供或协助政府、公营部门提供公共产品。管理学大师彼得·德鲁克曾评论道："40 年前人们认为，政府应该而且能够履行所有社会职责。如果说非营利机构还有作用的话，那就是拾遗补缺，为政府的工作增姿添彩。现在人们终于明白了，政府履行社会职责的能力是极为有限的，而非营利部门可以发挥巨大的作用……（非营利部门）对美国的生活质量和公民发展是至关重要的"（德鲁克，1995：3）。当前，有学者概括了中国社会所面临的日益突出的两大矛盾：一是经济快速增长同发展不平衡、资源环境约束的突出矛盾；二是广大社会成员公共需求的全面快速增长同公共服务不到位、公共产品短缺的突出矛盾。[①] 解决后一类矛盾无疑需要发挥社会组织的作用。社会组织自身并不拥有丰厚资源，是在组织成员的驱动下行动，而社会组织能够在某种程度上进一步"纯化"组织成员的价值观和要求，实施更为长远的公共利益目标。

---

① 顾时宏：《迟福林：中国社会出现两大矛盾新变化面临再分配》，2005 年 12 月 13 日，参见"中国新闻网"。

【案例9】金光集团（APP）作为世界上最大的纸浆和纸张公司之一，在中国云南、海南等地建设了合资项目。浙江省饭店业协会有417家成员。APP纸在各星级饭店的使用很普及。2004年10月，"绿色和平"环保组织向媒体公布金光集团在云南大量圈地毁林的消息，引起了很大反响。11月16日，浙江省饭店业协会向下属各会员饭店发出《关于抵制APP纸产品的通知》，要求会员饭店拒绝采购APP纸产品，并将其作为创建和评定绿色饭店的一项要求。随后，杭州、宁波、温州等地30多家饭店纷纷回电表示接受通知要求，拒用APP纸产品。2004年11月27日金光纸业（中国）投资有限公司向浙江省饭店业协会发出律师函，称饭店业协会的"通知"缺乏事实依据，要求"为金光集团恢复名誉，并撤销对下属饭店的强制性评判标准"，并限三天内给出答复。11月30日，金光公司以浙江省饭店业协会的做法严重侵犯其名誉权为由，向浙江省杭州市西湖区人民法院起诉，要求法院判令饭店业协会停止侵权行为，向会员饭店撤回抵制采购APP纸产品的通知，在《现代金报》等媒体上向原告公开赔礼道歉，并赔偿220万元。对此，浙江省饭店业协会副秘书长杜觉祥表示：如果金光集团通过法律来解决，饭店业协会也将借助法律应对。这一事件引起了社会的广泛关注。中华环保联合会两次召开了法律帮助座谈会，国内的环保社团如自然之友、绿家园等纷纷发出声援函或呼吁书，声援浙江省饭店业协会支持绿色消费的行为。国际上22家环保团体在世界范围内发出联合声明，强调"APP从未在根本上停止其在环境、生态和社会方面破坏性地运作，并且要求APP暂停对柬埔寨、中国云南省的运作，撤销对浙江省饭店业协会的诉讼"。国家环保局也表示对事件当事人金光集团的伐林行为展开调查。2005年2月22日，就在案件预定开庭的前一天，APP集团宣布撤诉（朱戈倩，2004；孙丹平，2005；赵永新，2005）。

2012年8月31日，第十一届全国人民代表大会常务委员会第二十八次会议通过的《中华人民共和国民事诉讼法》修订案，规定"对污染环境、侵害众多消费者合法权益等损害社会公共利益的行为，法律规定的机关和有关组织可以向人民法院提起诉讼"。这是我国公益诉讼制度的重大进展，使得社会组织有望成为公益诉讼的主力，为更好地发挥社会组织在公益事业中的积极作用提供了法律保障。①

随着社会组织分化发育的成熟以及社会管理形势的需要，社会组织所面对的成员和资源更加多元化。新型的枢纽型社会组织逐步成熟，这些组织修正自身的活动方向，通过更专业化的管理将直接公益和依靠、发动其他社会组织开展公益结合起来，拓宽了公共服务的领域，也更好地实现了捐款人的委托。

【案例10】"5·12"大地震后，大量的捐助和社会组织、志愿者进入灾区，形成公益热流。随着灾后重建工作重心的转移，公益热潮有所退却，继续坚守灾区的公益组织则努力寻找灾区民众的公益需求。当时，帮助当地青少年恢复身心所需的专门人员和文体设施难以及时到位，使得青少年身心恢复成为灾后恢复重建中的一块"洼地"。基于此，中国扶贫基金会接受耐克体育用品公司的资金捐赠，联合国际美慈组织在灾区开展了"加油——在运动中成长"青少年帮扶项目。这一项目源于美国，针对青少年的身心特点和灾难社会学原理进行开发设计，在美国卡特里娜飓风、印度洋海啸、秘鲁大地震等灾难援救中曾使用过，被证明在提高青少年的自信心、自我认同感和价值感、耐挫力、团队合作与沟通能力等方面有好的效果。这一项目主要载体是游戏和体育运动，在执行中衍生出了"加油课堂"、"加油运动会"、"加油舞台"和"加油夏令营"等方式。中国扶贫基金会在"加油"项目推介上采取了不同策略。在项目"破冰"阶段，扶贫基金会利用自身执行力，在基金会援建的板房学校、体育操场、新建学校等示范活动内容，邀请当地教育局和中小学派员观摩，消融社会各界的陌生疑虑。接着组织富有经验的主培训师对有兴趣开展项目的中小学教师进行培训，向培训合格者颁发"加油"项目安抚员证书，并配发项目教材、光盘和必需的运动器械，推广方还

行为能力视阈下的中国社会组织：基于集合案例的研究

---

① 目前对新民事诉讼法中"法律规定的机关与有关组织"有资格提起公益诉讼，在学术界还有不同的理解。部分学者认为，必须是获得法律授权的机关和获得法律授权的有关组织才能充当公益诉讼的原告。另一些观点则认为，民事诉讼法的规定应一分为二地理解，机关应当获得法律授权，而有关组织不必由法律专门授权。同时，对于"有关组织"的提法，研究者们认为，《民事诉讼法》第55条对有权提起公益诉讼的组织只是作了一个宣示性、指引性的规定，具体到各个领域的公益诉讼问题，需要在相关法律中就有权提起诉讼的组织分别作出规定。相关讨论可参见（刘学在，2013；栗明、吴萍，2013）。

对开展项目的学校、社区进行观摩、走访，联合科研机构开展项目中期评估，带动更多的学校按质按量实施"加油"项目。在项目取得阶段性成绩之后，扶贫基金会转变了项目执行和管理方式，策划设立小额基金，面向社会公开招标征募有志于参与此项目的灾区民间组织，确定了西南科技大学、北川心理卫生服务中心、妈妈之家、德阳星雨心理咨询中心、甘肃文县灾后重建与扶贫开发促进会五家申请机构获得基金支持，总体支持额度达 120 万元。推广方与中标机构就项目执行目标与方法、资金使用和审计、项目培训、督导和评估进行了约定。中标团队利用各自特长，将项目带进了政府、企事业单位和社区。灾后两年多时间里，"加油"项目覆盖了绵阳市区、北川、江油、平武、绵竹、都江堰、德阳市区、甘肃文县等灾区 190 多所学校和社区，参与到项目中的青少年达到 10 万人次。

在国家、社会、公民关系的重塑中，公共治理是一个热门话题。公共治理施展的范围多为社会问题以及一些与政治、经济板块存在交集但有所差异的领域，也可以称之为"第三域"，这是一个进入门槛低并且比较开放的领域，也是一个意见较庞杂、行动较自由的空间。非政府性、非营利性的社会组织生于斯、长于斯，在这个低受控性的领域擅长施展自身的本领，行使公共服务或公共治理能力，成为"第三极"社会组织。在公共服务与治理中，社会组织的能力表现为募集资源、号召行动、精神激励、塑造传统等诸多方面。

社会组织在发挥第三极作用过程中，会面临"志愿失灵"的风险。由于高速的增长，一部分社会组织缺乏必要的组织和制度基础；有的组织中作为权力机构的理事会形同虚设，重大决策基本上操在少数领导人手中；个别领导人或是独断专行，或是争名夺利，内耗严重；有的组织带有严重的官僚化倾向，缺乏适应市场经济的生存和活动能力，不会主动发展对外联系，难以筹集资金，难以招募志愿者；有的组织严重缺乏具备专业知识和技能、经验的工作人员。在这种情况下难免出现决策失误、管理松散、财务混乱、逃避税收、管理层分配盈余等违规活动甚至贪污腐败等犯罪行为。

【案例 11】原中国保健食品协会是 1985 年 9 月在民政部注册登记的

社会团体，行政关系隶属中国药材公司，业务主管单位是国家中医药管理局。因其严重违反国家有关规定，民政部已注销其注册登记，国家中医药管理局对相关责任人进行了严肃处理。原中国保健食品协会违规违纪的主要问题：一是违反规定对企业进行乱排序、乱评比、乱收费，且屡禁不止。2001年以来，该协会违反国家有关规定，连续三年召开"全国保健食品行业统计数据发布大会"。2002年，国家中医药管理局依据国务院减负办的要求，对其违规召开发布会的有关问题进行了严肃查处，并严令其今后不得召开类似的"信息发布暨表彰大会"；但该协会对主管机关的决定置若罔闻，继续以发布企业统计调查结果为名，先后设置"优秀企业家"、"销售第一"、"销量第一"和"50强企业"等各种名目的奖项，以统计、公证、证书、奖杯、宣传、会务为名，每个奖项收取2000元至12000元不等的费用，不仅增加了企业负担，而且在保健食品行业造成混乱，引发了一些企业之间的纠纷和争端，严重干扰了企业正常的生产经营活动。二是违反社团管理有关规定擅自增设分支机构。经核查，该协会先后与一些企业合作，分别在广州、黑龙江、云南等地增设了分支机构，进行非法活动。这些机构既未经民政部门审批，也没有在工商部门注册，严重违反了国务院《社会团体登记管理条例》及民政部《社会团体分支机构、代表机构登记办法》的相关规定。①

上述案例是社会组织背离设立宗旨和活动原则公然违规的个案，而近几年暴露的郭美美事件、河南省宋庆龄基金会事件、救灾物资使用、分配不透明等事件则表明社会组织中存在着更为复杂、更难以察觉的运营短板。一般情况下，社会组织只有少数正式工作人员，要负责管理项目，协调各种各样的部门、组织，经手数额不菲的金钱、资源。社会组织要避免丑闻，内部自律和外部监督是必不可少的。内部自律方面，主要是在组织内部设立监察、监督机构，制定详细的管理制度，采用计算机管理信息系统等先进的技术保障。外部监督方面，社会组织要接受主管单位领导，要借助政府力量和大众传媒、审计等外部监督力量，扶持好的社会组织、淘汰差的社会组织（周志忍、陈

---

① 陈二厚：《原中国保健食品协会"三乱"严重被注销登记》，2004年2月23日，参见"新华网"：www.xinhuanet.com。

庆云，2002：183～195）。但这没有深入问题的核心，正如有学者指出，社会组织要根据政策和组织特性进行治理，政策方面主要是组织的前景、使命以及战略的问题，组织方面主要是内部计划、工作人员和资源的配置的问题（赵黎青，2000）。我国的社会组织要摆脱公益失灵，还需要在组织成员与组织间的委托关系上多做文章。

现实生活中，社会组织的行为能力类型和表征比上述列举、分析更为丰富多样，典型性个案研究使我们方便并且充分地知道社会组织的真实面貌和功能，但个案研究所面临的"陷阱"，即研究的可推及性、研究结论的可靠性又会困扰我们。在本文中，笔者无意对我国社会组织的功能是强劲还是赢弱作出一体化的断定，而是希望提出一种分析工具，以利于研究者、行动者、关注者抓住现时社会组织行为能力的主体部分，较为准确地描绘出社会组织的功能、作用的范围所在，再结合特定地区、行业、人群、社会组织的资源和成员情况，描绘出区域社会组织功能、作用的强度。当然，在社会组织个案的选择上无疑会受到笔者的主观判断、价值倾向的影响。在笔者心目中，我国的社会组织得到社会发展转型的滋养、面临着社会建设深入推进的契机、遭遇到市场机制的引导和压力，社会组织不表现出正面行为能力，不发挥出积极功能是"不尽情理的"。尽管在一些层面，一些环节上还不如人意，但社会组织的成长、社会组织的能量是可预期的。

五　培育社会组织行为能力的路径

在社会建设与社会治理的大背景下，扶持、培育社会组织发展，充分发挥其积极效应成为各界的共识，目前提出和实施的政策路径包括：政策上的松绑，准入注册、税收、活动范围等方面的优惠，向社会组织采购服务，广泛宣传、表彰社会组织等。我们认为，行为能力是所有社会组织的"软件"层面，对于所注入的外部资源能否转换为功能效应起到不可替代的作用。通过扎实、规范地行为能力建设，社会组织才能发生脱胎换骨地蜕变，才能有力承担其时代、社会使命。社会组织行为能力建设的路径不能千篇一律，但有一些关键性环节应当得到重视：

（一）既抓住社会组织法律关系的本质，也关注社会组织的变化，动态静态结合寻找其行为能力的短板

社会组织的样态和属性不同，在内外部法律关系上的表现存在差异。有些社会组织善于和政府打交道，如有官方背景的社会团体；有些从经济活动中发展出的社会组织特别善于和市场打交道；有些草根性社会组织的优势在于联系民众。反过来看，它们也可能在某些法律关系板块上存在行为能力短板。如社会上存在一些批评某些行业协会"官气"太浓的声音，反映这些社会组织不善于运用契约关系，自治能力跟不上形势发展需要。一些草根性社会组织在推介自身发展理念和行动优势的方式、筹募渠道上非常狭窄，反映其意思表示权能的劣势，进而影响到其生存。有些有志于社会服务和公益事业的人士不以社会组织的名义活动，而是以个人身份高调行事，除了追求慈善明星的个人效应外，也反映出对社会组织的第三极功能缺乏认识，在组建和运营社会组织上缺乏有效方法。

近一段时期各类社会组织的面貌发生了一些值得关注的变化，主要表现为：

社会团体方面，过往我国社会团体中官方性和民间性背景并存的现象比较普遍，社会团体的内部管理也存在着双轨制，有一部分社会团体财务管理执行的是事业单位会计制度，如中国商业联合会、中国药学会，中国行为法学会；另外一部分社会团体则执行非营利组织会计制度。传统的社会团体管理体制亦要求有一个行政机关或事业单位作为上级主管部门。这一情况在近期发生了很大改变：第一，随着民政部对四类社会团体设立条件放宽，部分社会团体的设立将更为便捷。第二，近年兴起的枢纽型社会组织或者社会组织服务平台类组织，它们的孵化、服务、协调、监督、居间调处等革新了过往人们对于社会团体的理解，使人们看到了中国社会组织有序、兴旺的势头。第三，随着事业单位分类管理体制改革的深入，一部分符合条件的事业单位可能转制为社会团体，社会团体的组织运作方式将更趋独立，行事方式将越来越去行政化。

民办非企业单位方面，变化主要体现在：第一，人们对于社会组织能否盈利以及盈利用于何处的看法慢慢地发生改观，《民办教育促进法》

出台时关于投资办校取得回报比例的限制规定引发无穷争议，使办教育者无所适从的景象现在已大为减少，2012 年温州市开始试点对民办非企业学校、医院、养老机构的出资和回报作出新规定，表征着人们慢慢接受了民办非企业单位营利又利公的角色。第二，有些地方的民办非企业单位在组建和监管上存在一些问题，使得民办非企业单位的性质发生了变化，蜕变成变相营利的工具，[①] 从而失去了作为民间应有的公益、互益的功能，这是值得关注的。

基金会方面，最引人瞩目的变化是非公募基金会的活跃和政府放宽设立门槛，使得非公募基金会向公募转制。另一方面，近几年，基金会在筹集和运用捐赠资金上的瑕疵、工作人员职业操守等问题使得主力基金会一夜之间风光大减，诚信方面受到了严峻的考验。

非正规社会组织方面，近年来，随着社会公益事业受关注度上升以及国家对社会组织发展与建设政策规划的明确，这些目标团体面临着一些发展中的矛盾与选择。一部分有志于步入公益事业的活跃团体利用社会组织登记制度改革的契机，变身为社会团体、民办非企业单位。还有一部分接受社会企业理念的启蒙，将经营资源和公益事业加以结合。也有一部分缺乏可持续理念和能力的团体成为"睡眠"组织。

根据这些特点和变化，社会组织领域的决策管理部门、利益相关群体、社会组织自身需要共同明确的立场是：中国社会组织发展加速的趋势不可阻挡，社会组织所走的道路也不会与西方国家趋同，过去所谓"一抓就死、一放就乱"的问题症结在于对社会组织的行为能力研拟不透，抓住的恰恰是应当鼓励社会组织强化运用的一些行为能力，比如代言权能；而放松的则是社会组织行动规则制定者、社会资助资源应当要求社会组织严格履行的行为能力，比如自律能力。因此，政府需要将"社会组织建设"政策更具体化，在未来的社会组织发展规划和管理指导思想中，专门针对社会组织的行为能力建设进行谋划，分门别类制定各类社会组织促进发展规划和管理指引，树立一批行为能力建设取得进展

---

① 据笔者参与某市城市社区民办非企业单位调查，有的社区文化组织如"星光老年之家"，被承包给他人经营，将其改变为歌舞厅、麻将馆，从事经营活动，每月向居委会上交管理费。

的社会组织典型，集中运用一些资源帮助社会组织在短时期内提升部分欠缺的行为能力。

（二）以社会组织立法的研究和推进为契机，将社会组织行为能力融进法律规范

关于社会组织立法的呼吁和酝酿有较长时间，但各界对立法中社会组织行为能力的讨论较少，我们的看法是，不一定要将行为能力白纸黑字地写进法律，而要厘清其存在的理据和具体表达方式，将其融进法律，成为"活法"。

首先，应在立法中坚持社会组织的民事法律身份，这是社会组织拥有行为能力的前提。当前社会组织法律状态是，一部分社会组织不想脱离原有体制，认为民事法律身份是一种降格、夺权；另一部分社会组织则渴望获得从事社会公益、社会服务领域的法律身份，但由于自身等原因，法律规定对它们而言"门槛"太高；再有一种情况是，某些社会组织即使在名义上已获得民事法律身份，但一些政府职能部门和其他社会组织在对待它们时不是依平等协商的民事法律风格去行事，而是既管又防。在政治、社会、经济版图中，社会组织的地位模糊的问题困扰已久，因此需要借社会组织立法完善的机会，明确规定社会组织是一类享有完全民事权能的民事主体，将民法体系中的社会团体法人概念一体扩展到所有的社会组织之上。

其次，应在立法中贯彻契约精神，无论是哪一类型的社会组织，在组织与成员间的关系上契约精神是主流。成员可以以要约的方式加入社会组织，可以与社会组织就成员规约、权利义务等方面进行磋商。社会组织之间的活动绝对是一种契约关系，一个社会组织可以向另一个社会组织提出委托，转移资源，分担责任。社会组织与政府间关系的主要制度安排从某种意义上说也是一种"契约关系"。社会组织遵循一定的秩序和规则，服从政府的法令是守约行为；社会组织成为"麻烦制造者"被责令承受法律责任是一种背约行为。社会组织在何种条件下实行自治，在何种条件下接受政府的管制同样应由契约来划定。通观当前的社会组织管理行政法规、规章，反映契约色彩的法律规范并不多见，显示出政

府还没有能够真正确认和接受社会组织的伙伴关系。因此，多用契约的原则精神去审视社会组织管理、服务方面的法律规定，剪除围绕在社会组织身上的不必要身份性、行政管制性羁绊，可以激发其行动能力，事实上是为社会组织松绑。

再次，针对社会组织涉足的焦点法律关系提出法律指导意见，引导社会组织合法合理、诚实信用地动用自己的民事行为能力。近年来，社会组织在释放自身权能时引发法律纠葛和接受司法审查的案例日益增多，在一些法律纠纷适用依据上尚缺乏统一的看法和做法。为此，立法有必要总结焦点性的法律关系命题，推敲其法理，明确其权利义务内核，指明解决线索。可以着重考虑以下几点：

一是对行业协会的代表性问题作出规定。过去规定会员企业产销量占行业产销量50%以上或者会员单位数占同类企业20%以上，就可以成立行业协会，这意味着行业协会的组建并不需要得到大多数成员的同意，也意味着可能有为数不少的同行业者游离在行业协会之外，这样的行业协会是不是全面代表全行业的利益呢？许多行业协会、商会的主脑是本行业的"头面人物"，他们或是资深的从业者，或是本行业中的佼佼者，有很大的自身利益需求，他们所认定的利益是自身的利益还是行业的利益？如何避免他们以行业维权之名行限制、打击竞争对象之实？亟须的法律回应是强化行业协会理事会的核心作用，支持集体合议制，不提倡单纯的比例投票制，同时加大专家型代表、行业协会律师的作用，确保行业协会的中小会员与大型会员之间的权责平衡。

二是对社会组织成员一致行动义务的规定问题。实践中，社会组织在对外集体行动时会要求成员保持一致立场，而有的成员则出于自身利益考虑没有和协会其他成员保持一致步调，这种行为往往被斥为"只顾自己的私利"及"短视"等。有的社会组织还以违反章程、协议为由对其进行处罚。立法有必要明确，社会组织成员的自主选择行为若不违背自由竞争原则，不能视为违反规约，除非这种行为构成了不正当竞争，如低价倾销、虚假宣传等。社会组织也不应把建立和保持某种程度的垄断作为协会所追求的目标而写入章程规约之中，并挥动大棒来挟制成员。

三是社会组织卷入不正当竞争的问题。我国《反不正当竞争法》对实施不正当竞争的行为主体只规定了"从事商品经营或者营利性服务的法人、其他经济组织和个人",没有明确非营利性质的社会组织是否适用的问题。而上述一些社会组织可能强行捆绑成员的意志,社会组织的集体行动可能演变成限制竞争是实际存在的,从责任归属上应追溯到社会组织本身。因此,在社会组织立法与反垄断法、反不正当竞争法之间应当建立必要的链接,以约束协会类社会组织,营造公平、公正的竞争环境。

(三)结合社会组织参与社会建设与社会治理的实践,在重点领域挖掘拓展重点社会组织的行为能力,协同营造有中国特色的社会格局

自新公共管理运动兴起以来,社会组织作为政府伙伴参与社会经济活动,提供公共产品和服务已是大势所趋。我国的经济体制、行政管理体制、社会管理体制的改革已进入深水区,为各种类型的组织创新、制度创新提供了难得的舞台。就社会组织而言,除了仍旧在经济中介领域、公益领域发挥作用,还需要顺应社会建设与社会管理的巨大潮流,发挥出新型社会组织应有的作用。

首先,培育社会组织的"破冰"能力。社会组织参与社会建设领域具有先天性的熟悉程度和"扎根"本能,这是其他机构难以比拟的,同时社会组织还具备着比较"超然"的身份,在某些政府不宜直接出面的场合能更自如地行事,但这并不意味着社会组织在切入公共服务、开展社会创新时不会遭遇到利益阻隔,在满足被服务对象需求时不会制造新的矛盾。因此,令社会组织顺利地踢好社会建设工作的"临门一脚",需要社会组织做好观念的转变和能力的储备。一方面,社会组织从事社会管理和建设,不一定需要其做到完全的利他主义,但应显现出中国社会组织的日渐成熟与远大抱负。正如托克维尔所说:强大的、活跃的、参与式的社会组织的存在,有利于塑造公共权威,克服"个人主义带来的弱化民众和使解决共同问题的任务复杂化的倾向"(托克维尔,1991:222)。另一方面,应要求社会组织将内部选举、议事、决策、监察制度、财务收支、审计制度、成员禁业禁止制度、问责制度、赔偿制度、承担公共责任的制度完整地带入社会服务领域,强化社会组织的规范程度和社会公信度。

其次，推动社会组织之间开展行为能力的组合与协同。和其他公共产品相比，社会服务的排他性和非竞争性属性较弱，不仅社会组织能提供服务，一些涉足社会公益的企业、原子化的个人力量也能提供，而差别主要在于"合适"和"不合适"的差别。这就牵扯到社会组织的公益性活动与社会化公益行动并存的问题。行为能力强的社会组织将能够更好地瞄准社会需求，充分论证影响需求实现的环境因素。同时，社会组织不能像过去那样单打独斗，而应当将行为能力的运用建立在社会组织联合的基础上。过往社会组织之间大多是个案合作、临时合作性质，进行正式、长期合作的不多，社会组织进行交流的平台还不成型。[①] 更为重要的是，社会组织之间各有短长的行为能力之间没有形成协调、互补。以公益型社会服务而言，社会组织之间可以按照一定的逻辑进行角色塑造和分工：公信力和筹款能力强的基金会类组织主要关注筹资、开发项目，并为小型社会组织或草根组织提供资源和技术上的支持；小型社会组织主要从事动员志愿者、深入项目受益群体，充当项目执行者的角色。两者各自拿出行为能力的尖端部分，加上作为"社会先锋"的志愿者的能力，成为公共服务的中坚力量是毋庸置疑的。

再次，组织调动有助于提升社会组织行为能力的内外部因素。外部因素当中，一是能够提供社会服务资源的市场力量和社会公众，它们能够提供公共财政之外的另一股公共服务体系资源。二是提供政策指导的政府机构。过往政府在社会服务的内容选择、经费保障、群众发动上做了不少工作，但由于公共资源的有限性及不平衡性，政府无法提供全方位、持久性、惠及面广的公共服务。在服务型政府的理念下，政府不再是单一的主导者，可以将工作着力点转换到制定服务规划和服务标准、提供政策支持和财政补助、规范和仲裁社会组织的行为、对成功的项目模式进行总结推广方面。三是提供智力支持的学术、科研团体。新型公共服务体系建设涉及经济、社会、管理、法律、人文、艺术等多学科，

---

① 1999 年 6 月天津、安徽等 12 个省级、地方法律援助中心倡议在省区之间建立异地协作关系，自发签署了《法律援助协作公约》，规定缔约省所辖范围内的法律援助机构需要外省的法律援助机构提供协作的，可以通过省级地方的法律援助中心具体协调协作事宜。这一公约是开放性的，各省级地方的法律援助机构均可申请加入。见（林雅，2004）。

学校、科研机构在项目论证、专家咨询、监测评估等方面能够襄助社会组织。四是为社会组织"增能"的传媒力量。舆论媒体被西方人视作促进社会发展的"第四种权力",它能够创造和放大社会热点、焦点话题,增加了公众对社会组织活动的了解,产生参与需求,也使得投身社会建设的各方面力量受到鼓舞,形成产学官媒共同托举社会组织开展社会服务的良性态势。

内部因素中,理念、技术是社会组织顺利投身社会服务的保障链条。递送社会服务所需要的技术可分为业务技术和管理技术两大板块。不同服务领域的业务技术差别较大,共性的技术要求可能需要人文、社会、理工、工程、教育、心理、文化等多学科专家来研发和完善,对技术细节和实施规范进行攻关,找出制约公共服务运行的症结,提高项目的示范影响力及复制成功率。管理技术包括公共服务实施前的调查,设定可量化或易描述的项目目标,实施项目的阶段性评估和总体评估,社会建设与管理知识库建设等方面。

六　结语

回望历史,和今天的社会组织机理相通的社团很早就登上了中国的历史舞台,中国知识分子的结社,商贾的行会一度比较发达,官宦民众坚守兴学、济贫、恤孤、赈灾等慈善传统,它们在国家和民族发展进程中发挥了应有作用。继往开来,在推动经济社会改革转型,实现中华民族伟大复兴的历史机遇期,社会组织有责任参与进来、活跃起来,助力增能。社会组织的正能量发挥既要有法律、政策、资源的坚强支撑和良性供给,更需要自强不息,把握发展方向,修炼行为能力,有序发展,做大做强。我们也充分相信,社会组织强则现代社会强、社会组织善治则国家善治。

参考文献

黄少卿、余晖(2005):《民间商会的集体行动机制——对温州烟具协会应对欧盟打火机反倾销诉讼的案例分析》,《经济社会体制比较》,(4)。

黄燕、李立华（2002）：《我国行业协会功能、特征与发展趋向》，《商业研究》，(7)。

见陈东、綦建红（1995）：《日本的市场中介组织及其对我国的启示》，《财经研究》，(4)。

李建勇、程挺（2004）：《非政府组织在城市治理中的作用、问题和对策：以上海市为例》，《法治论丛》，(2)。

李云峰（2011）：《善治理念引领社会组织发展——以常德市社会组织功能发挥为例》，《社团管理研究》，(3)。

栗明、吴萍（2013）：《论公法视角下的公益诉讼原告资格》，《广西社会科学》，(2)。

林雅（2004）：《关于非政府组织法律援助的思考》，《商丘师范学院学报》，(4)。

刘求实、王名（2009）：《改革开放以来我国民间组织的发展及其社会基础》，《公共行政评论》，(3)。

刘学在（2013）：《民事公益诉讼原告资格解析》，《国家检察官学院学报》，(2)。

孙丹平（2005）：《APP 圈地毁林事件：环保团体声援浙江饭店业协会》，《北京青年报》，1 月 11 日，第 6 版。

汪玉凯（2003）：《公共管理与非政府公共组织》，中共中央党校出版社。

王绍光（1999）：《多元与统一——第三部门国际比较研究》，浙江人民出版社。

文军（2012）：《中国社会组织发展的角色困境及其出路》，《江苏行政学院学报》，(1)。

吴军（2010）：《社会组织：功能定位、运作机制和发展取向——基于上海浦东新区潍坊社区的分析》，《理论月刊》，(10)。

吴忠泽、陈金罗（1996）：《社团管理工作》，中国社会出版社。

赵黎青（1998）：《非政府组织与可持续发展》，经济科学出版社。

——（2000）：《关于中国非政府组织建设的几个问题》，《江苏社会科学》，(4)。

赵永新（2005）：《金光诉浙江饭店协会一案——金光集团突然撤诉》，载《法制日报》，2 月 23 日，第 3 版。

周红云（2011）：《社会管理创新视角下的社会组织发展——宁波北仑区社区社会组织发展的案例研究》，《中共宁波市委党校学报》，(6)。

周志忍、陈庆云（2002）：《道德驱动的自律与制度化自律：希望工程公共责任和监督机制研究》，张梦中、马克·霍哲主编，载《探索中的中国公共管理》，中山大学出版社，第 183~195 页。

朱戈倩（2004）：《被指破坏生态 APP 将浙江饭店业协会告上公堂》，《每日商报》，12 月 1 日，第 2 版。

〔法〕托克维尔（1991）:《论美国的民主》，董果良译，商务印书馆。

〔美〕彼得·德鲁克（1995）:《非营利组织经营之道》，余佩珊译，远流出版社。

〔美〕莱斯特·萨拉蒙（2000）:《全球公民社会——非营利部门视界》，贾西津、魏玉等译，社会科学文献出版社。

Chinese Social Organizations from a Behavior Capacity Perspective: A Collective Case Study

Yu Xiang, *Li Wei and Li Na*

$\mathcal{NP}$

Abstract: There are varying perspectives and conclusions on Chinese social organizations which are subject to multiple influencing factors such as comparatively short courses of development, significantly complex development environments, and an arduous mission towards innovation. A legal status-based analysis of their capacity for action in such dimensions as "obligation to act", "capacity to act" and "failure to act" has found that Chinese social organizations now possess certain capacities for autonomy, for acting as spokespersons, and for public services, and that there is an imbalance in terms of their capacity development. In order to help Chinese social organizations healthily develop, it is necessary to have a thorough diagnosis of their capacity for action, strengthen legal guidance in relation to their capacity for action, and channel resources toward improvement of their capacity structures while encouraging them to play a larger role in social development and management.

Keywords: Capacity for action; Autonomy; Acting as spokesperson; Service

（责任编辑：陈洪涛）

行为能力视阈下的中国社会组织：基于集合案例的研究

群体性抗争事件中的政策
设计与社会建构[*]

——以乌坎事件的处理过程为例

张　潮　李晓方　章晓英　周树林^{**}

【摘要】群体性抗争事件的现有研究主要从资源动员、政治结构与机会、策略框架等角度研究抗争的过程、结果及影响。对于政府相关政策文件在处理群体性抗争事件过程中的主导作用却鲜有研究，本文以相关政策文本为基础，分析政府处理群体性抗争事件政策的基本特征，解释其政策设计的基本逻辑，并结合乌坎事件对其进行验证性分析。研究发现：政策目标、目标人群建构、规则框架、政策工具设计、执行机构等政策要素的设计过程中，都存在明显的有效性内在假设。一旦部分假设条件不成立，就易出现"政策失灵"现象，乌坎事件平息前的处理过程恰好验证了这样的分析框架。最后，提出政策设计应该区分不同事件中抗争主体的方案完整度、组织化程度、冲突程度、信息可达程度、抗争对象的态度反应等因素，实行基

　＊　基金项目：中国博士后科学基金资助一等（编号：2013M540110）。
＊＊　张潮，清华大学公共管理学院博士研究生；李晓方，清华大学公共管理学院博士研究生；章晓英，清华大学公共管理学院博士研究生；周树林，清华大学公共管理学院博士研究生。

于过程的动态管理。同时，在差异化的具体情境中，重视社会建构的政策设计要素，适当采用开放互动式的政策设计模式，吸纳抗争主体参与政策设计，满足公民的知情权以及决策参与权。

【关键词】 群体性抗争　政策设计　社会建构　乌坎事件

一　问题的提出

转型中的中国，经济快速发展，但伴随而来的是复杂的利益、观念和结构的变化与冲突。20世纪70年代末以来，经济、社会结构的迅速变迁，使得阶层开始出现分化和断裂，群体性抗争事件不断涌现，甚至有社会溃败的危险。2013年社科院发布的《社会蓝皮书》指出，国际经济社会环境中的不稳定、不确定因素仍然突出，中国在社会管理方面，仍然面临各种问题和挑战。[①] 近年来，每年因各种社会矛盾而发生的群体性抗争事件多达数万起甚至十余万起，而政府或者其代理人往往成为群体性抗争事件的直接抗争对象（于建嵘，2004），并且未来的抗争有基层化、暴力化的倾向（刘能，2009）。

面对频发的群体性抗争事件，我国的立法、行政和司法部门先后出台了大量的政策文本，作为处理群体性抗争事件的法律和政策支持，形成了一套基本的处理群体性抗争事件的政策模式。但是关于政策模式的内容以及相关研究并没有得到充分重视，缺少关注相关政策的研究，而政府作为群体性抗争事件的重要一环，对于事件的缓和甚至最终解决都有着重要意义。因此，本文以政策文本为基础，分析当前各级政府处理群体性抗争事件的基本特征，探寻政策设计的基本逻辑和内在假设，并以乌坎事件的处理过程为典型案例进行验证，进一步具体阐释现有政策的效果与不足。

---

① 中国社会科学院：中国社会科学院发布2013年《社会蓝皮书》，2012年12月18日，参见 http://www.ce.cn/xwzx/gnsz/gdxw/201212/18/t20121218_23952636.shtml。

2011 年广东省陆丰市临海的乌坎村因土地纠纷发生了震惊中外的乌坎事件，其在中国基层民主进程中具有里程碑式的意义。乌坎村民的抗争诉求本质上是要求合法处理国有资产和土地、公开透明公共财政以及保障公民民主权利，由于诉求得不到政府的有效回应，才最终导致了抗争事件的进一步升级恶化（张严冰、曾志敏，2012）。所以，村民抗争是一个动态变化的过程。短暂非理性之后，伴随的是有组织、有策略的持续抗争。从自发的热血青年团到有组织的村民代表临时理事会，再到民选产生的村支两委，村民组织实现了从抗争者向秩序维护者，从体制外向体制内的角色转换，这也成为村民与政府达成和解，问题得到有效解决的重要原因（胡英姿、蓝煜昕，2012）。政府根据不断变化的具体情境，采取不同的危机传播策略，得到了更多媒体的正面反馈，使得社会舆论逐渐趋于冷静，推动了事件的有序解决（钱晶晶、史安斌，2012）。

乌坎事件从剑拔弩张走向峰回路转，再到最终的迅速平息，高层政府相关政策的转变起到了关键作用。高层政府拥有更大的自主能力，它们的介入解除了事件的政治性和抗争的对抗性（全志辉，2012），目标群体、问题的重新界定，吸纳抗争村民进行协商对话，商讨相关处理政策以取代传统强硬、封闭的"维稳"政策设计方式等，都是乌坎事件解决过程的关键节点，有学者和媒体将这一政策思维的转变称为"乌坎模式"，并认为其为以后的群体性抗争事件的解决提供了一个新思路。

总体而言，乌坎事件的处理过程曲折，既有传统的政策方式，也有新的协商性式处理尝试。因此，乌坎事件是反思群体性事件政策设计模式的典型样本，并可以从处理乌坎事件的政策转变过程中，发现、提炼更加适合的政策设计模式。

二 群体性抗争事件的定义和政策维度

伴随着频繁出现的社会矛盾和冲突事件，也出现了与之对应的各种概念，而这些概念之间又具有很强的概念相似性，只是强调的具体内容有所侧重。部分学者采用"社会冲突"概念定义此类事件（李琼，2003），强调利益冲突的不可调和性。也有部分学者直接采用西方社会运动理论的概念（王国勤，2007a），强调行动本身的组织性和持续性。大多数学者倾向使用"集体抗争"或者"维权抗争"概念，前者指冲突中较弱的一方采取的被迫性集体行动（于建嵘，2004），强调抗争行为的被迫性。后者则是将行动方式和行动目标结合起来（郭正林，2003），强调抗争主体的权利意识和维权目标。

政策文件和大众媒体中经常使用的则是"群体性事件"这一概念，它不是一个严谨的学术概念，而是具有很强政治性、实践性的操作术语。中共中央办公厅2004年制定的《关于积极预防和妥善处置群体性事件的工作意见》称群体性事件是"由人民内部矛盾引发、群众认为自身权益受到侵害，通过非法聚集、围堵等方式，向有关机关或单位表达意愿、提出要求等事件及其酝酿、形成过程中的串联、聚集等活动"。① 这一定义十分强调事件的群体性、违法性和对抗性。应星则把是否合法作为群体利益表达行动和群体性事件的本质区别（应星，2007a）。邱泽奇则以是否主要针对政府或政府代理机构来区分集体行动和群体性事件。认为群体性事件主要是针对政府或政府代理机构，目的是要争取弱势群体的经济利益（邱泽奇，2004）。有少数研究者将"群体性事件"概念定义得更加中性化，如认为群体性事件是为达成某种目的而聚集有一定数量人群所构成的社会性事件（于建嵘，2009）。

社会冲突、社会运动、集体抗争、维权抗争、群体性事件这些具有相似性的概念，在不同的研究中往往都被赋予其独特性，有的学者为了统一讨论，将其统称为"集体行动"，认为集体行动包含了从突发的集体行为到正式社会运动在内的一个连续谱，涉及了从草根组织到全球化社会运动，从宗教教派运动到恐怖主义活动在内的所有组织化政治表达形态在内（刘能，2004）。虽然"集体行动"概念具有统摄不同定义的能力，但是从政府管理者的角度出发，如此笼统的概念并不能对实际的应对措施以及政策设计做出有意义的指导。因为那些发生了

---

① 参见中共中央办公厅2004年制定的《关于积极预防和妥善处置群体性事件的工作意见》。

明显暴力冲突、出现了严重打砸抢烧等违法犯罪行为的群体行动，与采用法律法规所允许的或没有明确禁止的方式来表达意愿的群体行动，有着本质的区别。简单混为一谈，无益于我们对社会稳定问题的深入认识（应星，2007b）。如果不能对此类事件的性质和特征进行具有政策设计意义的界定，就很难有正确的处置方法和政策设计（于建嵘，2008）。

因此，需要对此类抗争事件做符合实际政策设计的定义，结合群体性事件和集权抗争、维权抗争这几个指向性比较明确的概念，本文采用"群体性抗争事件"定义此类事件，具体定义是：指由人民内部矛盾引发，五人及以上自发参加，主要是由于各种利益即将或已被损害（或剥夺）而引发，针对政府或其代理人，旨在维护利益的制度外抗争行为。其间发生了比较明显的冲突性行为，其行动可以表现为从有节制的行动到逾越界限的行动间的连续谱。首先，"群体性抗争事件"是基于利益诉求的集体行动，而不是没有明确利益诉求的社会泄愤事件。其次，此类集体行动带有明显的冲突性和对抗性，是一种制度外的行动，而不是温和表达诉求的方式，例如行为艺术等。最后，抗争主体的抗争对象虽然是政府或者其代理人，但其主要诉求是具体的物质利益或较低范围内的抽象利益，其改变现状（政治体制等宏观层面）的诉求程度很低。

三　群体性抗争事件中的政策设计与内容

（一）政策设计的主要类型和模式

政策设计是指政策观念形成的过程，它包括各类政策用以实现其目标的逻辑要素，即政策内容。最早认识到政策设计重要性的是达尔和林德布洛姆，他们认为新的政策技术的"发明"可能是我们时代最重要的政治变革（Dahl et al.，1953）。但是，它们并没有发展出一套用于描述政策设计内容的类型。随后，美国学者安妮·施奈德（Anne Schneider）对政策设计的内容进行了细化，将政策设计的内容划分为：问题界定与目标追求、收益与负担分配、政策的目标群体、规则、政策工具、执行结构、社会建构、评价标准、内在假设等几个要素（Schneider & Sidney，2009）。所谓的政策设计的逻辑结构即是在政策工具、规则、合理性依据和潜在假设的共同作用下，将政策目标（问题）与政策的执行机构和目标群体联系起来。在此基础上，金钟燮则依据政策设计过程中参与者、政策目标以及权力基础等要素的不同将政策设计的模式分为：危机设计、理性设计、渐进设计和社会设计四种（金钟燮，2008）。不同设计模式在公民参与目标以及权力基础等方面有极大的差异。

政策设计的不同模式和内容的划分，为正确理解政策设计提供了一个清晰的分析框架。因此，本文以安妮·施奈德和金钟燮的划分为基础，运用文本分析的方法对我国群体性抗争事件中的政策设计模式及其逻辑结构进行分析。

（二）我国群体性抗争事件中的政策设计

由于群体性事件具有群体性、影响大、范围广等特点，因此，我国的行政、立法和司法机关先后出台了大量的政策文本为处理群体性事件提供政策和法律支持（表1）。

表1　群体性事件相关法律规定汇总表

政策类型	法律法规
总体框架	关于积极预防和妥善处置群体性事件的工作意见 关于处置紧急治安事件有关事项的通知
现场管制	中华人民共和国突发事件应对法 公安机关处置群体性治安事件规定 中华人民共和国人民警察使用警械和武器条例 公安机关公务用枪管理使用规定 中华人民共和国人民警察法 公安机关办理行政案件程序规定 公安部关于贯彻执行《集会游行示威法》若干问题的通知 中华人民共和国集会游行示威法实施条例 公安机关警戒带使用管理办法 公安部关于制止外国记者非法采访活动的通知 关于加强外国记者管理几个问题的通知

政策类型	法律法规
法律责任追究	中华人民共和国治安管理处罚法 中华人民共和国刑法 中华人民共和国集会游行示威法 公安部关于贯彻执行《集会游行示威法》若干问题的通知 集会游行示威法实施条例 劳动教养试行办法

不同政策文本的侧重点有所不同。其中，2004 年由中共中央办公厅、国务院办公厅转发的《中央处理信访突出问题及群体性事件联席会议〈关于积极预防和妥善处置群体性事件的工作意见〉的通知》（以下简称《意见》）侧重于对群体性事件的处理进行整体政策设计和制度规范，而《关于处置紧急治安事件有关事项的通知》则着眼于现场处理群体性治安事件的规定。《中华人民共和国突发事件应对法》《中华人民共和国刑法》等现场管制和责任追究的法律、法规，则倾向于从法律维度为群体性事件的现场处理提供法律指导和归责依据。因此，对于分析群体性抗争事件的政策设计模式而言，中共中央办公厅、国务院办公厅转发的《意见》至关重要，它从总体上规定了当前政府处理群体性事件的总体框架。

以安妮·施奈德总结的政策设计要素为基础，运用文本分析的方式，对以《意见》为主的政策进行分析，可以发现当前政府处理群体性抗争事件的政策具有如下特征：

1. 以维稳为主导的政策设计思路

根据《意见》规定，预防和处置群体性事件的政策目标包括维护群众的合法权利和维持社会稳定大局两个方面。在维护群众利益方面，《意见》要求各级政府在制定各类社会政策时，需要在充分考虑最广大人民的根本利益、在考虑群众的理解和支持的基础上制定和出台政策措施，避免因决策不当或者失误而侵害群众利益，导致群体性事件发生。同时，要求强化工作指导和督促检查，避免因法律法规和政策措施不落实或执行中存在违法违纪行为而侵害群众合法利益，引发群体性事件。但从《意见》后文的政策设计内容来看，关于政策的科学决策和法律执行监督的具体规定却几乎没有。与此形成鲜明对比的是，对稳定的强调则贯穿整个政策文本。在《意见》的工作责任追究部分，就明确提出，"坚持稳定压倒一切的方针"。政策文本中对群众利益的突出强调和具体设计内容时的社会稳定取向成为政策文本的突出特征（图1）。

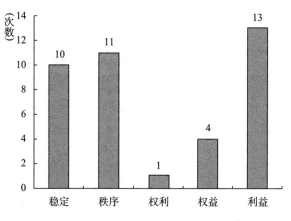

图1　政策取向的词频图

2. 基于突发事件定位的危机设计取向

一方面，危机设计是一种反应型政策设计方式，负责危机管理的公务人员强调形式主义、规则、规章和标准化操作程序的重要性，它们倾向于运用正式权威和权利来做出决策。另一方面，危机设计使得影响很多人的政策通常是由少数决策者短期做出的，而采取这样的模式仅仅是因为对危机环境需要及时进行反应和处理。危机设计过程中，没有公民参与，也没有促进组织学习的动力和时间。从《意见》以及相关法律规定来看，在处理群体性事件的过程中，我国政策设计的危机取向较为明显，主要表现在以下几个方面：一是处理群体性事件的整体政策设计被置于突发事件的语境下，遵循突发事件处理的基本逻辑，如建立联席会议制度、制定群体性事件的应急预案等等。二是从群体性事件的处理过程来看，其决策过程基本是一个封闭的政策过程，作为事件重要一方的群众被排除在决策过程之外，信息收集和传达工作，只依靠传统官僚体系内部机构独立完成。三是从责任追究制度来看，处理过程建立严格的工作责任制度，制度以稳定和群体性抗争事件是否激化为标准对行政管理实行严格的问责制度。当前，处理群体性事件的制度设计主要包括全联席会议机制、重点单位和重点地区的预先落实制度、公安机关信息的收集报告制度、各单位内部的定期排查制度以及应急预案制度和问责制度等。

3. 以符号、权威、说服为主的政策工具选择，慎用强制等负向激励工具

从政策工具的内容来看，政策工具包括权威工具、激励工具、能力工具、符号和劝服工具等（Schneider & Sidney，2009）。权威工具主要适用于官僚体系内部，用于指导行政机关及其人员的工作，但偶尔也会扩展到目标人群。权威工具是一系列由政府立法权威所支撑的声明。这种声明在特定环境下授权、禁止并要求人们从事特定的行为。权威工具暗含的假设是：即使在没有明确激励的条件下，人们依然会遵循法律的规定，对职责和法律的尊重内植于公民和公务人员的善良品质。激励工具是由一系列可衡量收益的手段构成，这些手段既包括积极的激励手段，同时也包括消极的惩罚手段，其暗含的假设是行为者效用最大化。激励工具包含一系列的子类别：包括利诱、收费、支撑和强制。能力工具是指个体决策和从事特定的行为，提供信息、教育、训练以及资源条件。这种工具假设激励本身不是问题，但是目标人群缺乏采取行动所必需的信息、技巧以及资源等。符号和劝服工具假定人们会受到根植于价值和信念基础上动机的影响，从而决定是否采取政策相关行为。它认为人们通常会从其对与错等内在的价值判断出发决定自身行为。符号和劝服工具通常会通过交流、舆论控制等手段来影响人们决策。从我国处理群体性抗争事件的政策来看，我国群体性事件的处置大致采用了以符号、说服为主的政策工具选择，慎用强制等负向激励工具的工具运用模式。如在《意见》中强调"预防和处置群体性事件，要将法制宣传、教育疏导工作贯穿整个过程。要通过新闻媒体、现场广播、印发通告等方式，广泛宣传有关法律法规和政策，教育群众遵守法律法规，依法维护自身合法权益"，要"慎用警力、慎用强制措施"。同时，根据相关法律的规定，在群体性事件的处理过程中，还有严格的新闻采编、报道和舆论宣传制度。

4. 属地管理，分级负责，以基层党委政府为核心的政策执行结构

从《意见》来看，处理规定了严格的属地管理，以基层单位主责的责任制度。如《意见》的指导原则规定，群体性事件的处置遵循"属地

管理、分级负责和谁主管、谁负责的原则。群体性事件原则上由发生地的乡镇党委、政府负责处置，必要时由县处突领导小组召集研究，分管领导牵头处理，责任部门或责任乡镇负责落实。引发事件的问题由有关单位及其主管部门负责解决。不得把本级应该解决的问题推给县委、县政府，不得把本单位、本部门应该解决的问题推向社会"。这种属地管理力争将问题解决在基层，但受制于基层的权威、能力以及合法性等方面的问题，从逻辑上来看，其在实际运行中可能会导致较多问题。乌坎事件的发生和演变在某种程度上证实了这种可能。

5. 以人民内部矛盾为基准定位的目标人群建构

建构主义是受知识社会学和后结构主义语言学影响而兴起一股社会学思潮。它强调不存在一种客观"实在"，实在是社会建构的产物，其根植于一定社会和历史的人们互动和协商的结果（叶浩生，2008）。根据这一理论，同一问题的界定是特定文化和制度背景下群体互动的结果。从政策设计的角度来讲，在建构主义视角下，同一目标人群或事件，受制于不同文化和制度环境，会被建构成不同的"真实"，这一现象对政策设计极为重要。因为就同一事件而言，政策的制定者或目标人群同时在对事件中对方的行为进行建构，这是动态演变的过程。在《意见》中，政策文本将政策适用的范围界定为因人民内部矛盾而引起的群体性事件，这本身就预设了一个事件性质确定的过程。这一过程对决策者准确了解、把握不同群体对事件和行为的建构差异提出了较高要求（表2）。

表2　我国处理群体性事件的政策设计特征

政策要素	核心构成	条文举例内容	特征/要求
政策目标	社会稳定 维护人民合法权利	为了积极预防和妥善处置群体性事件，规范处置行为，提高处置能力，切实维护人民群众的合法权利，维护社会稳定大局……提出如下工作意见。	稳定压倒一切
目标人群建构	人民内部矛盾 非法聚集	适用于由人民内部矛盾引发，群众认为自身权益受到侵害，通过非法聚集、围堵等方式……处置工作。	——

续表

政策要素	核心构成	条文举例内容	特征/要求
规则框架	预防机制 处置机制	科学决策制度、违纪违法的监督制度、重点单位和重点地区的预先落实制度、公安机关信息的收集报告制度、各单位内部的定期排查制度、预案制度、联席会议制度、后续跟进、责任追究、培训制度。	封闭或半封闭的基于突发事件的危机设计
政策工具设计	激励工具 符号和说服工具 权威工具	外国采访管制；报道管制与舆论引导，事发现场说服教育、解决问题的明确表态以及公安机关的强制保障。	以符号、说服为主，慎用强制工具
执行结构	属地管理，分级负责	群体性事件原则上由发生地的乡镇党委、政府负责处置，必要时由县处突领导小组如集研究，……不得把本单位、本部门应该解决的问题推向社会。	以事发地点基层党委政府为主

（三）当前政策设计的内在逻辑

总结我国处理群体性事件的政策可以发现，一方面政策框架和内容有其内在的逻辑结构和特点；另一方面，其政策设计暗含一系列行为假设和前提。这些假设构成当前群体性抗争事件中政策设计的有效逻辑前提。

1. 政策设计的主要逻辑及其行为假设

以维稳为主导，同时强调保护人民群众合法利益的政策设计模式，要求在维持社会稳定和人民群众合理利益之间，必须保持其内在的一致性。为确保这种内在的一致性，《意见》规定了社会利益的协调机制以及对政府决策的科学化、民主化以及执法合法化的要求。这些要求的严格执行构成了政策目标均衡实现的逻辑前提。而要保证这些要求得到执行，就要求政府有着极为完善的执行监督能力、信息收集能力。对于政策工具的选择而言，各类工具的有效性也取决于一系列独特的行为假设。例如，权威工具往往与激励工具相关，在没有明确的激励条件下，对权威工具的运用就依赖于人们遵循法律的自觉性。也就是说，对群体性抗争事件中群众进行普法教育的有效性依赖于对"公民善良"品质的信任。符号和劝服工具运用则假定人们会受到根植于价值和信念基础上动机的影响，从而决定是否采取政策相关行为。符合和劝服工具试图通过影响和利用人们认知过程中的决策偏差来实习其政策目的。但值得注意的是，无论是舆论控制还是说服教育，其总是假设群众在舆论面前是无力的，舆论引导和教育总会引起人们认知的变化。而这一假设在当前自媒体时代正受到严重的挑战。而强制工具则会导致群众和政府之间较为激烈的对抗，对这种工具的运用必须是审慎的，否则其极容易导致群体矛盾的激化。最后，政策工具的运用和事件的处理依赖于人。当前的政策设计模式选择了相对封闭的危机设计模式，这种模式要求领导者是完全理性的，其通常假设领导者有能力掌握完全的信息，并能穷尽各种政策设计方案（表3）。

表3　政策要素的行为假设

政策要素	核心构成	暗含假设
政策目标	社会稳定 维护人民合法权利	稳定与维护人民合法权利之间存在内在一致性
目标人群建构	人民内部矛盾 非法聚集	准确判断人民内部矛盾与非人民内部矛盾的能力
规则框架	预防机制 处置机制	准确搜集信息能力 有效方案制订的能力 强有力的执行和监督能力
政策工具设计	激励工具 符号和说服工具 权威工具	舆论引导和控制有效 现场表态的强有力执行监督 领导人准确判断现场能力
执行结构	属地管理 分级负责	基层政府利益中立 事件处理在基层政府能力范围内

2. 放松政策假设条件的可能后果

建立在诸多假设基础上的处理群体性事件的政策设计，其有效执行依赖于各种假设条件的满足。当放松各类假设条件时，政策执行便可能出现"政策失灵"。如当前屡见报端的各类拦访和截访行为。图2从政策设计的逻辑出发，提供了一个可能的解释框架。

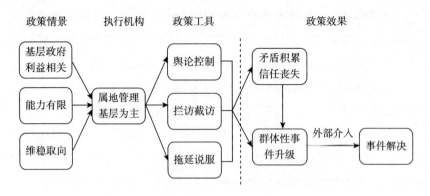

图 2　放松条件下的可能政策后果

如图 2 所示，当前我国处理群体性事件采取的是属地管理，基层为主的相对封闭的政策设计模式。在这种政策框架下，地方政府要合理的处理群体性事件的前提为其必须与事件本身所涉及的利益无关，当基层政府与事件的诉求对象有一定利害关系或其能力无法处理事件时，在维稳的高压下，其必然倾向于采取控制、欺骗等维稳措施。而这一措施的执行，就为事件的进一步扩大和发展埋下了伏笔。在乌坎事件中，这一逻辑表现得较为明显。不仅如此，从乌坎事件的最后解决来看，它还为正确处理群体性事件提供了一种不同于封闭、半封闭危机设计的可能方案。

四　乌坎逻辑：社会建构纳入政策
设计后的"转机"

2011 年的乌坎事件因其组织化程度高，社会影响广泛，处理过程曲折等诸多特点被赋予政府处理群体性事件的"国家样本"意义。因此，本文选择乌坎事件作为典型案例，以清华大学公共管理学院社会管理创新课题组前后两次前往乌坎调研的深度访谈资料为基础；同时，参考其他的调研资料和新闻报道进行分析。

采用经验性的事实材料具体论述我国处理群体性抗争事件的政策设计特征，进一步验证本文通过政策要素的行为假设提出的新解释框架。最后，从乌坎事件的后续处理过程中引入的社会建构理念，发现、提炼适合中国处理群体性抗争事件的政策设计模式。

乌坎事件走入公众视野始于 2011 年 9 月 21 日，但乌坎村民为土地等问题进行的维权行动此前早已开始。为完整理解整个事件，我们将其划分为酝酿阶段、抗争初期、抗争中期、抗争后期、事件平息五个阶段，具体解剖政府的动态处理过程以及政策效果。

（一）第一阶段（酝酿阶段）

乌坎村在暴发群体性抗争事件之前，村民经历了长达两年多的合法上访无果的酝酿阶段。从 2009 年 4 月 3 日开始，村内一批关注村土地问题的青年人组成"热血青年团"，开始了维权上访之路，曾先后到陆丰市、汕尾市、广东省各级政府相关部门就进行 8 次上访。这期间，村民采取温和、合法的常规方法，但村干部采取了劝说、阻挠甚至威胁等手段：通过严密监控青年团的行动，组织力量及时回收传单和公告，消除影响，动员包括家长、工作单位在内的社会力量对上访进行干预阻挠；县信访部门整体上是消极拖延的态度，虽未出现拒绝接访的情况，但接访后没有后续的处理。乌坎村两委是村民诉求的直接利益相关方，必然倾向于向上隐瞒，掩盖事实；对下则利用手中的权力，采取劝阻、干预等手段进行控制。县级政府在积极处理基层上访方面缺乏能力和动力，在上访尚未造成相当的社会影响之前，他们难有实质的行动，这些都加剧了村民诉求行动的进一步升级。多年的制度内上访行为无果，一方面，使得矛盾不断加深，村民进行群体性抗争的可能性不断增大；另一方面，也使"热血青年团"在村民中的声望和力量不断扩大。

（二）第二阶段（抗争初期）

2011 年 3 月 14 日村民进行了最后一次上访，他们得出"上访没有用"的结果。在"向更上级政府（中央）上访"还是"动员更多的人参加"之间，村民选择了后者。由此，事件转入第二阶段，由制度内合法上访向制度外群体性抗争升级。这一阶段发生了两起关键事件：一是 9 月 21 日村民为土地问题到陆丰市（县级）政府集体上访，其后引发打砸治安事件，警方抓捕了少数村民；二是由于汕尾市政府派出大批警察和武警进驻乌坎村，导致村民与警察发生大规模冲突，警察和村民均有数十人受伤，前往处置事件的政府官员一度被村民围困在边防派出所。针对村民的利益诉求，陆丰市、东海镇政府进行了回应，对打砸、堵塞交通、财物破坏等危害社会秩序、违反法律的行为，相关部门动用强制政策工具进行维稳。激烈的冲突充分表明村民与县级政府之间存在着较为激烈的对抗情绪，存在严重的信任危机。"请一个武警花3000块"及"警察打死了2个小孩"等谣言被村民轻易相信，并直接导致了事态的恶化，出自各级政府官员的解释反而不被相信。丧失了基本信任的政府在处理群体性抗争事件时，所进行的沟通、解释和承诺的效果都将难以保证。9月22日晚，陆丰宣传部在汕尾市人民政府门户网上刊发题为《陆丰市东海镇乌坎村发生少数村民聚众滋事故意毁坏财物案件》的新闻通稿，该通稿将"9·21"村民集体上访和"9·22"警民冲突事件定性为"在少数村民的煽动下的非正常上访"行为以及"在少数村民的煽动下的打砸破坏"行为。这样的目标人群建构和事件定性反映了地方政府对村民的行动所持有的强硬态度，也反映了政府官员对村民的合法权益诉求的尊重不足，为后续事态的恶化埋下了伏笔。

（三）第三阶段（抗争中期）

暴力事件发生后，县政府对村民的诉求进行了回应，答应处理村民提出的关于土地、村务和村委会选举三个方面的诉求，并定于9月23日与村民代表进行谈判。村民的情绪也有所平复，双方展开谈判，事件进入第三阶段。这一阶段，陆丰市政府成立了专门工作组，采用了谈判、政策宣传、说服等政策工具来回应村民的诉求，工作组进村展开事件调查等具体行动，取得了一定的进展，包括：释放因参与打砸被拘留的四名青年；承认村自选产生的理事会的合法性并与之进行合作；对涉事的村干部予以免职，并立案审查；承诺对工厂污染问题进行处置等。同时政府也提出了相应要求："希望村民代表、外出乡贤尽量做好村民的工作，一是不要罢市、罢渔；二是不要上访；三是不要游行。"由此看出，政府处理的政策落脚点仍然是维稳，只要不闹就可以。在未就打砸者是否违反了相关法律进行结案的情况下，轻易释放了参与打砸的村民，这种做法虽然有助于缓和村民的情绪，但也严重削弱了政府的权威和行为的合法性。

政府维稳的努力并没有取得预想的成功，群体性抗争事件进一步升级。村民不满的直接导火索就是政府对事件的定性和所持的负面评价，使得村民对政府的信任进一步减低，对抗性情绪再度被点燃。9月23日，《南方日报》等国内媒体，根据陆丰市政府官方新闻通稿的描述第一次报道了"乌坎事件"。村民认为新闻报道"严重失实"，并由此得出"大陆媒体不可信"的结论，认为"（他们）真的是吃人民的饭菜，做贪官的喉舌"。由此，一方面，香港等境外媒体迅速得到村民的信任，县政府和官方媒体几乎失去了舆论的影响力和引导力，宣传、教育、舆论控制等常规政策工具都已"失灵"。另一方面，境外媒体的过度介入，成为官方一直认定乌坎事件有境外势力参与的原因，阻碍了后续双方的互信。这一转折造成村民再次举行罢渔、罢市、大游行；政府全力劝阻无效——村民再次对官方后续报道失实不满，认为政府在"淡化村民抗争的力量，'抹黑'组织者正义的行动"，利用境外媒体和网络开展积极主动的信息发布，扩大影响；政府官方舆论引导失效，乌坎事件成为社会关注的焦点。

为什么会产生这样的结果？结合政策设计框架分析事件过程，主要有以下两个原因。第一，政府与民众对事态严重性的认知存在差异，以往以利益满足为手段的维稳策略失效。自认"比以往任何一次上访都认真对待"处理此事的当地政府对村民的行为感到不可理解。郑雁雄在一次会议上说"你们村里面闹的结果不是要这个实际利益吗？那你何苦不对话呢？何苦去搞一些过激行为去炒呢？"政府官员的不理解源于一贯认为群体抗争的核心目标只是利益，只要满足了相关利益诉求，事情就会自然平息。从利益角度来认知群体性抗争的一贯做法，不仅让官员难以理解村民行为，也使官员对事件发展演变的轨迹产生误判，一定程度上影响了对事件的认知和解决。第一阶段，乌坎"爱国者一号"QQ群中以《国际人权公约》和《联合国反腐败公约》作为动员教育材料，后来"热血青年团"提出"罢免村官，落实选举，改选村委会"等具有政治权利性质的目标，都充分说明在多次上访无果的情况下，村民已经对基层政府失去基本信任，抗争诉求已经从最初的物质利益转化到了政治权利等层次更高、自治性更强的政治、经济等广泛权利。11月21日大规模集体上访前，精神领袖林祖銮进行最后动员："他们（薛昌等人，即原村委书记等干部）在 9 月 26 日向上级有关单位说，乌坎的事搞定了，一切问题搞清楚了。事实是不是这样呢？你知，我知，天知，地知！现在的上访，就是给个别人一个有力的巴掌！"由此可见，村民诉求已经在抗争过程中发生了改变，已经不仅在谋求物质利益的实现，也在寻求尊重和权利，希望从原村委会那里夺回属于村民的话语权。县政府对乌坎事件进行的定性是单方面封闭决策的结果，缺乏与当事村民的有效沟通，村民的再次抗争反而加剧了政府处理的难度。第二，政府与民众之间的信息传播与沟通存在障碍，严重削弱了政府的控制能力。村民通过主动联系境外媒体和网络信息发布，获得了信息传播的自主权，产生了空前的社会影响。不仅政府失去了对信息的管控，而且官方媒体也丧失了基本的公信力，政府发出的信息不能清晰、准确地为村民获得和认知，甚至可能被误解或者扭曲。

（四）第四阶段（抗争后期）

外部舆论的持续发酵，长达几个月的维稳努力无果，乌坎已经成为社会关注的焦点，加之汕尾市政府对事件定性的根本改变，使一度有所缓和的事态再度升级，事件进入第四个阶段。12 月 10 日，汕尾市政府对乌坎事件有新的定性："整个事件主要是村内矛盾。但采取了错误的做法，境外的某些机构、势力和媒体与乌坎村事件确实有一定关系。"为维护秩序，守住"法律的底线"，政府的行动由被动应对转向强力施压。汕尾市政府对村理事会的 5 名骨干成员进行抓捕，陆丰公安局接连发布了《关于再次敦促乌坎系列案件违法犯罪嫌疑人投案自首的通告》等通告，并在乌坎村内外反复播报宣传；在进村的路口设置关卡，阻止无关人员（特别是媒体）进村。感受到压力的村民，开始转换抗争策略和抗争态度，主动通过媒体表明不反中央政府，仅仅维权的政治立场。但被捕村民薛锦波的突然死亡，又让村民对政府的不信任和对抗情绪再度升级，村民进行了针锋相对的封村行为，拒绝政府人员进村，拒绝沟通合作，对抗程度加剧。政府的强制政策工具没有起效，更是将已高度紧张的官民对峙推向了白热化。

（五）第五阶段（事件平息）

双方剑拔弩张之时，省级政府开始作为处理事件的执行机构。11 月

20 日，广东省委领导出面表态，使紧张的对抗迅速转为相对平和的理性对话，事件峰回路转。省委组织专门工作组与村代表进行了会议沟通，政府满足了村民关于释放被捕成员，归还薛锦波遗体，承认理事会合法性的三点诉求。省委工作组重新进入乌坎村进行相关调查处理，激烈的对抗很快结束，事件处置回归到官民协商沟通的正轨上来，后续选举、土地问题等得到有序展开。

广东省省委的介入很快扭转了局势，究其原因，主要包括三方面：第一，省政府与乌坎村无直接的现实利益关系，而且村民与省政府的信任关系没有被打破，政府与村民易实现基本的信任；第二，村民一直强调的"中央有青天"的认知使其对省级政府的介入有一定的预期，对其能力有一定的期待；最重要的是，省级政府重视通过平等、理性的对话，和抗争主体一起进行政策设计，实现抗争诉求的社会建构；在满足村民相关利益诉求的同时，尊重村民事务权利表达。省级政府对乌坎事件进行了新的定性，承认了村民自治理事会等自组织的合法性，认同村民诉求的合理性："虽有过激行为，但可理解，且不追究"，并根据现实情况，首先开展完全由村民主导的村民自治委员会选举，满足村民的选举诉求，用实际行动逐渐实现村民的抗争诉求。

（六）"乌坎转机"的经验

五个阶段大致勾勒出了乌坎事件从发端、抗争到平息的过程。（最后民主选举和协商属于结束群体性抗争事件之后的阶段，本文未加讨论）从中我们看出省、市、镇各级政府确实按照中央有关处置群体性事件的相关规定开展工作：本级政府及时出面回应，耐心解释，维护村民的利益，慎用强力手段，力图在本级解决问题，平息事态等等。省委在后期总结中对基层政府的工作给予了肯定："党委政府在处置事件过程中没有明显不当；认真解决问题和依法打击犯罪取得了明显效果。"但前期政府的努力没有成效，事态没有得到控制是事实，为此，政府官员也深感压力很大，"现在只有一批人，感觉到一年比一年艰苦。谁呢？当干部的，包括我。……以前的市委书记哪有这么累，什么事都得管。权力一天比一天小，手段一天比一天少，责任一天比一天大。老百姓一天比一天冒口高，一天比一天聪明，一天比一天难管"（汕尾市委书记郑雁雄语）。
现行的处置群体性事件的政策在乌坎事件处理过程中受到了挑战。处理
群体性抗争事件的相关政策所暗含的重要假设包括基层政府利益中立，
基层政府具有舆论引导与控制能力、信息获取能力、处置控制能力等，
在乌坎事件中都不具备或者不完全具备，这样直接导致了前期的"政策
失灵"。中国社会正发生着深刻的变化，传统维稳式的政策设计模式在处
理群体性抗争事件的过程中已经难以奏效。最后阶段，广东省委主动与
抗争主体进行平等协商对话，吸纳抗争领袖参与政策设计过程，采用社
会建构理念重新定性事件和抗争行为，正是促成"乌坎转机"的关键所
在（见表4）。

表4 乌坎事件分析一览表

阶段	酝酿阶段	抗争初期	抗争中期	抗争后期	事件平息
时间	2009.4.3 - 2011.3.14	2011.9.21 - 9.22	2011.9.23 - 11.25	12.10 - 12.20	12.21 -
主要事实	"爱国者一号"，"热血青年团"出现和推动；对市、省组织每次不超过5人的合法上访维权	如开村民大会；到陆丰市政府讨说法；打砸涉事企业和村委办公；与军警激烈冲突	抗议政府新闻通稿"严重失实"；外媒介入；市镇领导与村民会谈解决方案；成立临时理事会；村委新一轮选举舞弊；和平大游行	设卡阻止媒体进入；封村；抓捕骨干分子；薛锦波死亡；准备再游行	闭门会谈；省委工作组进驻；解除封村；外部媒体离村；开始选举
群众利益诉求	改选村委会，土地贪污问题	"碧桂园地块"归属问题	释放被抓村民，村务、土地、村委选举等	释放被捕骨干；归还薛锦波遗体；承认理事会合法性	停止与收回以前不合法的土地买卖、赔偿被征地者损失、未来开发事先征求村民意
群众的策略	合法上访维权"热血青年团"发传单、贴公告宣传发动	聚众集体到市政府讨说法，打砸涉地企业，打砸村委办公室	建立健全组织：募捐，动员；停产，停业，罢渔罢市；和平大游行；寻求境外媒体向社会乃至世界发出自己的声音	封村；表明拥护党中央的政治立场；准备再次集体上访	谈判选举新的村委

阶段	酝酿阶段	抗争初期	抗争中期	抗争后期	事件平息
处置主体	村委: 各级接访部门	东海镇, 陆丰市: 原村委瘫痪	陆丰市, 汕尾市	汕尾市	广东省
政策工具	阻挠, 劝说, 拖延, 搁置	解释说明情况; 抓捕违法打砸者; 军警维稳; 同意进行谈判、发布新闻通稿	接受村民代表并与之谈判: 就土地, 选举, 贪污等相关事宜展开调查; 免职并立案处理相关涉事官员	公安抓捕法律, 政策宣传舆论引导	沟通商谈
政策目标		维稳	一是不要罢市、罢渔; 二是不要上访; 三是不要游行	结束对抗主要组织者自首	合作解决问题, 不再从事违法犯罪行为, 不再组织与政府对抗
事件定性		"9·21" 在少数村民煽动下的非正常上访, "9·21" 少数村民煽动下的打砸破坏	整个事件主要是村内矛盾。但采取了错误的做法, 境外的某些机构、势力和媒体与乌坎村事件确实有一定关系	村理事会等组织为非法	诉求合理, 过激行为可理解, 不追究
群众反应	上访没有用	对军警行动很愤怒, 不信任政府	对政府处置不满, 继续上访	否认与境外势力有关联	
政策效果	矛盾积累, 政府失信	寄希望于后续的谈判	不信任; 对抗情绪持续	对抗加剧	平息

五　结论与讨论

　　乌坎事件的发展变化启示我们, 群体性抗争事件本身就是一个动态过程: 抗争主体的方案完整度、组织化程度、冲突程度、信息可达程度、抗争对象的态度反应等具体情境都造成了事件朝着不同的方向进行转变。在差异化时空条件下, 不可能把影响行动发生和发展的各种因素放置在一个理论模型中, 并据此对任何一种集体行动给予指导性解释, 只有依据具体的社会情境, 才能提供可以解释的模型 (曾鹏、罗观翠, 2006)。而且近些年来，随着民主理念、政治参与意识的不断增强，中国公民已不仅仅只为涉及个人具体利益的事件抗争，公民主体性的认知使得"一般人群"的抗争逐渐成为可能（何艳玲、陈晓运，2012）。出现了为了权利和尊严进行抗争的变化趋势，很多演变成了权利性群体性抗争事件。这类参与阶层不断扩大，抗争诉求由物质利益转向政治、文化等权利的抗争趋势愈发明显（应星，2012）。同时，群体性抗争事件的组织性程度也在不断加强，通过抗争主体社会网络的连接，组织化程度和理性化程度都在增强（黄贵荣，2010）。抗争主体内部平等讨论、协商基础上产生的解决方案也是抗争事件中关键的策略性手段，抗争主体正在由"批评者"向"建议者"转化，应对不断变化的抗争过程的能力正在不断增强。与此同时，互联网的发展，更是给群体性抗争事件带来了重大变化，愈来愈多的群体性抗争事件使用互联网等现代传播手段进行动员和抗议（娄成武、刘力锐，2010）。群体性抗争事件的参与者广泛利用互联网等新技术，突破政府的管制，进行更加自主性的信息传播（Yang，2012），对内引导运动诉求、调整目标，达成集体认同的建构，对外则是扩大事件的影响，试图利用社会舆论的广泛关注进一步促进事件的解决（曾繁旭等，2013）。

抗争主体权利意识凸显，抗争过程组织性、策略性、理性化程度的不断增强，同时利用互联网等新技术进行抗争动员和信息传播的能力日渐提升，都是目前群体性抗争事件的主要发展趋势。与此相适应，群体性抗争事件的政策设计也应该反映这种动态变化，需要"从过程阶段进行研究，将群体性抗争事件由静态的结构转向由若干变化事件所构成的动态过程研究"（孙立平，2000）。应该认识到，群体性抗争行动中，行动者是嵌入社会并被社会性地构成的存在，并且在与其他行动者的互动中改变其界限与特征（王国勤，2007b）。抗争主体以及抗争对象的认知在互动的过程中不断地变化。具体来讲，在群体性抗争事件中，就是各级政府及其代理人和抗争主体进行着持续互动，而这种互动本质上是影响社会控制后果的重要因素（刘能，2008）。政府的处理政策在其中扮演着重要的角色。因此，在不同的具体情境中，适当采用社会建构的政策设计要素，积极与抗争主体进行沟通、交流，引入开放互动式的政策设计模式，让抗争主体参与决策过程，对于群体性抗争事件的走向尤为重要。

参考文献

郭正林（2003）：《当代中国农民政治参与的程度，动机及社会效应》，《社会学研究》，（3），第 18 ~ 23 页。

何艳玲、陈晓运（2012）：《从"不怕"到"我怕"："一般人群"在邻避冲突中如何形成抗争动机》，《学术研究》，（5），第 55 ~ 63 页。

胡英姿、蓝煜昕（2012）：《乌坎事件中的村民组织及其功能探析》，《中国非营利评论》，（2），第 80 ~ 92 页。

黄荣贵（2010）：《互联网与抗争行动：理论模型、中国经验及研究进展》，《社会》，（2），第 178 ~ 197 页。

金钟燮（2008）：《公共行政的社会建构：解释与批判》，孙柏英译，北京大学出版社。

李琼（2003）：《转型期我国社会冲突研究综述》，《学术探索》，（10），第 52 ~ 55 页。

刘能（2004）：《怨恨解释、动员结构和理性选择——有关中国都市地区集体行动发生可能性的分析》，《开放时代》，（4），第 57 ~ 70 页。

——（2008）：《当代中国群体性集体行动的几点理论思考——建立在经验案例之上的观察》，《开放时代》，（3），第 110 ~ 123 页。

——（2009）：《当代中国转型社会中的集体行动：对过去三十年间三次集体行动浪潮的一个回顾》，《学海》，（4），第 146 ~ 152 页。

娄成武、刘力锐（2010）：《论网络政治动员：一种非对称态势》，《政治学研究》，（2），第 74 ~ 86 页。

钱晶晶、史安斌（2012）：《从乌坎事件看政府危机传播在中国的本土化尝试》，《新闻大学》，（4），第 92 ~ 97 页。

邱泽奇（2004）：《群体性事件与法治发展的社会基础》，《云南大学学报》（社会科学版），（5），第 54 ~ 59 页。

孙立平（2000）：《"过程—事件分析"与当代中国国家—农民关系的实践形态》，《清华社会学评论》，（1），第 1 页。

仝志辉（2012）：《高层出面与乌坎转机：抗争政治中的高层政府行为初探》，《中国非营利评论》，（2），第 93 ~ 112 页。

王国勤（2007a）：《"集体行动"研究中的概念谱系》，《华中师范大学学报》（人文社会科学版），（5），第 31 ~ 35 页。

——（2007b）：《当前中国"集体行动"研究述评》，《学术界》，（5），第 264 ~ 273 页。

叶浩生（2008）：《社会建构的社会学方法论蕴含》，《社会科学》，（12），第 111 ~ 185 页。

应星（2007a）：《"气"与中国乡村集体行动的再生产》，《开放时代》，（6），第 106～120 页。

——（2007b）：《草根动员与农民群体利益的表达机制——四个个案的比较研究》，《社会学研究》，（2），第 1～23 页。

——（2012）：《中国的群体性抗争行动》，《二十一世纪评论》，（12），第 17～25 页。

于建嵘（2004）：《当前农民维权活动的一个解释框架》，《社会学研究》，（2），第 49～55 页。

——（2008）：《中国的社会泄愤事件与管治困境》，《当代世界与社会主义》，（1），第 4～9 页。

——（2009）：《当前我国群体性事件的主要类型及其基本特征》，《中国政法大学学报》，（6），第 114～120 页。

曾繁旭等（2013）：《运动企业家的虚拟组织：互联网与当代中国社会抗争的新模式》，《开放时代》（3），第 56～69 页。

曾鹏、罗观翠（2006）：《集体行动何以可能？——关于集体行动动力机制的文献综述》，《开放时代》，（1），第 110～123 页。

张严冰、曾志敏（2012）：《"小乌坎，大中国"——论"乌坎事件"对中国政治经济发展的启示》，《中国非营利评论》，（2），第 135～148 页。

Dahl, et al. (1953), *Politics, Economics, and Welfare*, New York：Harper.

Schneider, A. & Sidney, M. (2009), "What Is Next For Policy Design And Social Construction Theory?", 37 (1), *The Policy Studie Journal*, pp. 103 – 119.

Yang, G. (2012), "Lightness, Wildness, and Ambivalence：China and New Media Studies", (01), *New Media & Society*, pp. 170 – 179.

Policy Design and Social Construction Amid Mass Protests
—Examination of the Response to the Wukan Protests

Zhang Chao, Li Xiaofang, Zhang Xiaoying and Zhou Shulin

Abstract：Existing studies on mass protests primarily examine the process, consequences and implications of protests from such angles as resource mobilization, political structure and opportunity, as well as policy frameworks, with little attention paid to the guiding role that related government policy documents have in dealing with a mass protest. This paper analyzes the basic characters of government policies on the basis of related policy texts for dealing with mass protests, and further explains the basic logic behind their creation in the context of the Wukan protests and corresponding confirmatory analysis. The study has found that all policy elements such as policy purpose, target groups, framework of rules, policy instruments, and executive bodies have remarkable underlying assumptions about effectiveness. As soon as some of these assumed conditions fail to occur, policy failure is likely, as illustrated by the government response to the Wukan incident. Finally, the paper recommends that policy design discriminate such factors as protester scheme completeness and level of organization, conflict and information accessibility, as well as attitudes and reactions of objects of protest, and process-based dynamic management of stressors. Meanwhile, in face of varying circumstances, it is recommended that the policy design attach importance to policy design elements in relation to social construction, and adopt as appropriate an open, interactive policy design model which involves protesters in policy design and gives the public the right to know and to participate in decision-making.

Keywords: Mass protest; Policy design; Social construction; Wukan protests

（责任编辑：陈洪涛）

中国农村妇女参与社区治理的有效路径探讨[*]

——河南登封市周村个案研究

王晓莉　杜芳琴　李慧英^{**}

【摘要】　农村妇女参与社区治理，不仅需要提升其参政比例与执政能力，更涉及妇女为何参与以及如何做到妇女在社区治理中的真正参与。我国新出台的农村妇女参政配额政策极大地促进了妇女的参政比例，但在农村复合型的父权制社会结构中，由于参政妇女的主体意识及能力不足，妇女参政往往并不能代表其利益和性别需求，而成为一种"形式参与"。本文以成功推进农村妇女增权并使其真正参与社区治理，进而推动社区结构性变革的周村经验为案例，梳理了十年来农村妇女参与社区治理的有效路径以及妇女参与治理在个体地位、经济和社会文化层面带来的深远影响。周村案例所创造的经验是全球、本土、地方的，是在既互相影响，又具有独创的、语境性的历史进程中发生的，也是为当地社区妇女和村民认同、接纳并共创的经

---

* 基金项目：中国博士后科学基金资助一等（编号：2013M540110）；清华大学中国农村研究院博士后研究课题（编号：CIRS2013PD07）。

** 王晓莉，清华大学公共管理学院、中国农村研究院博士后；杜芳琴，天津师范大学妇女研究中心教授；李慧英，中共中央党校科学社会主义教研部、妇女研究中心教授。

验。在当前中国农村社会治理的转型期，周村经验将为农村社区善治提供独特贡献。

【关键词】农村　社区治理　妇女参与

一　我国农村妇女社区参与的回顾

农村妇女的社区参与发展，需追溯至新中国成立后六十多年来的社会变迁脉络中。以20世纪80年代初为界，以生产与再生产模式及其相互交织关系为重点，其变化轨迹可大致分两个阶段：前三十年（1950 – 1980）农村生产方式大致经历了从"家户"本位生产的私有制到"队（生产队）为基础"的公有制（公有制又经历了集体→全民→集体）集体生产过程。动员妇女参与生产劳动成了发展集体经济和内部积累的一个重要步骤（笑冬，1999），它将农业生产置于国家、集体和公共领域之外，削弱了个体家庭中的父权制。但在集体层面，妇女所获得的报酬仍低于男性，人民公社时期的普遍做法是"男劳力10分/工，女劳力7分/工"。后三十年（1981年至今）基本是以土地集体所有制下"分包到户"的家庭生产模式为主。以家庭（"户"）为单位的土地经营方式得以恢复，妇女参与生产劳动重新回归到家庭的私人领域。尽管国家将权利话语和男女平等原则引入了法律政策，视为解放妇女和推进男女平等的一大进步，但非常有限地承认"在私人领域、家庭中存在的对妇女的压迫同样加剧了妇女的不平等"（库克，2001：72）。随着生产关系的改变，"社会再生产"的父权制度并未受到触动反而得到巩固，土地产权中以"户"为单位的承包经营权制，不仅不能有效防止家庭父权制对妇女个体合法权利的剥夺，并且随着土地增值收益的加大，导致妇女在土地流转、征地补偿与股份分红等方面的土地权利受损情况日益严重。在"村民自治"的背景下，村庄的民间习惯法公然与国家法律相悖的情形比比皆是，突出表现在成文的"村规民约"及不成文的"潜规则"上。

从妇女的经济参与角度来看，前三十年的集体化时期对女性而言，最大的转变是妇女从户内走向户外、从家庭私领域进入村社集体。从

"户本单干"到集体生产的转变同时意味着自身"解放"的过程。集体化对于妇女具有一种不同于对男人们的"解放"的意义（杜芳琴等，2002；郭于华，2003）。后三十年的"分包到户"对农村女性而言，在经济权利丧失与风险并存的同时，农业女性化趋势使妇女肩挑种植养殖等生产重担，还承受家庭的"社会再生产"的生育、抚幼、养老、日常家务等重负与压力。尤其在生育方面，国家政策、社区管理与家庭男孩偏好交互作用于独担责任的农村妇女（张原，2011）。而在农村工业化的地区，特别是随着以"户"为单位的个体和私营企业的出现，使得生产功能回归家庭私人领域时又带入了公共领域的成分，妇女通过经济参与进入公共领域并占有一席之地（许敏敏，2002）。但与农村妇女的经济参与相比，提高妇女在社区公共事务中的参与，我们要走的路还很长。

作为较早采取妇女参政配额制的国家，自 20 世纪 90 年代中期以来，妇女参政的推力由外而内（如 1995 年世界妇女大会等）、由上至下（党和政府出台一系列法律、纲要和政策），使妇女在高层政治参与中的数字稳定增长（闵冬潮，2012）。然而，根据第三期中国妇女社会地位调查，仅 11.2% 的女性参与过各级管理和决策（全国妇联，2011：8）。截至 2008 年底，全国村委会成员中女性比例仅为 21.7%。截至 2009 年初，全国女村委会主任的比例仅为 2.7% 左右。[1] 这些数字与五六十年代 70% - 80% 的农业生产合作社中都有女社（副）长的状况相比是天壤之别。在 2010 年 10 月 28 日十一届全国人大常委会第十七次会议表决通过的修订后的《中华人民共和国村民委员会组织法》中，将 1998 年颁布实施的《中华人民共和国村民委员会组织法》规定的"村民委员会中，妇女应当有适当的名额"修改为"村民委员会成员中，应当有妇女成员"；并新增一条："妇女村民代表应当占村民代表会议组成人员的三分之一以上"。[2] 至此，中国基层农村妇女参政的"配额制"才算是正式启动。

---

[1] 中华全国妇女联合会、中国妇女研究会：《"北京 + 15"中国非政府妇女组织报告》，参见 http://www.chinagender.org/UploadFiles/"北京 + 15"中国非政府妇女组织报告中文.doc。

[2] 《中华人民共和国村民委员会组织法》，参见 http://www.gov.cn/flfg/2010 - 10/28/content_1732986.htm。

二 研究综述与理论框架

(一) 聚焦农村妇女参政研究

当前我国,社会性别视角下的社区治理研究基本上着眼于农村妇女的参政研究,基于十一届三中全会以来农村改革开始建立的"乡政村治"这一新型基层民主治理体制。研究普遍指出当前农村妇女在村民自治参与中的不足,并分别从历史、制度及个体能力等层面分析其成因。20世纪80年代引入差额选举以来,新中国成立初期的妇女优先和妇女配额等"性别保护政策"退出,使女干部处于弱势地位,引发妇女界和全社会的关注,妇女参政成为热点问题。直至1995年联合国第四次世界妇女大会在北京召开后,明确提出妇女在立法机构中至少要占30%的席位这一目标。对于农村妇女,从《中华人民共和国村民委员会组织法》中规定在村委会中"妇女应当有适当的名额",到"至少有一名妇女",再到"性别两票制"的制度供给;从开始的"供给不足"到"操作具体化"再到"操作程序化",这都体现了政策不断推动农村妇女参政的政策变迁过程(刘术泉,2008)。推动妇女参与的机制,主要依靠自上而下的政府主导,而妇女主体意识的觉醒、个体能力的提升、非政府妇女组织的参与等自下而上的力量尚未成熟(蔡素星,2007)。自上而下、自下而上的良好互动关系,正是决定妇女政治参与的量与质的关键因素。学界普遍对当前妇女参政的效果表示担忧,具体表现在:一是选举程序不规范增加了女性从政的困难(任杰,2007);二是当选妇女干部职能的单一化往往造成了女村官在村务工作中的边缘化,目前的"性别两票制",在实际执行中由于程序复杂而流于"命令-服从"式的机械操作[②];三是女村官执政未能推进当地妇女的发展,其权力运作及权力的社会效应仍是体现了乡村的传统性别(不平等)文化,与正式制度中文本规则相去甚远(王冬梅,2010)。一旦成为政治精英,政治意愿提倡的机制和在权力层中的影响力严重影响着政治精英的行为逻辑(李琴,2013)。

造成妇女参政与执政不足的原因,既有研究归因于:一是来自制度政策的限制，包括职数限制、岗位锁定等，致使有能力的女性因为职数要求被卡在门外，很难再有晋升的机会，且缺乏对具体岗位的明确规定，参政女性无法涉足所谓的传统男性领域（裴亚岚、刘筱红，2010）。二是来自传统父权制性别观念的压力，特别是"男主外，女主内"的传统观念，村民们对女干部存在着偏见，甚至故意作对（汪力斌等，2007；蒋爱群等，2010）。第三届中国妇女社会地位调查指出，村民认同"男主外、女主内"等传统观念的比例有所回升。三是来自父权制权力结构的限制，直接表现为男性村委对女村官的工作不够支持，甚至排斥女村官，加之村委会中女性比例偏低，女村官处于边缘地位，缺少资源和话语权，工作难以展开。四是缺乏对参政妇女的个体激励、能力建设和社会支持，包括女村官收入不高，还要身兼家务及田间劳动等多重负担，个人自信、受教育程度和能力不足，来自家庭特别是丈夫的支持不足等因素（李实，2001；丁娟等，2010）。需要指出的是，受政策导向等影响，农村妇女参政与女性领导力画上了等号，既有研究普遍缺乏对普通妇女参与村庄合作组织和参与社区日常治理的关注。杨善华分别用"国家政治"与"村庄政治"两个概念加以区分，并强调对村庄政治中农村妇女参与加以研究的意义，"日常生活中的政治意义就会随之凸显"（杨善华、柳莉，2005）。就"妇女在合作社治理中的作用"，2007 年中国社会科学院主办的专题国际研讨会指出，"妇女参与合作社时的身份很多都依附于男性户主"（潘劲，2008）。

（二）妇女与发展：理论与实践演进

随着 1995 年世妇会在中国的召开，"妇女与发展"的理论、方法、项目自 90 年代以来就源源不断地被引入中国，包括：20 世纪 70 年代初期被正式采用的"妇女参与发展"（women in development，WID）理论、"妇女与发展"（women and development，WAD）理论，[①] 以及 20 世纪 80

---

① "发展"作为全世界关注的主题，是在第二次世界大战之后的 1961 年至 1970 年的第一个联合国十年提出的。第一个联合国发展十年将"发展"定义为以促进经济增长为核心来促进社会的发展，妇女问题并没有成为被关注的主题。跨入 20 世纪 70 年代，贫困问题、失业问题和社会不均等等社会问题得到了关注，"将妇女全面综合到整体发展中"成为发展战略之一。1970 年，勃斯鲁普发表了《妇女在经济发展中的作用》一书为妇女与发展理论奠定了基本的理论框架（李小云、林志斌，1999）。

年代以后兴起的"性别与发展"（gender and development，GAD）理论。①
作为一种政治策略，"妇女参与发展"理论表明投资于妇女和从经济增长
中谋取利益之间的积极协同作用。它以妇女缺乏对资源的获取为重点，
却忽略了不平等的性别关系或者妇女的从属地位才是限制妇女对资源获
取的前提。"性别与发展"理论中，开始将"社会性别"作为一种替代
性分析工具，关注资源获取和资源控制中的性别关系与性别分化。其中，
性别角色框架和社会关系分析是被广为采用的两类分析框架，分别侧重
效率和福利、公平，并随着国际发展项目中性别主流化的推动而被引入
中国农村发展的项目实践中，在各地实践中形成了一系列制度化的安排
（赵捷，2000）。在性别与发展理论中，性别需求这一概念工具的核心是：
男性与女性在社会中不仅起着不同的作用，而且他们的实际利益也有不
同。它基于摩塞1989年正式提出的战略性别需求（strategic gender needs）
和现实性别需求（practical gender needs）的概念（Moser，1989）。前者
是指由于妇女在社会中相对于男性的依附地位而形成的需求类型，如：
法律权力的问题、家庭暴力问题和同等工资问题等。满足这类需求将意
味着帮助妇女获得更大范围的平等地位，同时将改变妇女的从属地位。
后者是指在妇女已有的社会角色下所产生的实际需求，如：饮水条件的
改善、卫生保健的改善及就业的促进等。

　　近年来，国内主流做法是结合现实性和战略性的两类性别需求，采
取赋权妇女、性别主流化的项目干预策略，例如：联合国开发计划署
（UNDP）将"赋予妇女权力"作为民主治理项目的重点关注领域，实施
了"推动妇女参与地方治理、改善女性平等权利项目（2007 - 2008）"及
"发挥女性在社区绿色消费中的作用项目（2012 - 2014）"，联合国妇女署
（UN WOMEN）"推动地市级妇女领导的能力建设"项目，联合国人口基
金（UNFPA）"第七周期性别平等与公共参与子项目（2011 - 2015）"
等。2008年，原国家人口计生委"关爱女孩行动中推进性别平等项目"

---

① 　怀特赫德在1978年发表了题为《妇女在发展进程中的持续的从属性》一文。在
　　该文中，正式提出了性别与发展的理论的框架。性别视角的妇女与发展研究在80
　　年代逐步演化成具有直接政策和战略意义的理论框架，包括1993年卡罗琳·摩
　　塞（C. Moser）提出的摩塞框架。她的一系列理论和方法对国际发展机构和援助
　　机构及许多发展中国家的发展实践产生了深远的影响（李小云、林志斌，1999）。

与中央党校妇女研究中心合作（下文简称"课题组"），选定 11 个出生性别比失衡的重点省进行性别平等培训，从源头治理农村的"生男偏好"问题。经过多年探索，课题组将加强村民自治和推进性别平等紧密结合起来，通过积极推动妇女参与公共事务的决策和管理，推动在村规民约中充分体现性别平等，特别是涉及集体资源分配的规则，以期从源头上消除性别歧视，纠正"男孩偏好"，推动国家法律法规中的男女平等成为现实。

在这场"悄然而深刻的变革"中，河南省登封市的周村开创修订村规民约之先河，周村党支书在中央党校接受项目培训后主动请缨。在无先例可循的情况下，党支书敢于开先河的背后，离不开周村妇女在社区治理中的积极参与。自 2002 年起，当地的一家 NGO——"河南社区教育研究中心"（下文简称"中心"）选定周村实施"农村妇女传统手工艺品开发项目"，并推动成立了周村"妇女手工艺协会"（下文简称"协会"），不断开展提升性别平等意识的培训。在 NGO 干预下，以农村妇女的经济参与为切入点，提供妇女经济机会并提高其经济能力，将现实性与战略性的性别需求同时带动。协会从一个互助合作的经济组织跃升为兼具经济与社会功能的赋权集体，经历了妇女参加生产创收到参与组织活动——包括个体、家庭、组织、社区层面的赋权过程。在妇女积极参与下，周村的村规民约修订创造出了针对性强、可操作、可推广的具体经验，引起中央高层及地方各级政府的关注。在可持续性与深层妇女赋权转化为推动社区治理的结构性变革方面，周村案例超越了一般发展援助项目的周期局限性（一般援助项目为 3 - 5 年一个周期）与目标单一性（如脱贫、资源、生态文化保护、健康服务等），也力求避免形式化与表层化。正如赵捷指出的，"对彻底改变现有结构性的两性不平等关系，国内外仍不易找到这方面的较成功的实践案例"（赵捷，2000）。周村案例可能提供了一个反省参照的实例，它提供了一个可供分享的、具有地方语境的妇女赋权参与社区治理，进而带动社区积极变革的中国个案，并为学界提供了一个对性别与发展理念和社区治理实践进行反省的经验案例。

三 周村案例：农村妇女如何
参与社区治理

（一） 问题的提出：“为了谁的参与”及“如何真正参与”

伴随着我国农村妇女参政“配额制”的启动，针对新一轮的农村妇女参与社区治理，本案例提出两个关键问题：农村妇女如何真正参与？以及为何参与社区治理？第一个问题关注妇女的参与模式，基于我国社会动员与群众参与的三种模式：国家动员模式、庇护主义模式、精英动员模式（杨敏，2005），结合妇女与发展的理论与实践，衍生出几个值得思考的问题：如何摆脱国家动员下的自上而下的参与，而不是单纯的经济利益提供激励？如何承续集体化时期“妇女解放”的遗产？如何激发当前妇女承载多重重担与压力下的经济与公共事务中的权利意识？第二个问题，妇女参与社区治理是为了什么？在当前自上而下的推动中，政府寄望于妇女进入“村两委”，“会有利于村级事务管理”（民政部视角），抑或“调动占人口半数农村妇女的积极性（妇联视角）”（王冬梅，2010）。随着国际发展项目被引入我国，妇女与发展理论最初强调保障妇女在发展中的资源获取等方面的平等机会，使妇女在发展中的作用得到有效发挥。而当项目实施后，不仅向人们展示了妇女在发展中的巨大作用和潜力，[①] 同时促使人们开始反思传统的男性主导的发展模式。把妇女方面的问题引入发展的整体，性别平等本身成了发展目标本身，而非仅是一个工具性手段。简言之，从社会性别与发展的理论视角，回到社会结构维度去审视，妇女参与社区治理本身成了一个目标。在目前农村的父权制社会结构之下，妇女如何参与社区治理，以更好地代表妇女和其他弱势群体的利益，制衡既有父权制的权力结构，进而成为促进乡村民主发展和村民自治的重要部分。这些都是妇女参与社区治理面临的关键问题。

---

① 不仅在中国，在整个国际社区，通过具体的发展项目措施增加女性在发展中的作用，是20世纪80-90年代世界社会发展中最引人注目的进步要素。

（二）从经济参与切入：妇女合作组织的"孵化"与"赋权"

周村是河南省登封市一个普通的山村，由四个自然村（十个村民小组）组成，面积 9.6 平方公里，人口 1454 人。该村经济状况一般，有煤矿资源，但煤矿开采过度，于 2003 年退耕还林，男性下矿井，妇女在家赋闲。林业用地被登封市某集团公司买断，补偿口粮款按照人均 800 元左右划拨村庄分配，于是 2007 年 6 月村组干部讨论出台了"兑现粮款原则十三条"。妇女多有传统刺绣和织布技艺，但未受到重视。2001 年，中心①启动"河南草根组织网络建设"项目，2002 年周村妇女以旅游工艺品特色项目被纳入其中。2004 年，中心作为推动基层妇女组织建设与增权的妇女 NGO，扶植建立了作为农村草根妇女组织的协会。在十年间（2002－2012），协会发展经历了三个阶段：以经济创收起步的合作社—分散生产、集体活动的妇女手工艺开发协会—集体生产、共同成长的非营利社会组织。从 2008 年开始，周村成为性别平等政策倡导团队行动研究的第一个试点，协会也成为推动性别平等和妇女参与社区治理的一支先锋。需要特别指出的是，在组织动员与能力建设方面的过程中，NGO（中心）与社区草根组织（协会）充分体现出平等、共赢的良性互动的特征，为周村妇女参与社区治理提供了自下而上与自上而下运行的有利条件。

在组织发育与能力建设阶段，妇女经历了从"被动参加"到"主动参与"的发展过程。初期，周村妇女因为经济利益而被组织到一起，②参加合作社（经济互助式），接受以生计为主的技能培训，感受"参与式"模式；随着周村妇女手工艺开发协会的成立，妇女从被动参加到有组织的参与，在集体生产中共同增权；通过参与式培训，妇女看到了在家庭和

---

① 成立于 1998 年的河南社区教育研究中心是以农村基层妇女组织培育与能力建设为核心价值与使命的妇女 NGO。创建人梁军与她的团队成员秉承推动社会性别平等、促进社会公平发展的组织宗旨，主要通过培育农村草根组织作为妇女增权的途径与手段来实现的。

② 属于 WID/WAD 妇女与发展理论的支持者的观点，强调开展与妇女相关的不同产业部门的项目，重视经济收入方面的性别平等。

社区层面，资源分配与参与机会中的性别不平等，正是从夫居、传宗接代、养儿防老这个"家庭再生产"机制性压迫的结构性根源。妇女不再局限于现实性性别需求的满足，如手工艺生产的收入提升等，而是转向战略性性别需求的实现，帮助自身获得更大范围的平等地位，借助艺术形式改变妇女的从属地位，对抗家庭父权制的最核心部分与深层结构。[①]中心调动参与者基于生活经验进行性别平等与公平的自我教育，用女性生命周期中遇到的压力与压迫激起"要改变"的呼声——这些正是推动妇女参与社区治理和变革的强大动力与能力。

（三）私领域的变革：一场"女娶男"的婚礼奏响妇女参与社区治理的序曲

2008 年 10 月，村支书与计生专干应课题组之邀出席在中央党校举办的骨干培训，把支持举办女娶男婚礼与修订村规民约写入行动计划中。同年底，由协会发起的一场"女娶男"的婚礼奏响了妇女参与社区变革的序曲，制造了妇女参与私领域决策的机会，改变了"从夫居"的婚居模式。2008 年 11 月 26 日，周村村两委、协会妇女与中心共同策划主持了一场别开生面的"女娶男"婚礼，也是周村历史上第一个真正意义上的女娶男。过去，即使是招婿上门，婚礼的形式也是"男娶女"：在婚礼前一天，女婿留在岳父岳母家象征儿子，女儿则在婆家等待丈夫前来"迎娶"。它强调的仍是男性中心地位。而在这场多方主体共同策划的开创性婚礼中，新娘乘坐"花车"从娘家出发，到男方家迎接自己的心上人。

婚礼前后，多方精心策划，协会妇女撂下手里活儿为郝家操办喜事。婚礼现场热闹非凡，礼台两边的大副对联分外醒目："男尊女、女尊男、男女平等；男娶女、女娶男、两样都行。"这宣示着向家庭父权制下的男婚女嫁与生育制度宣战，也奏响了家庭私领域中变革的序曲，同时也回应着妇女参与社区治理的第一步。村支书亲自证婚祝贺新人，镇计生委送来贺匾，课题组代表梁老师讲话祝贺，全村人空巢出动，助兴祝贺。

[①] 属于 GAD 性别与发展理论所支持的妇女的战略性性别需求范畴。

协会的妇女代表致辞，那是她第一次在众多乡亲面前公开发言，为敢于打破旧风俗的新人及其父母喝彩。新娘的母亲说：男到女家的婚礼算是彻底治好了我的一块心病，……帮俺改变了观念，只要把闺女教育好，男孩女孩都一样！（2010）① 村民反响很大：几百年、几千年都没见过这样的婚礼，生女孩照样能为父母争光！（中央党校妇女研究中心、性别平等政策倡导课题组，2009：24）

一个月后，周村举行第二场"女娶男"的婚礼，欢庆热烈的气氛不减首场婚礼。这两场前所未有的风光婚礼，在村里可谓"一石激起千层浪"，羡慕、祝贺、议论的声音一直持续至今。婚后两对新人的甜蜜生活和两家老人的满意程度，提醒村民们，"老风俗老规矩是该变变了！"三个月后，周村修订村规民约成功出台。半年后，实录片《男到女家也风光》在全国许多地方播放，反映热烈。

协会首倡"女娶男"的婚礼，是农村妇女参与社区治理的序曲，给本村与更多村庄的变革带来深远影响。婚嫁和丧葬仪式是一种固化的程式，深植于从夫居的父权制婚姻制度中。周村妇女首创的"女娶男"婚礼，在课题组的干预下，已在其他项目试点村（安徽省长丰县、陕西省武功县、江西省靖安县）被写入修订之后的村规民约中。它旨在打破家庭私领域的父权制，"树立婚育新风，推进婚俗改革，提倡文明节俭的婚礼，倡导集体婚礼。凡男到女家的婚礼或集体婚礼，社居两委给予支持和奖励"。不少村庄的村规民约中将丧葬习俗的性别歧视也进行了修订，"实行殡葬改革，提倡公墓安葬。葬礼力求节俭，推进葬俗的男女平等。纯女户老人的葬礼，社居两委给予支持和帮助"。②

（四）公领域的变革：妇女参与修订村规民约，改变重男轻女的社区治理规则

私领域变革的序曲奏响之后，周村从2009年初开始着手修订村规民约，以改变社区规则为突破口，向集体与家庭同构的父权制挑战，重构

---

① 以下引用访谈材料，凡只注年月的，皆为中心成员欧阳秀珍访谈并整理材料，特此感谢。
② 引自安徽省长丰县和陕西省武功县项目试点村修订的村规民约。

性别平等的社区新规则。2009 年 3 月 10 日至 11 日"登封市周村村规民约修订研讨会"召开。村两委成员、村民组长、妇女组长与特邀代表共 23 人出席，协会成员景某等 10 名女性参与并见证了这次具有历史意义的活动。研讨会用参与式方法①使与会者首先明白了什么是村规民约和修订原则，其次让大家一起梳理以往村规民约与潜规则中性别不平等的表现，周村分配粮款的"十三条"成为修订村规民约的"活靶子"。②通过参与式方法的逐条分析，大家发现几乎每一条款都涉及性别平等的内容，中心老师用直观的图示，引导大家发现村庄规则与家庭规则在父权制结构上的惊人一致。根据大家提出的村规民约分类：村庄秩序维护、集体资源管理、实行计划生育、提倡文明新风，同时分组制定细则，将计划生育、国土资源、环境保护、男女平等、改革开放五大国策全部体现在村规民约的条款中。

接着分成三个组——两委组、妇女组与混合组进行讨论。经过认真与热烈的讨论，各组进行汇报，妇女组代表周某表达特别鲜明的妇女利益诉求，针对"十三条"和旧习惯进行修改：

女孩与男孩都有宅基地、责任田和其他优惠权利；家里不论有几个女孩只要本人愿意都可以招婿，和男孩享有同等待遇，有男孩的家庭也可以再招女婿……

各组对妇女组的条款经过讨论达成共识，写进村规民约。课题组成员惊喜地发现：农民一点也不固守老规矩，他们一旦认识到性别平等与村民自治的意义，找到促进转变的途径，就会立即转化为行动。

3 月 12 日周村召开村民代表大会，村文化大院的会议室里，满满当当坐了 70 多位村民代表，除了村干、村民代表，还特邀妇女手工艺协会成员。协会 12 名妇女骨干作为特邀妇女代表坐在前排，一个个笑容满

---

① 中心老师灵活运用判断选择、头脑风暴、答题竞赛、案例分析、小组讨论、专题讲座、图片图示、经验分享等参与式培训方法，分为入门、攻坚、收获三个具体环节开展。

② "闺女结婚后户口未迁出者不论时间长短一律不给粮款"（第 4 条）；"户口在本村人不在本村的不享受此待遇"（第 12 条）；对"事实婚姻户口不在本地者以补齐结婚手续的时间为限"（第 3 条）……讨论中还涉及没有写入文字而延续旧习俗对招婿的限制：有儿有女户不得招婿，纯女户只能一人招婿等"习惯法"。

面，怀揣着对新村规民约的期待，又为妇女能够堂堂正正参与社区决策而感到自豪。村支书和村主任联合主持，课题组代表做简要发言，大学生村官逐条宣读村规民约草案，会场气氛热烈至极，时而畅怀大笑，时而议论纷纷。争论激烈时，数个村民代表同时站起来发表意见，村主任拿起扩音器维持秩序，让大家一个个举手发言。体现性别平等的条款，如在男女分担家务、继承家产与照顾双方父母哪方优先以及招婿数目上有热烈争论，最终获得通过。

周村新村规民约中的重要突破有如下几点：第一，提高妇女地位，促进妇女参与社区事务。第二，促进婚姻与居住模式的变革，突破男婚女嫁"从夫居"的传统模式。其他还有：强调关爱、尊重女孩，纠正男孩偏好的条款第二十条、第二十一条；提倡新风，包括老人赡养、姓氏改革、男女分担家务等；全面提升村民对各项国策的认识（如人口计生、男女平等、环境保护、国土资源、节约能源等），促进意识观念的转变。

妇女积极推动将性别平等与公正纳入村规民约，从微观变化开始实质性地撼动父权制的性别结构，包括婚姻居所、家庭制度及其延伸的社区经济与政治资源配置的父权制规则。妇女扮演了社区变革的先锋队，妇女在公领域决策中的参与，改变了社区重男轻女资源分配规则。2010年以开始落实村规民约为契机，协会以提升领导力将变革引入深入持续发展阶段。深入参政，持续攻坚，取得阶段性成果，妇女向更多地区、人群分享自己的经验并用刺绣工艺将她们曾经辉煌的变革历史留给后人。

（五）悄然深刻的变革：打破妇女参与"村庄政治"和"国家政治"的二元对立

根据杨善华等所界定的农村妇女的"国家政治"参与和"村庄政治"参与概念，前者是国家所认可的参与范围，即一般意义上的妇女参政；后者则是村落社区所认可的参与范围，指妇女在村落社区实际生活中的参与，包括妇女为了维护和实现自家的物质利益和政治利益而参加村庄政治活动和公共事务，以及妇女对她们所认为的大事如祭祖、婚丧嫁娶等家族或家庭的重大事务的参与等（杨善华、柳莉，2005）。根据这种二元划分，周村妇女参与修订村规民约当属妇女参与"国家政治"的范畴。然而，现实中，写到纸上的条款不是自然而然就能兑现的，落实才是真正推动性别平等的乡村治理变革的关键。周村在修订村规民约之后，妇女积极推动条约落实的生动案例，揭示了妇女通过日常生活政治中的参与，进一步推进妇女的（国家）政治参与，进而推进家庭私领域中性别平等关系的演进路径。

新修订的村规民约公示不到半年，就出现了"王家事件"：王家有两女一子，儿子打工在外多年无音信，父母哀求二女儿公婆同意夫妇俩回周村照顾他们的晚年。2009年春节前，王家儿子突然从黑煤窑跑回家，不久娶了妻。该村民组少数人坚持要王家二女儿女婿离开周村，不然就停发口粮款。经过王妻周某的据理力争，协会的有力支持，以及村镇领导的干涉，2009年12月2日，由副镇长到周村召集村干部会议，才解决了问题。周某在一年后回忆说："俺们也和多数群众一起做反对派的工作。俺说：'谁家也不会光生男孩，不生闺女，谁的指头伸出来也不会一般齐。村规民约都规定得清清楚楚，咱也都举手同意的，咋能遇到事儿就变了呢？'大多数群众还是通情达理的，听了之后，就同意分粮食款；还有人反对，理由是给他分钱其他人就要少分；俺们给他们细算账，每口人只是少分2元多钱。关键是需要做工作，提高认识！"（2011.3）

该事件的圆满解决还引发另一桩新鲜事——2010年4月弋家成为周村有史以来有儿有女户招婿的第一家，这在过去想都不敢想。弋某说："儿子不懂事，指靠不住；闺女女婿'有成色'（河南方言：有本事，能干），老了不会动时，就不用太发愁了。我真尝到了新政策的甜头！……女婿的户口还没开回来，村干部就说，只要户口开回来，就分给他粮食款。要是再不给人家分，就是违法行为，说啥咱也不能那样干！"（2011.3）

以此为契机，2010年2月2日，周村两委在村委会大院举办"村规民约学习宣传誓师大会"，协会会员和妇女骨干以演唱、小品、快板、三句半等形式宣传村规民约，还与村支书一起演出以王家故事为原型的小品。300名村民出席大会，镇领导都参加了，使村规民约家喻户晓。活动结束后，村两委会议马上召开，特邀妇女代表参加，进一步讨论全面落实方案。宣传大会之后，村规民约家喻户晓。不但王家、弋家作为典型案例解决了村民待遇问题，连多年没有解决的问题也一件件兑现了，招女婿的、离婚丧偶的等都落实了村民待遇。此外，妇女也敏感地感受到家庭中夫妻关系的微妙变化。现在，周村男人干家务的多了，对妻子体贴、对老人孝敬成为新风尚。

2011年下半年，周村举行三年一次的换届选举中，协会妇女在这一轮村庄政治博弈中脱颖而出，从社区参与到深层参政，在打造以性别平等与社会公正的和谐社区为目标的改革中再次经受了锻炼，增长了才干，增强了凝聚力与领导力。除了一名连任妇女主任（村委委员），一名继续担任计生专干，还增加一名女会计（村委委员）。在监委会的投票选举中，通过游说拉票，另一名协会妇女当选。当选的监委主任说："这些日子，我真正感受到团结就是力量。竞选不是我自己的事，背后是我们的组织；如果当选，一定发挥监督财务、政务和落实村规民约的作用，提高参政水平！"2012年春节刚过，协会全体妇女成员受邀列席"村三委"会议，一起制定落实村规民约细则：细化性别平等的资源分配规则；提升妇女社区参与的配额比例；用行动推动重男轻女的丧葬风俗变革。协会妇女总结这四个月"妇女参政"经历，对自己的协会参政能力和智慧更有自信。她们用行动重新定义了基层妇女参政，进入权力、参与决策，而不再仅仅是辅佐男人主政，更不是单纯的娱乐健身和打扫公共场所卫生的劳力。①

四 案例启示：农村妇女参与社区治理的意涵与路径

（一）农村妇女参与是转型期实现乡村善治的有效保障

周村案例的理论意义集中起来，首要贡献是回应了妇女为何参与社

①　周村的经验不胫而走，吸引来自全国各地的同行"取经"，上级与各地领导专家的考察调研，协会所在周村文化大院成为来访者的接待站；协会妇女向源源不断的来访者分享自己的体会与成长。限于篇幅，不在此展开。

区治理的问题。在乡村社会转型期，乡村治理远比城市社区治理多样而复杂（陈潭、罗晓俊，2008）。农民"原子化"、村庄不平等的权力关系加剧、信任危机不断恶化、乡村社会资本衰落、组织化建设呈现"自上而下"的国家主导特征、"一事一议"存在严重隐患等问题，亟待多元化的、参与式的、透明且具有责信度的真正意义上的社区治理创新（李友梅，2007）。留守妇女作为农业生产和农村生活的主力军，通过发挥自己的能动性，启动、加强某些交换行为和减弱另外一些交换行为，以此构建起新的社会网络（吴惠芳、饶静，2010），当仁不让地应发展成为改善转型期乡村治理的主力军。本案例中，周村协会妇女在社区治理中的有效参与，修订性别不平等的资源分配规则，发挥个体和组织的能动性，将规则落到实处，撼动父权制社会结构中性别不平等的权力关系，进而推进男女平等的法律法规，实现从文本到现实的转化，被视为通过农村妇女有效参与社区治理，实现转型期乡村社会善治的价值所在。在当前的村庄征地或集体产权改制过程中，面对愈演愈烈的以"村规民约"为借口对"外嫁女"合法权益的全盘剥夺的情况，尤其需要从周村案例中借鉴经验：防患于未然，使妇女为代表的治理主体真正参与到社区决策中，改变重男轻女的资源分配规则和丧葬风俗，提倡婚嫁自由、婚居自由和养老模式多元化，从根源上保障妇女、老人等弱势群体的合法权益，重构基于性别平等的乡村社会权力关系，进而实现乡村社会的善治和平稳转型。

（二）农村妇女参与社区治理必须触动父权制社会结构

周村案例理论意义的另一大贡献是，回应了妇女如何参与社区治理的问题。周村十年来积累创造的经验是全球、本土、地方的，既互相影响，又具有独创性、语境性，在历史进程中发生的变革，也是当地社区妇女村民认同、接纳并共创的经验。既有研究普遍指出的农村妇女参政"流于形式"的根源所在，正是中国社会（特别是农村）既普遍又独特的复合型的父权制传统。以社区公共父权制的集体资源分配权是最具中国特色的，它与家庭父权制规则同构合辙互动，并与政府管理模式的父权制对妇女"父爱式"排斥完全一致。这些就构成了对妇女（以及男性）的内化压迫（力）的制度结构系统。因此，实现妇女在社区治理中的真正参与，必须触动父权制社会结构，消除包括妇女自身在内所持有的"男主外、女主内"的性别偏见，鼓励妇女在日常公共事务中的参与，以及村庄政治事务中的决策参与，推进乡村社区实现性别平等与社会公正。周村案例，探索了一条自上而下和自下而上良好互动的实现路径，一方面是当地 NGO、项目专家与当地政府的积极推动，另一方面是妇女通过合作组织、自下而上的有效参与。周村农村妇女参与社区治理的路径表明了：只有对父权制的解构与性别平等制度的重构，才能实现真正意义上的妇女社区参与；推进行之有效的积极变革，才能实现顺利对接现代国家治理体系。因此，推动农村妇女有效参与社区治理，首先必须从根源上解决我国农村社会发展进程中的这一对结构性冲突，必须从改变复合的父权制的结构性制度规则入手。

（三）以组织赋权为手段使妇女普遍参与社区日常治理

缺乏对妇女的个体激励、能力建设和社会支持，以及个人自信、受教育程度和能力不足等因素是形成制约农村妇女有效参与社区治理的另一大障碍。对妇女进行能力建设培训是既有研究普遍认可的对策，周村案例为我们展示了如何通过组织化手段来赋权妇女的过程。周村妇女的赋权实践是全方位的、渐进式的，而非一蹴而就的、单一目标的。以培育妇女手工协会这个经济组织平台为切入点，使妇女增加自尊、自信和主体意识，通过组织、结盟与社会动员进行积极变革的集体化平台，提升妇女的组织决策与领导能力。当个人具备内在控制能力（提高自信和意识的内在变革）时，才能克服外在的障碍，去获取资源并改变传统意识，提升经济权力（资源增加并改善分配）、社会权力（家庭/社会地位和位置）与政治权力（私人领域和公众事务中的决策）（Sen & Baltiwala，2000）。在中国农村社会的复合型父权制结构下，"通过组织增强权能"对农村妇女来说尤其重要。周村案例再一次证明个人增权最终只能使个人受益，很少能带来结构性和持久的变革，只有通过组织化的集体增权才能引发有意义的积极变革，实现妇女在社区治理中的真正参与。① 另外，周村妇女将分享自己成长的体会、社区参与的经验视为一种性别自觉与社会责任的体现，也是她们成长的自信。她们还渴望把自己参与推动的今天的变革经验留给后人，继续前进，这也体现了她们历史意识的自觉。

参考文献

蔡素星（2007）：《中国政府主导型妇女参政模式研究》，福建师范大学博士学位论文。

陈潭、罗晓俊（2008）：《中国乡村公共治理研究报告（1998—2008）——以CSSCI检索论文与主要著作为研究对象》，《公共管理学报》，（4），第9～17页。

丁娟等（2010）：《2005年以来中国妇女参政的进展与挑战》，《中华女子学院学报》，（1），第93～97页。

杜芳琴等（2002）：《贫困与社会性别：妇女发展与赋权——黄龙寺个案》，河南人民出版社。

郭于华（2003）：《心灵的集体化：陕北骥村农业合作化的女性记忆》，《中国社会科学》，（4），第79～92页。

蒋爱群等（2010）：《村两委中的女干部——基于全国七十个村庄的调查数据》，《中华女子学院学报》，（6），第81～85页。

李琴（2013）：《社会性别与政治代表意愿：女性代表能代表女性吗？》，《妇女研究论丛》，（2），第5～11页。

李实（2001）：《农村妇女的就业与收入——基于山西若干样本村的实证分析》，《中国社会科学》，（3），第56～69页。

李小云、林志斌（1999）：《性别与发展理论评述》，《社会学研究》，（5），第1～10页。

李友梅（2007）：《社区治理：公民社会的微观基础》，《社会》，（2），第159～168页。

刘术泉（2008）：《支持农村妇女参与村民自治的制度变迁研究》，华中师范大学硕士学位论文。

---

① 这里"参与"的主体具有自觉意识，主动、自愿、积极地加入成为组织或活动的真正主体；组织模式是紧密的、有结构的，成员之间是平等的，决策方式是民主的；明确有计划地为实现目标而共同努力（Arnstein，1969）。

闵冬潮（2012）：《关注配额　超越数字：比较中印两国妇女参政中的配额制》，《妇女研究论丛》，（1），第 62~70 页。

潘劲（2008）：《妇女参与合作社治理：现状、问题与对策——"妇女在合作社治理中的作用"国际研讨会综述》，《中国农村经济》，（2），第 76~80 页。

裴亚岚、刘筱红（2010）：《女性参与公共事务管理困境探析——以 20 位县级女干部为例》，《南京人口管理干部学院学报》，（3），第 21~26 页。

全国妇联（2011）：《第三期中国妇女社会地位调查主要数据报告》，《妇女研究论丛》，（11），第 8 页。

任杰（2007）：《全国百名女村官调查报告：社会性别的视角》，《中国行政管理》（4），第 97~100 页。

汪力斌等（2007）：《女村官参政执政的过程、特点和困难分析》，《农村经济》，（10），第 123~126 页。

王冬梅（2010）：《村落文化视野中"女村官"执政的反思——以河北 H 村为例》，《妇女研究论丛》，（4），第 52~57 页。

吴惠芳、饶静（2010）：《农村留守妇女的社会网络重构行动分析》，《中国农村观察》，（4），第 81~88 页。

笑冬（1999）：《一个基本的看法：妇女与农村工业化》，《社会学研究》，（5），第 23~35 页。

许敏敏（2002）：《走出私人领域——从农村妇女在家庭工厂中的作用看妇女地位》，《社会学研究》，（1），第 108~119 页。

杨敏（2005）：《公民参与、群众参与与社区参与》，《社会》，（5），第 78~95 页。

杨善华、柳莉（2005）：《日常生活政治化与农村妇女的公共参与——以宁夏 Y 市郊区巴村为例》，《中国社会科学》，（3），第 117~125 页。

张原（2011）：《中国农村留守妇女的劳动供给模式及其家庭福利效应》，《农业经济问题》，（5），第 39~47 页。

赵捷（2000）：《赋权妇女的途径：探索其主体能动性——社区发展项目中的 PRA 活动与倡导 GENDER 的实践与思考》，载高小贤主编：《社会性别与发展在中国：回顾与展望》，陕西人民出版社。

中央党校妇女研究中心、性别平等政策倡导课题组（2009）：《悄然而深刻的变革——周村村规民约修订纪实》，河南人民出版社。

〔加〕库克，丽贝卡·J.（2001）：《何谓"妇女的国际人权"？妇女的人权——国家和国际的视角》，黄列译，中国社会科学出版社。

Arnstein S. R. (1969), "A Ladder of Citizen Participation", 35 (4) *Journal of the American Institute of Planners*, pp. 216 – 224.

Moser C. (1989), "Gender Planning in the Third World: Meeting Practical and Strategic Gender Needs", 17 (11) *World Development*, pp. 39 – 40. Sen, G. & Baltiwala, S. (2000), "Empowering Women for Reproductive Rights", in H. Presser & G. Sen (eds.), *Women's Empowerment and Demographic Process*, New York: Oxford University Press.

A Discussion of Effective Approaches for Chinese Rural Women to Participate in Community Governance ——Case Study on Zhou Village in Dengfeng, Henan

Wang Xiaoli, Du Fangqin and Li Huiying

$\mathcal{NP}$

Abstract: The participation in community governance of rural women not only requires increases to the proportion of rural women participating in politics and improving competence in governance, but also involves the question of how they participate in community governance and how to ensure their true participation. The recently introduced quota policy for political participation of rural women provides a great boost to the proportion of women in politics, but in a rural social structure in which patriarchy remains dominant, women participating in politics are often unable to represent their interests and gender needs due to inadequate subjective consciousness and capabilities, with their participation virtually nothing more than a formality. With an analysis of Zhou Village's experience in successfully promoting the empowerment of rural women so that they may truly participate in community governance and then proceed to promote the structural reform in the community, this paper examines the effective approaches taken over the past decade for rural women's participation in community governance, and the far-reaching effects that their participation has had on individual status, economy, society and culture. The experience of Zhou Village, which has been a result of in-

中国农村妇女参与社区治理的有效路径探讨

teraction, is global and local, original and contextual. Recognized, accepted and co-created by local women and other villagers, it will offer a special contribution to the ongoing social governance transformation in rural China.

Keywords: Rural areas; Community governance; Women's participation

（责任编辑　李长文　林志刚）

失独群体的"协作维权"
及其互动机制

——基于"失独者之家"网络社区的
虚拟民族志研究

董　阳　陈晓旭*

【摘要】作为独生子女政策的产物，失独群体已成为一个日益庞大的社会群体。该群体内部以及与外部环境的社会关系和互动机制成为了一个值得探讨的问题。运用虚拟民族志的方法，选取"失独者之家"网络社区作为个案，通过对失独者在群体中的融入、"抱团取暖"、协作维权、群体分化、再次维权等互动过程的描述，分析该群体内部的特征和机制，进而更好地了解其生存状况和诉求。

【关键词】失独群体　虚拟民族志　社会关系　互动机制

"计划生育"作为一项基本国策，已经实施三十多年。这项政策作为"现代性的逻辑产物"，以"科学信仰"来塑造独生子女政策的合法性，以医学技术作为身体控制的微观基础，以人口统计作为国家

---

* 董阳，中国科学院大学公共管理与科技政策系博士研究生；陈晓旭，华北电力大学人文社会科学学院行政管理专业本科生。

治理的权力技术（陈恩，2012）。这项政策基于理性的考量，遏制了人口过快增长所带来的经济、社会压力，但同时也形成了规模极为庞大的独生子女家庭。2013 年 2 月，全国老龄办发布的《中国老龄事业发展报告（2013）》显示，2012 年，中国至少有 100 万个失独家庭，200 万位"失独父母"，他们正在或将要面临巨大的精神、医疗和养老困难。

家庭是"由一些亲密者组成、并能够提供社会支持的团体，其成员在遭遇躯体或情感危机时能向其寻求帮助"（Smilkstein，1980）。由此可见，家庭的概念包括了结构与功能两个方面，家庭结构与家庭功能则是相互关联、相互影响的。作为首属群体，家庭具有其他群体和组织难以替代的功能。其中，子女是夫妻关系维系的重要纽带，父母子女组成的家庭是社会结构中的基本三角，夫妻间的关系因子女的存在而得到固定（费孝通，1999：12）。独生子女作为"家庭中同父母进行代际价值交换的唯一对象、家庭中同父母进行亲子社会互动的唯一对象、父母老年社会保障所依赖的唯一对象"（风笑天，1991），其在家庭中的地位不可或缺。有学者认为，"独生子女家庭本质上是风险家庭"（穆光宗，2004）。独生子女的死亡对于家庭结构和家庭功能都产生了极为严重的影响：对于家庭结构的破坏，表现为"家庭人口要素的异常减少、家庭模式要素的致命改变"；对于家庭功能的破坏，表现为"家庭凝聚力和问题解决能力的下降、家庭传承系统的中断、家庭平衡系统的紊乱"（张必春、陈伟东，2013）。

2007 年 8 月，原人口计生委发布《关于印发全国独生子女伤残死亡家庭扶助制度试点方案的通知》，从政策角度对于"独生子女伤残死亡家庭"这一群体做出界定。有别于官方话语中的"独生子女死亡伤残家庭"，"失独"一词最早出自《新华每日电讯》2012 年 3 月 22 日刊载的一篇题为《"失独"之痛需社会抚慰》的报道。2012 年 5 月 9 日，《广州日报》上一篇题为《全国失去独生子女家庭超百万，失独群体日益庞大》的报道则首次将失去独生子女的父母称为"失独群体"。

目前，学界对于失独群体没有统一的定义，因此，在定义"失独群体"之前，需要对与之相关的"独生子女父母"的概念予以厘清。独生子女政策是 1979 年颁布随之推行全国，但是"城镇家庭如果在1978 年生育了第一个子女，1979 年以后，不会允许生育二胎，那么，实际的独生子女可以向前延伸到 1978 年出生队列"（吴要武，2013）。所以，"独生子女父母"指的是受独生子女政策影响，1978 年后生育，且只生育一个子女的父母。同时，需要考虑的另一个要素是失独群体的年龄问题，"失独"不仅意味着独生子女的丧失，同样也暗含着这一群体已失去再生育能力。因而，这类人群应当进入了中老年阶段，即出生于新中国成立之后的中老年群体，"受其成长历程中独特的社会背景、社会事件的影响，他们在人口、社会、经济特征等方面均呈现出与新中国建立之前人口群体不同的特点"（姚远、陈昫，2013）。综合相关研究，将"失独群体"定义为：受独生子女政策影响，只生育一个子女，且独生子女死亡后，由于年龄等原因，不具备再生育能力的父母。而这类人群通常属于中老年群体，往往面临着健康、养老等问题，负担较重，甚至成为"求助无门、维权无据、病无所医、老无所养"的"四无"群体，处于被边缘化的尴尬境地（谢勇才等，2013）。较之于经济上的补偿而言，失独者的情感需求和精神慰藉更加难以弥补（李兰永、王秀银，2008）。

一 问题的提出

国内学界对于失独问题的早期研究主要集中于社会风险角度，包括独生子女家庭丧子概率（姜全保、郭震威，2008），尤其是伤残死亡独生子女母亲人数的测算（王广州等，2008）。近年来，也有相当一部分研究从社会保障的角度来研究失独问题，重点探讨独生子女不幸死亡的家庭对优先优惠计生政策的需求（洪娜，2011），独生子女伤残死亡家庭扶助与社会保障政策的供给（刘岚，2008），主张对成年独生子女意外伤亡家庭应当实现补偿与关爱并重（王秀银、李兰永，2004）。在这一方面，相关研究更多地侧重于国家责任和政府义务，指出"失独"问题折射出国家对个体"生命历程"政策机制的失效，应当进行结构性纠偏、功能性补偿和风险管理（程中兴，2013），并认为"国家共同体在其国家伦理环境中无论是家长主义还是所谓的契约主义都应倾力主张"对失独人群的权利实施救济（张祺乐，2013），"执行人口政策带来的风险国家有责任负担"（周天鸿，2012）。有学者基于社会断裂和社会支持理论的解释范式，认为失独群体生活满意度低，社会关系断裂，社会支持匮乏，表现为与社会、社区和他人的社会关系断裂，已然"处于被社会边缘化、与他人社会关系断裂的最弱势群体"（方曙光，2013）。

综上所述，目前的研究更多的是从人口学的学科范式出发，从一种宏观的视角关注失独问题的产生、现状以及对策，"在对独生子女死亡问题的分析上基本都是自上而下的政府意识建构"（陈雯，2012）。然而，从人类学的学科范式出发，对于失独者社会关系、社会网络的研究，尤其从微观视角对失独人群内部的生存状况和互动机制的"深描"尚且比较缺乏。众所周知，人口学突出的是群体的外在特征，人类学突出的是群体的内在联系。单纯地将失独群体作为一个政策目标群体，而不是具有真正内在互动联系的人类学群体，研究将难以挖掘失独群体的深层次需求。

因此，尝试对失独群体的人际关系变化，以及失独人群之间的互动关系进行一种微观的、内在化的观察和分析，有助于更加深入地了解这类群体的生存状况和实际诉求，并且很有必要。失独人群的独特经历往往能够影响其世界观、人生观、价值观，只有充分、深入、细致地挖掘这一人群内部的相互关系和互动机制，通过分析这一群体对于情感、社交、权益等不同层次的需求，关注失独人群如何通过发挥自身的能动性以改善自身生存状态，以及失独者之间的心理重构、自力救济和自我互动，更加客观、具体地分析该群体的具体处境和潜在风险，才能真正为失独问题的解决提供行之有效的对策。

二 研究方法：虚拟民族志

作为现实中的弱势群体，失独人群自发地（也有部分志愿者参与）在网络上建立了相应的网络社区，开展自助和互助，诸如"失独者之家"、"中国失独者"、"失独者家园"和"星星港"等，以及各地的失独者 QQ 群。众多的失独者网络社区也为"局外人"打开了一扇窗口，让外界得以洞见失独人群的关系和互动机制。本研究希望借助于虚拟民族志（卜玉梅，2012）的方法，基于对失独者网络社群的参与式观察和在线访谈，深入分析失独者之间的互动。

网络空间本身可以视为一种"异域"，一种"他者"的文化（杨立雄，2013），因此可以采用民族志的方法来开展研究。虚拟民族志是一种在虚拟网络环境中，针对虚拟网络或利用虚拟网络开展的一种民族志研究（Hine，2000：2），是一种与网络虚拟空间相关的田野工作的文本输出，相对文化人类学的方法而言，虚拟民族志是对在线文化的文本记述（Kozinets，1997）。虚拟民族志更类似一种交流民族志，"着重研究一个文化群体内成员之间以及不同文化群体之间的社会互动模式，考察微观层面的互动方式与宏观层面的社会文化结构之间的联系"（陈向明，2011：55）。

虚拟民族志的研究需要选取特定的失独者网络社区作为研究对象。基于前期对于"中国失独者"等网络社区的初步分析，将"失独者之家"作为研究个案。"失独者之家"是一个全国性的网络论坛，注册用户总数超过 1000 人，总发帖量超过 2000 条，是规模较大的失独者网络社区，并且通过用户注册信息和网帖的文本分析，可以得知其成员构成异质性也相对较强，而且，"失独者之家"可以链接较多的失独者 QQ 群，实现失独人群之间的即时通信与交流，具有一定的典型性和代表性。

综上所述，本研究将选取"失独者之家"网络社区作为个案，建构一个虚拟的田野研究场域（Leander & McKim，2003），通过参与式观察和在线访谈，以及聊天记录的话语分析，深入挖掘失独人群的沟通和互动过程，从群体内的认知和议题的变迁，探究其"抱团取暖"和"协作维权"等事件背后的组织化机制，从一种微观的、内在的视角来解析失独人群的社会心理状态。

三 "抱团取暖"：基于共同感受①的
网络自组织

独生子女的死亡事件意味着"无法维持正常的社会交往和社会互动的失独家庭则面临着被边缘化的风险"（王宁、刘珍，2012）。独生子女的缺失，导致了传统家庭结构的破坏，进而演变为家庭原本具有的社会功能的丧失。因为不具备相同经历的人群往往无法感知同样的情感，在这一因素的作用下，极有可能导致家庭与其原先所处的社会关系网络之间的断裂。

当失独事件发生之后，失独者会自动地"落入或感到其所属的社会类别"，基于自我界定和社会比较，形成了新的社会认同。"失独者"的符号成为一种社会交往中的伤疤，既会成为其自身不堪回首的痛苦回忆，又会为交往对象设置交流禁区。

"我害怕别人提到孩子，害怕听到关于孩子的一切。虽然我自己知道很多人是没有恶意，但是有一次无意中听到一句'小一辈断子绝孙，是老一辈没积德'，我仿佛五雷轰顶，怨恨自己没有多做善事。"（2012 网友"南飞燕"）

现实世界中，失独人群与其他群体的交往互动过程中，难以分享共同感受，这些不同群体之间的互动机制只能够体现为一种同情感机制，甚至不是实质意义上的"同情"（即可以建构的事实）功能，而只是停留于外人"理解"（即对遭遇主体的主观认知）的层面。而同情感机制的失灵所引发的一系列人际交往困境，使得失独人群的社会适应能力大大弱化（张必春、邵占鹏，2013）。这样的状况，使得失独者萌生了逃离的意愿，主动退出原先的社会网络，并逐渐将自己边缘化，中断日常的社会交往，不再维持以往的社会关系。

---

① 舍勒区分出了四种感受状态：共同感受（Miteinanderfhlen）、同情感（Mitgefhl）、感受感染（Gefhlsansteckung）、同一感（Einsfhlung）。"共同感受出现在这样的情况下，如当充满悲伤的父母肩并肩伫立于爱子的遗体旁，他们互相感受着同样的悲伤，'同一种'痛苦。它不能分解为我的感受和他的感受以及我们互相对彼此感受的知识。"（张任之，2003）

"刚出事那会儿，我整夜睁着眼睡不着觉，在家、在熟人面前都不敢哭，只能偷偷地哭。这里（'失独者之家'）是个互相倾诉的好地方，因为彼此都了解心里的痛。"（2012 网友"文麟"）

　　正如"文麟"一般，许多失独者加入"失独者之家"网络社区，最初都是基于一种自发的、个体化的，甚至十分偶然的动机，就是希望"抱团取暖"。对于个体而言，生活境遇是导致焦虑的最重要因素，而对于群体而言，共同的境遇又将促进群体认同的形成，进而分享各自的焦虑（华红琴、翁定军，2013）。在失独群体的网络社区中，每一名失独者都有着相同的经历，分享着共同的人生体验，能够相互给予理解和关怀。在失独者之间，有一个共同的称呼——"同命人"。

　　"失独者之家是一个家庭，每一个加入进来的失独者都会有一种亲情重建的感觉。丧子之痛连亲戚朋友都无法完全理解，只有相同境遇的人才能真正理解同命人。"（2013 网友"海韵"）

　　"同命人"称呼形成了一个符号，既是对于现实社会关系的表达，又是对于现实的一种建构，更加拉近了失独群体彼此间的距离，从而更加强化了这一社会网络的联结作用。可以说，"失独者之家"网络社区是为失独者而生，又是因失独者参与和互动而存在。"深度参与强化了论坛使用者的群体归属感，同时，是论坛使用者对群体归属感的渴望促成了深度参与。"（陈红梅，2005）

　　"原来我以为自己是世界上最不幸的人，现在我发现大家很多都比我更不幸。"（2012 网友"笨笨妈"）

　　当人们遭遇失独这样的消极生活事件时，则更倾向于进行下行比较，通过寻找和发现比自身境遇更糟糕的"他者"，降低自我评价的参照点，来维持自己的主观感受和积极的自我评价（邢淑芬、俞国良，2006）。互联网为失独者提供了一个跨越地域和人际网络的交流平台，这一平台上的不同参与者之间的社会情境线索（如地理位置、地位、年龄等）较弱（乔伊森，2010：33），类似于一种"网上陌生人社会"，可以有助于失独者摆脱原有社会网络的羁绊。同时，由于共同的失独经历，失独人群在虚拟的网络社区中找到了情感的皈依，基于共同感受，分享着"同一种"痛苦。

对大多数个体而言，公共参与通常是基于很"自我"的动机，始于一个非常个人化的层次，其主要目标是改善生活境遇（贺美德、鲁纳，2011：14）。与同类群体，即有着同样失独经历的父母进行交往，相互之间处境相同，因而在心理地位上实现了平等。以社会交往为目的的网络平台形成了一个公共空间，创造了新的社会资本，能够更好地促进认同的建构。在互帮互助中，失独人群从原来的原子化个体开始向着有共同情感和共同价值的共同体转变，形成了一种涂尔干所说的"机械团结"。

四　协作维权：失独者权利意识的启蒙

社会网络不但在塑造个体态度上发挥着政治社会化的功能，而且在公民寻求合作中也起到了横向的联络和动员功能（Jenkins，1983），同一类人群内部的"对话可以产生彼此的认同感和掌握自己的生活、促成社会变革的力量感"（Rogers，2003）。失独者加入"失独者之家"网络社区，多是基于一种自发的、寻求共同感受的动机，是源于情感上的需求。伴随着情感需求的不断得到满足，失独人群的权利意识和理性诉求逐渐开始上升。

"失独者的维权有一个启蒙的过程，我刚刚加入失独者之家时，大家在群里发的大多是取暖安慰的话。那时，当群中有人提出维护失独者权益时，我一脸茫然。"（2013 网友"南飞燕"）

尤其是随着失独人群走出丧子之痛后，便需要重新审视自身的权益，特别是由失独问题而带来的关于养老等一系列问题。失独人群通过网上聊天，线下活动，来积极寻找机会和生存空间，"这种具体的实践行为背后潜藏的是他们对现有的社会养老模式的抗争"（魏银，2013）。任何社会集体行动的最终形成，一定是情感和理性共同作用的结果，同样，失独群体也存在这两者因素，即失去独生子女的悲痛和对于自身权益的合法诉求。这两大因素的交叠作用，构成了失独人群开展集体行动的主观条件。

"我们失独者进失独者之家是为的什么？大多数都认为进这样的群是为了抱团取暖，但是，大家发自内心地问问自己：你取到暖了吗？……

有人仅把这个群体简单地当成了发泄的场所，没有认真地去思考我们立群的宗旨和目的是什么！……相同命运的人组在一起，是为了维护共同的权益的。人多力量大，力量大，自然作用也大……我们今天相聚在一起最主要的目的是抱团维权，……我们立群的目的是为了团结一切可以团结的力量，与愿意帮助我们的人一起，……向不幸、向命运抗争！"（2012 网友"雪天恨"）

当"失独者之家"网络平台上出现了这样的声音，那些失独之痛逐渐平复的失独者们的注意力逐渐从"抱团取暖"转移到"抱团维权"上，声音也逐渐理性化。失独者的网络社区开始演变为一个具有明确目标的松散组织，组织的核心议题也从失独者个体自发的、异质性的诉求逐渐地收敛，集中为一套较为完整的利益诉求。组织的结构和目标通常可以被视为"组织过程自身的产物"，进入了"组织内的互动和协商的社会过程"，因此，"组织仅仅构成了交换和冲突的背景、各种相互矛盾的理性汇合的地方、调节和决策得以进行和实施的场所"（李友梅，2009）。

"我们的一生是为国家富强奋斗的一生，现在我们老无所依，我们的生命不会长久，因为我们每天都在承受着巨大的精神压力。我们的妻或夫是我们的精神寄托，我们在相互搀扶共度余生。我们不怕死，但我们害怕从病到死的过程，因为我们不知道谁是我们的依靠，在这个物质的社会我们能相信谁……我们要大声疾呼政府要管我们，政府必须管我们，我们的一生奉献给了国家，我们不能老无所依死无所葬。"（2013 网友"淡定"）

失独者从情感交流到参与"维权"类的公共事务，这不是个体的决定，而是在相互影响中作出的决定；"是否参与并不取决于他们自身特定的态度，而取决于其身处的社会网络"（Passy & Giugni，2001），其行动"嵌入了具体的、不间断的社会关系系统中"（Granovetter，1985）。

在网络沟通和协商的过程中，失独者们之中渐渐地涌现了一些较为突出的个体。例如，来自辽宁的失独者"笛儿的妈妈"，她的故事已被凤凰卫视等多家媒体所报道。许多失独者之所以加入网络社区，也正是受到其影响，因此，她在失独群体中享有较高的威望。"笛儿的妈妈"从2010 年起，四次进京上访，向国家计划生育委员会表达自己的利益诉求。

因此，当维权的诉求成为失独者网络社区中的重要议题之后，"笛儿的妈妈"便自然而然地成为其中的领袖人物。网络影响力的形成，不仅在于"维权"这一议题本身所具有的重要性和话题性，还与意见领袖的扩散和动员密切相关（曾繁旭、黄广生，2012）。

"'失独者之家'是一个特殊的聊天平台，是这些人的自然属性——失去唯一的独生子女，使这些人走到了一起。除了具备以上功能外，还具有网友之间都有共同的权益关系特性，几乎所有的失独者群都是为了一个目标——维权。这是有别于其他性质的 BBS。失独者之家可以视为失独者的虚拟的维权组织。网上经常讨论应该如何维护自己的权益，大家应该如何去做的问题。因此也产生了大家公认维权领军人物。"（2012 网友"沈阳洪哥"）

以"笛儿的妈妈"为代表，"失独者之家"网络社区上开始着手组织一次去国家计划生育委员会上访的行动。网络上有人提议，"现在'上访'这个词太敏感，尤其是十八大前夕，咱们改称'维权'吧！"（2012 网友"渴望真诚"）这一提议受到广泛的响应。可见，失独者的此次行动更多基于一种理性的考量，而非简单的情感宣泄。经协商，维权的时间定在了 2012 年 6 月 5 日，并起草了《关于要求给予失独父母国家补偿的申请》。

网络社区为失独者的集体行动提供了"动员结构"，即"能够促使个人和组织组织参与集体行动的机制，可以是社会结构或斗争手段"，这一视角将正式的组织网络和非正式的人际关系看作动员结构的重要构成要素（McAdam et al.，1996）。在线的公共讨论能够对"维权"事件进行诠释，形成共识，成为线下直接行动的基础（黄荣贵，2010）。

"2012 年 6 月 5 日，来自全国的 80 位失独者齐聚北京，依法维权。我们的诉求是：希望得到相应的经济补偿，由政府给失独者提供集中的廉租社区；希望相关部门出台相应的制度和法规，明确管理失独群体的机构，让失独者知道出了问题该去找谁……由于计生委领导一直不愿出来见我们，我们几个姐妹突然想到，应该通过网络把这里发生的一切传递出去，于是，有的用手机上网，通过'失独者之家'发出信息，呼吁在家的人能来就来，能找新闻媒体介入的也别闲着；有的打开平板电脑登录国内知名论坛发帖，很快在线的失独者们群情激愤，当场就有不少人决定马上买票进京，参与这场维权行动……国家计生委终于相约与 5 位失独者代表座谈。这 5 位代表是：辽宁－笛儿的妈妈、北京－潘教授、武汉－想想、上海－亲亲宝贝、黑龙江－心碎。"（2012 网友"海琴"）

显然，在失独者网络社区中，基于网络影响力，形成了一批具有较强话语权的草根精英。他们成为整个维权活动的发起者和领军人，在网络话语场中处于较为中心的地位，拥有较强的能量。其他的失独者自愿地团结在其周围。

"在'笛儿的妈妈'及'潘教授'、'思彬'、'无奈'、'想想'、'诚诚爸'、'心中的歌子'等一大批同命人代表们的引领推动下，我们的维权已取得了初步的胜利。"（2012 网友"携手为明天"）

在"失独者之家"网络平台上，失独者们普遍认为此次维权行动是成功的。多数失独者（包括未参与维权行动的失独者）对于计生委的"三四个月之内，研究出一个'制度框架'"的承诺表示满意，并充满期待。与此同时，"笛儿的妈妈"等一批维权领袖的威望上升到了极高的地位。"失独者之家"网络社区通过集体行动的开展，建构了群体中的"领袖"和"英雄"，从而也更加强化了社群的自我认同感和使命感。

五 群体分化：源于认知的冲突

一个集体行动体系的最低条件是：行动者依循着动机来适应情景；行动者之间存在着一套稳定的相互期待；行动者之间正在发生的事具有一套共享的意义（沃特斯、杨善华，2000：153）。失独人群之所以能够基于网络平台而形成现实情境中的集体行动，主要是源自一个共享的目标和对于达成这一目标的"稳定的相互期待"。然而，当这一目标不能够得以实现，这一行动体系就会产生诸多不稳定因素，甚至面临瓦解的风险。

经历了四个月的漫长等待之后，计生委的"承诺"最终没有得以兑现，并以"需要多部门协调"为由给予草率的回应。"失独者之家"网络社区中的网友们纷纷表达了不满的情绪：

"百日已过，我们倾心企盼的国家对失独者的扶助政策仍未出台，春节、清明这两个炼狱鬼关我们熬过来了，我们虽然心肠痛断，但我们也要有尊严地活下去，我们生长在共和国的土地上，我们有权力寻求一个好的归宿。"（2012 网友"博美美"）

"当年执行政策时有人监督和管理，是一个计生委的事。现在我们失独了，却没有部门能为我们做出合理解释了，要解决问题时一个计生委又解决不了，要几人部门联合统筹，我们还能等待多久？"（2012 网友"小鱼儿"）

与此同时，有一些失独者则坚持认为，维权行动已取得了"初步的胜利"，政策的出台需要时间，需要长期的努力，并充分肯定了"笛儿的妈妈"等维权领袖们在整个行动过程中所起到的作用。

"虽然距我们所诉求的还有相当的差距，但已迫使各省在制定新的政策来提高扶助金标准。目前，有的省已经出台了提高扶助金标准的政策，有的正在运作过程中。这不就是我们的成果所在吗？为此笛妈妈们为我们做了太多太多的前期铺垫，如果没有笛妈妈们所做的这些努力，根本没有今天结果。……我们维权的道路还很漫长，不是一蹴而就的，需要我们大家不懈的努力，只有这样，才能实现我们的共同愿望！"（2012 网友"山岭"）

"失独者之家"上的失独者多属于中老年群体，甚至有很多"共和国同龄人"，都曾经历过"大跃进"、"文化大革命"及"上山下乡"等"红色年代"的重大事件，受到过正统的革命教育。因此，在思想意识中依旧保留着深厚的爱国主义情怀。在他们的话语中，随处可见"国家"、"祖国"及"党"等词语，集体主义色彩极为浓厚。

"2012 年 6 月 5 日维权行动时，在计生委大门口，我们还发现有两个人在录像，问之，原来是日本东京电台的记者，这下引起我们极大的愤慨，尽管国家对我们这群人有失公允，但国家利益大于一切。我们不允许日本人歪曲事实。我们这些人，生在新中国，长在红旗下，每个人都深爱自己的国家，我们把祖国比母亲，家丑不可外扬，这个道理我们懂得。于是，在我们强烈的抗议下，日本记者乖乖地交出了影像卡。"（2012 网友"与非"）

"我们这些爸爸妈妈尽管有一肚子的怨气，但在国家利益和个人利益上，是那么的一致以国家利益为重。"（2012 网友"无奈"）

然而，在失独者中，同样存在着一部分人，他们经历了中年丧子之痛，"我们响应国家的号召，只生了一个孩子，万没想到孩子会先我们而去，这种打击是毁灭性的，令我们痛彻肺腑，无法承受，我们跌入万劫不复的深渊"。（2013 网友"白化"）失独之痛冲淡了他们对于国家的热爱，使之开始反思"计划生育"这一基本国策的合法性，甚至对其产生了一种"莫名的愤慨"。

"别唱高调了，我们都这样了，还想什么国家不国家的，是国家'基本国策'的刚性要求，造成了我们'失独'的悲剧。而后，国家又不敢于正视其所衍生的恶果，随之又视而不见，弃之不管，迟迟不肯从根本上解决问题。因此，在这个时候我们无法冷静，更高尚不了，有的只是义愤填膺！怒发冲冠！"（2012 网友"坤陵"）

当这两种观点相遇时，必然会发生激烈的碰撞。尤其是当得知国家计生委并没有兑现自己的承诺，网友"沉默"等人提出要在党的十八大召开前夕，再组织一次进京维权的行动，借此对计生部门施以压力。然而，"笛儿的妈妈"等一批网友，尤其是 6 月 5 日维权行动中的骨干力量则认为这是"趁着国家有事情的时候去添乱子"，持坚决反对的态度。

【一次在线讨论】

沉默：现在政府官员不都是这样吗？你推一推，他动一动。什么都得一步一步来，但得去做，不能等。现在是多好的机会啊！

笛儿的妈妈：你说现在是好机会，这个观点我可不敢苟同。现在是什么好机会呢？

沉默：就是现在当官都怕上访，要不让上访，就得解决问题。

笛儿的妈妈：人家不是怕上访，是国家需要稳定，因为国家要开党代会。

沉默：这就是机会。我们都这个样了，还考虑国家吗？

笛儿的妈妈：你如果用这个要挟国家，那你这个人起码是缺少正直和善良。

沉默：呵呵，不敢苟同。再说国家管我们了吗？

笛儿的妈妈：国家没管你，谁又管你了呢？

沉默：我不找，谁来管我？

笛儿的妈妈：找不是不对，我们都找了好几年了，但是，我们不能趁着国家有事情的时候去添乱子。

沉默：第一，我没那么高尚；第二，我对得起国家。

笛儿的妈妈：不高尚没关系，不要乘人之危就好。

沉默：不理解。什么事都有机会，机会错过了，就没有了！！！

笛儿的妈妈：我们的事情是非要在这个时候解决不可吗？现在国家需要稳定，你不知道啊？？？

沉默：呵呵，那是你认为的。

笛儿的妈妈：连什么是大，什么是小都不分！个人和国家比，个人的事再大也要服从国家。我们和国家不是敌我矛盾，我们和国家只是社会分配不公的矛盾，我们不能在国家需要稳定的紧急关头去给国家添乱，有什么事情不能采取正当的方式方法去解决呢？

沉默：呵呵，高调就不要了吧！

笛儿的妈妈：你们非要把我们群体弄成国家的对立面才肯罢休吗？

沉默：那我们只有等了？

笛儿的妈妈：暂时的等待，不是不做努力，也不只是消极等待，要做的事情很多。

事实上，这次争论只是两种观点的交锋，源于不同认知的冲突。但这样的"对话"使得"失独者之家"网络平台上的矛盾公开化，甚至使冲突不断地扩散（Schattschneider，1963）。"在对待维权的问题上我们群体内部出现的不同观点和呼声，可以说形成了两个'阵营'，因此也就有了两种不同的声音。"（2013 网友"携手为明天"）

"当前，有人想乘党的'十八大'召开之际进京上访，会有意外'收获'，这部分人是极少数的激进者；一方面，以'笛儿的妈妈'为主要代表的大多数人把握方向，顾全大局，以维护国家非常时期的安定局面为重，反对把国家最需要稳定的时候当成上访的好机会。"（2012 网友"万里马"）

"有个别的失独者，在维权路上丧失人格，孤芳自赏，杜撰噱头，谎话惑众，指手画脚，阻碍失独者维权，下达'指令'不让失独者要求政府提高扶助金、不要去做维权的行动；更卑鄙的是制造事端，排挤、诋毁维权的人，自以为失独者维权没有她（他）就不行，这种人品低下的人，在失独者们取得的维权成果面前，停止你们间的肉麻献媚吹捧，摘下面具、收起你们没有人格的所作所为；如果个别还没有完全丧失良知的人，能放弃阻挠失独者维权的卑鄙行为，重新做人，失独者们会给你改正的机会。"（2012 网友"明文"）

"笛妈是普通的人，不是神，过分地用领袖这样名词非常不妥，会迷失自己，迷失整个群体的意识意志，迷失笛妈。"（2012 网友"求实"）

"伴随着讨论的扩大化，'沉默'等人被打上了'极少数的激进者'或'否定六·五维权'"（2012 网友"qinguitang"）的标签，而"笛儿的妈妈"等人则被描绘成"丧失人格，孤芳自赏"。在一些"粗暴站队"或者"简单标签"式的舆论引导下，其他失独者的参与度不断扩大，事件不断地发酵。

在激烈的冲突之后，"笛儿的妈妈"和"沉默"这两个处于冲突中最核心地位的人物先后退出了"失独者之家"网络社区。他们的退出，使得原先激烈的争论逐渐沉寂了下来，但是，也使得"失独者之家"再也不复往日的"大家庭"氛围。

六 再次维权：失独群体的重新整合

经历了"失独者之家"网络社区中的争论，失独群体似乎出现了分化，再也无法凝聚在一起，而且，"笛儿的妈妈"等原先的维权行动带头人又相继退出。然而，失独者维权的使命并没有真正完成，相关部门的承诺尚且没有真正兑现，因此，必须将失独群体重新整合，再次前往国家计生委开展维权。

来自上海的失独者"无奈"吸取之前的教训，发现此前两个"阵营"争议的焦点在于是否应该在"国家有事情的时候"进京维权，因而，应当提出避免在"十八大"和"两会"等政治敏感时期开展维权，提议2013年1月7日（取"一起"之意）"重访"国家计生委。这一提议得到失独者们的广泛响应。

两大"阵营"之间的冲突主要在认知的不同，然而二者的最终目的是一致的，都是要维护失独群体的合法权益。但是，二者之间长时间的无序、无效对峙，更加无益于维权问题的解决。这样的僵持状态，迫使"无奈"等一些参与者开始反思，并调整与对方"阵营"的互动策略。此类率先自我反思的社会问题参与者被称为"关键社群"（Rochon，2000：13），触发更广泛的共识，推动议题的转变和重塑。

在"失独者之家"网络平台上，响应2013年1月7日维权行动的人数众多。最终，赴京参与维权的失独者共148人，分别来自全国12个省市，较上次规模更大。其中，2012年6月5日参与维权的失独者中大部分人都参与了此次维权。而且，此次维权行动更具自发性质，不再有"笛儿的妈妈"等具有较强话语权的意见领袖。

"我们没有头，这是事实，是铁的事实。完全是个人行为……我们这次维权一个主题，希望国家计生委等部门尽快出台相关政策，改善我们失独家庭的生存现状，为我们余生养老担责，促成六·五维权结果的早日兑现。我们的生活没有奔头，我们的余生很有限。我们年轻时把生育能力献给党，我们失独父母的晚年要靠党和政府来帮扶。我们的要求一点都不高。"（2013网友"辽宁春天"）

在此次维权行动中，倡议者提出的重要一点就是"促成六·五维权结果的早日兑现"。这一条提议的作用异常重大，弥合了原先两大"阵营"中的失独者因为"否定六·五维权"而产生的分歧，触发了更广泛的共识，使得失独者们可以更好地团结起来，为"维权"这一目标而努力。

"维权的目的不仅仅是向政府要经济补偿，重要的还有，是让我们心理上得到平衡，心灵上得到安宁，在维权的过程中多一份同命人的温暖和真情友谊。不要让维权领头人没有倒在维权的路上而是倒在同命人的口舌下。愿同命人惺惺相惜，多一份信任，多一点包容，多一些善良。"
（2013 网友"叶儿黄"）

在 2013 年 1 月 7 日的维权中，失独群体推选出"无奈"、"白化"、"天一"、"海韵"和"祺祺牛牛" 5 位代表，并争取到了和国家计生委、民政部、人力资源和社会保障部、卫生部，以及财政部（缺席）等多个部门的相关业务司局的负责人共同座谈的机会，并提交了"全国 1000 多位同命人共同签名"的《失独者致国家人口和计划生育委员会的再请求》。会议结束后，相关部门表示"15 日之内给出答复"。

"15 天后的 1 月 22 日'无奈'大哥再次带五位代表进京，……会谈有了实质性的进展，最关键的财政部到会，并给出明确答复，会在最快最短的时间内给大家一个交待！并把一·七的维权定性为理性维权！"
（2013 网友"团结"）

这一次维权行动使得"失独者之家"网络平台上的失独者们又重新燃起了希望，原本已经渐渐松散的网络社区又重新恢复了凝聚力。

失独者的维权终于迎来希望的曙光。2013 年底，新组建的卫生与计划生育委员会联合民政部、财政部、人力资源社会保障部、住房城乡建设部等部门共同发布的《国家卫生计生委等 5 部门关于进一步做好计划生育特殊困难家庭扶助工作的通知》提出，自 2014 年起，将女方年满 49 周岁的独生子女伤残、死亡家庭夫妻的特别扶助金标准分别提高到：城镇每人每月 270 元、340 元，农村每人每月 150 元、170 元，并建立动态增长机制。中央财政按照不同比例对东、中、西部地区予以补助。对 60 周岁及以上的计划生育特殊困难家庭成员，特别是其中失能或部分失能的，要优先安排入住政府投资兴办的养老机构。随后，一些地方也出台了相关的轮候办法。其中，值得一提的是，北京市出台的《关于加快推进养老服务业发展的意见》中，首次单独将失独老人作为一个群体提出来给予相应福利保障，这也意味着，今后失独老人将与低收入老人、高龄老人等群体一样，获得专项救助。而浙江省卫生和计划生育委员会和浙江省财政厅近日联合发布信息，从 2014 年 3 月起，浙江省"失独"夫妇接受辅助生育技术诊疗服务，自付部分费用最高可获得 5 万元补助。

七 失独群体的互动机制分析
——议题演化机制

失独群体的互动，实质上是一个个体焦虑向社会焦虑、个人问题向公共议题演化的过程，在此过程中，议题演化机制发挥了极其重要的作用。Hunt 认为社会焦虑的形成取决于两个过程：议题的清晰化过程和扩大化过程。个体焦虑往往是"含糊不清和难以表达的"，个体难以表达"究竟是什么导致焦虑"，但是伴随着具有相同经历的个体的增多，在相互影响的作用下，个体通常能够意识到自己焦虑的原因，即"焦虑的内容或来源变得清晰化"。与此同时，焦虑清晰化的过程会使得个体间认同的形成，关注点也会向同一个方向集中，进而将个人的焦虑问题转化为一个公共议题，吸引更多具有相似经历和焦虑特征的人加入，演化为一个具有相同焦虑情绪的亚文化群体，甚至是焦虑蔓延成为社会的集体精神状态，这就是一个扩大化的过程。在清晰化和扩大化两个过程的交叠作用之下，焦虑会产生"溢出效应"，衍生出一些能够"明显辨识的社会行动"（Hunt，1999）。

结合"失独者之家"的案例，可以显而易见地得出，由于失独问题作为一种政策后果，产生的时间并不长，所以在我国现行的政策体系中，对于失独群体有着一种"缺失性制度歧视"（吴帆，2011）。这种缺失性制度歧视的存在，对于失独者而言，无疑是造成了一种潜在的风险，即养老问题。但是，在独生子女死亡后的相当长的一段时间内，失独者难以清晰地意识到这种风险，因为失独带来的情感上的打击更为严重、更加显性化。因此，失独者加入网络社区的初衷往往是基于非常个体化的动机——寻找"同命人"抱团取暖，寻求心灵上的慰藉。此时，网络平台为失独者建构了一个互动的公共场域，使失独群体内部能够形成机械团结。而失独者之间的交流，以及对各自焦虑的表达，使得"焦虑的内容或来源变得清晰化"，失独者逐渐地认识到，将持久困扰他们的是失能风险和养老问题，而他们如今的窘境实质上是独生子女政策所造成的。当关注点渐渐集中之后，失独者群体中的核心议题开始随之发生演化，从寻求情感的慰藉转向寻求权利的补偿，进而，一个致力于向政府表达诉求、开展维权的失独者社群也逐步成型。社群是"具有内聚力、向心力、持久力的社会有机体，而不是一盘散沙式的随意组合，因为社群的建立是以个体的自愿结合为基础的"。所以，只有当失独者之间基于共识而达成一致努力的方向时，"失独者之家"这个网络平台才真正从一个单纯的公共场域转变为一个网络社群（王洪波，2013），也是一种有机团结的状态。

议题演化的意义正是在于此，群体中的"行动者阶层"（activist strata）（Key，1949：121）能够通过该种机制引导其他的行动参与者注意力的偏转。注意力的偏移与聚焦意味着，从多重议题中选择哪一个，以及如何做出选择（鲍姆加特纳、琼斯，2011）。随着注意力的变化，开展社会动员，不同的参与者被吸纳或排除出政策议题网络，从而使该网络更好地服务于议题的实现。议题网络的建构又能够在很大程度上强化议题的表达与实现，增强议题的合法性，进而在更加广义的场域中吸收作为"非直接利益相关人"的公众的认同与支持，拓展议题网络的边界，最终推动政策的变迁。

八 结论

本研究着眼于失独群体的微观研究，运用虚拟民族志的方法，通过观察失独者群体内部的社会交往来发现该类人群所形成的社会关系和其所开展的社会行动的意义、特点，以及与社会环境的复杂关系。

（一） 失独群体在网络社区中实现了重新社会化和增能[①]

失独事件发生之后，由于自身所承受的打击以及难以与周围环境所产生良性的互动，失独者往往会逐渐地与周围的社会关系产生裂痕，并陷入一种自我封闭的状态。由于共同感受机制的缺乏，失独人群往往会

---

① 增能（Empowerment），即针对社会中弱势群体或个人，通过各种途径并运用各种技巧来激发他们的潜能并增强其能力，扩展利用可利用的外部资源来激发他们的潜能，提高他们的社会参与能力及面对问题、解决问题的能力。

失独群体的『协作维权』及其互动机制

自动地脱离原先的社会环境，并逐渐呈现出一种"去社会化"的过程。然而，当失独者之间建立联系、产生互动、形成群体，并基于共同的情感、利益诉求而开展集体行动之后，社会群体又经历了一次重新社会化的过程。失独群体内的"社会行为者不断地解释其社会情境的意义，并在实际交往中不断相互协调和适应"（袁方，1997），使得原先处于自我封闭状态的失独者重新融入社会。

首先，失独者网络社区所具有的共同感受功能，作为众多具有共同人生经历的成员之间互动的社会过程，通过信息的沟通与人际交流，重新找到情感的慰藉，获得"同命人"之间的理解、尊重与支持，使得失独群体可以能动地调节自己的生活方式与行为方式。其次，网络社区能够成为有效的、替代性的沟通渠道和组织协调手段，在制度性缺失与失独人群最基本的生存需求之间的巨大张力的胁迫下，具有互动性、聚合性的网络社区平台成为失独者维权过程中的"弱者的武器"。

（二）失独群体的主要互动机制是议题演化机制

议题演化是意见领袖的一种学习行为，基于具体的社会语境变迁，结合自身的目标，适时地将诸多议题重新框架化，对其结构和次序进行调整，使符合当前社会语境的议题凸显出来，确立其为主导议题。议题的演化将导致议题网络的演化，原先网络中不符合当前议题的行动者逐渐地淡出，而更加能够与主导议题相匹配的精英群体被吸纳进网络中，从而围绕主导议题建构出一个新的议题网络，使议题更好地得到表达和实现，有利于诉求的开展。在建构议题网络的同时，居于主导地位的意见领袖也会充分地利用时下的主导议题，通过不同的方式向非直接利益相关人展开动员，推动冲突的扩大化，扩展博弈的边界，争取更多的支持，以促进政策目标的实现。

在"失独者之家"网络之家形成之初，以及新成员加入的时候，失独者之间的主要议题都是"抱团取暖"，基于网络虚拟平台为失独者提供一个自助与互助的公共空间，形成一种普遍的群体认同。当失独者的情感需求得以满足之后，群体内的主要议题变上升为更为理性的诉求，即协作维权。作为弱势群体，失独者们需要联合，需要协作，向国家索取自身的合法权益。同样，失独群体的分化，也是由于不同参与者对于议题的理解和诠释出现了差异，即向国家表达诉求的方式和时机等认知上的差异（此时"维权"本身已经成为一个没有争议的共识，退居次要议题）。随着这些议题在群体中的重要性的变化，失独群体的自组织过程也在出现起伏，人际间的互动关系也不断发生变化。

（三）网络化社会与总体性社会治理逻辑之间的张力显著

失独群体的维权行为，尤其是与国家计生部门的互动过程，体现出网络化社会与总体性社会治理逻辑之间的日益显著的张力。失独人群所形成的社会历史原因，可以追溯到三十多年前开始施行的计划生育政策，这一政策恰恰体现了总体性社会治理逻辑。这一"现代性的逻辑产物"却面临其政策目标人群的解构。在网络社交平台的辅助下，失独群体经历了从"抱团取暖"到协作维权的自组织过程，并形成了一定规模的集体行动。而这种基于网络所形成的增能方式与国家固有的垂直治理方式形成了较强的张力，体现了"置身于信息时代的转型中国所特有的技术与社会的互构过程"。（施芸卿，2013）

社会文化因素在一个失独群体及其行为过程中具有十分重要的作用（赵鼎新，2006）。第一代失独者大多都是五六十年代出生，经历过社会转折、时代变迁中的众多重大历史事件，接受过正统的"革命教育"，爱国主义情怀和集体主义意识依旧十分浓厚，其话语中仍然随处可见"国家"、"祖国"及"党"等词语，时代特征鲜明，尤其是其在维权现场对于日本电视台的抵制。例如在群体分化过程中，两大"阵营"的争议完全在于对"国家利益"的认识和考量上的不同。因为其他的维权组织或群体出现分化往往是在于利益分配的原因（丁未，2011），而"失独者之家"网络社区中的这场纷争似乎难以被如今这个时代所理解，但这正是这个群体的时代特征，而这一特征恰好体现了在总体性社会和网络化社会共同作用下的结果。

参考文献

卜玉梅（2012）：《虚拟民族志：田野，方法与伦理》，《社会学研究》，（6）。

陈恩（2012）：《论独生子女政策的社会起源》，《中国社会科学院研究生院学报》，（3）。

陈红梅（2005）：《网络传播与社会困难群体——"肝胆相照"个案研究》，《新闻大学》，（2）。

陈雯（2012）：《从"制度"到"能动性"：对死亡独生子女家庭扶助机制的思考》，《中共福建省委党校学报》，（2）。

陈向明（2011）：《质的研究方法与社会科学研究》，教育科学出版社。

程中兴（2013）：《公共政策视角下的"失独"问题探视：基于公众认知与主体感知的研究综述》，《人口与发展》，（4）。

丁未（2011）：《新媒体赋权：理论建构与个案分析——以中国稀有血型群体网络自组织为例》，《开放时代》，（1）。

方曙光（2013）：《社会断裂与社会支持：失独老人社会关系的重建》，《人口与发展》，（5）。

费孝通（1999）：《生育制度》，商务印书馆。

风笑天（1991）：《浅谈独生子女在家庭中的角色特点》，《福建论坛（社科教育版）》，（5）。

洪娜（2011）：《独生子女不幸死亡家庭特征对完善计生工作的启示——以苏州市吴中区为例》，《南方人口》，（1）。

华红琴、翁定军（2013）：《社会地位、生活境遇与焦虑》，《社会》，（1）。

黄荣贵（2010）：《互联网与抗争行动：理论模型，中国经验及研究进展》，《社会》，（2）。

姜全保、郭震威（2008）：《独生子女家庭丧子概率的测算》，《中国人口科学》，（6）。

李兰永、王秀银（2008）：《重视独生子女意外死亡家庭的精神慰藉需求》，《人口与发展》，（6）。

李友梅（2009）：《组织社会学与决策分析》，上海大学出版社，第 55 ~ 56 页。

刘岚（2008）：《独生子女伤残死亡家庭扶助与社会保障》，《人口与发展》，（6）。

穆光宗（2004）：《独生子女家庭本质上是风险家庭》，《人口研究》，（1）。

施芸卿（2013）：《表达空间的争夺：新媒体时代技术与社会的互构》，《青年研究》，（3）。

王广州等（2008）：《对伤残死亡独生子女母亲人数的初步测算》，《中国人口科学》，（1）。

王洪波（2013）：《个人、社群与社会的双重互动——一种关系思维方法论的视角》，《学术论坛》，（4）。

王宁、刘珍（2012）：《失去独生子女家庭的社会互动与组织参与——基于情感能量视角的分析》，《华中师范大学研究生学报》，（12）。

王秀银、李兰永（2004）：《应从多角度审视成年独生子女意外伤亡问题》，《人口研究》，（1）。

魏银（2013）：《坍塌与抗争："失独者"真实生活图景透视——基于三个报道案例的内容分析》，《南京航空航天大学学报（社会科学版）》，（1）。

沃特斯、杨善华（2000）：《现代社会学理论》，华夏出版社。

吴帆（2011）：《中国老年歧视的制度性根源与老年人公共政策的重构》，《社会》，（5）。

吴要武（2013）：《独生子女政策与老年人迁移》，《社会学研究》，（4）。

谢勇才等（2013）：《失独群体的社会救助制度探析——基于可持续生计视角》，《社会保障研究》，（1）。

邢淑芬、俞国良（2006）：《社会比较：对比效应还是同化效应？》，《心理科学进展》，（6）。

杨立雄（2013）：《赛博人类学：关于学科的争论，研究方法和研究内容》，《自然辩证法研究》，（4）。

姚远、陈昫（2013）：《老龄问题群体分析视角理论框架构建研究》，《人口研究》，（2）。

袁方（1997）：《社会研究方法教程》，北京大学出版社，第60~61页。

曾繁旭、黄广生（2012）：《网络意见领袖社区的构成，联动及其政策影响：以微博为例》，《开放时代》，（4）。

张必春、陈伟东（2013）：《变迁与调适：失独父母家庭稳定性的维护逻辑——基于家庭动力学视角的思考》，《华中师范大学学报（人文社会科学版）》，（5）。

张必春、邵占鹏（2013）：《"共同感受"与"同情感"：失去独生子女父母社会适应的机理分析——基于双向意向性中意动与认知的理论视域》，《社会主义研究》，（2）。

张祺乐（2013）：《论"失独者"权利的国家保护》，《现代法学》，（3）。

张任之（2003）：《爱与同情感——舍勒思想中的奠基关系》，《浙江学刊》，（3）。

赵鼎新（2006）：《社会与政治运动讲义》，社会科学文献出版社，第223~224页。

周天鸿（2012）：《独生子女意外死亡风险中的政府责任》，《中国党政干部论坛》，（4）。

〔美〕弗兰克·鲍姆加特纳、布莱恩·琼斯（2011）：《美国政治中的议程与不稳定性》，北京大学出版社，第168~179页。

〔挪〕贺美德、鲁纳 (2011)：《自我"中国"：现代中国社会中个体的崛起》，许烨芳等译，上海译文出版社。

〔英〕亚当·乔伊森 (2010)：《网络行为心理学——虚拟世界与真实生活》，商务印书馆。

Granovetter, M. (1985). "Economic Action and Social Structure: the Problem of Embeddedness", (Vol. 91) (No. 3) *American Journal of Sociology*, pp. 481 – 510.

Hine, C. (2000). *Virtual Ethnography*, London: Sage, 2000, p. 2.

Hunt, A. (1999). "Anxiety and Social Explanation: Some Anxieties about Anxiety", (Vol. 32) (No. 3) *Journal of Social History*, pp. 509 – 528.

Jenkins, J. C. (1983). "Resource Mobilization Theory and the Study of Social Movements", (Vol. 77) (No. 2) *Annual Review of Sociology*, pp. 527 – 553.

Key, V. O. (1949). *Southern Politics in State and Nation*, New York: Knopf, 1949, p. 121.

Kozinets, R. V. (1997). "I Want to Believe: A netnography of the X-Philes' Subculture of Consumption", (Vol. xxiv) (No. 24) *Advances in Consumer Research*, pp. 470 – 475.

Leander, K. M. & McKim, K. K. (2003), "Tracing the Everyday 'Sitings' of Adolescents on the Internet: A Strategic Adaptation of Ethnography Across Online and Offline Spaces", (Vol. 3) (No. 2) *Education, Communication & Information*, pp. 211 – 240.

McAdam et al. (1996), *Comparative Perspectives on Social Movements: Political Opportunities, Mobilizing Structures, and Cultural Framings*, London: Cambridge University Press, 1996, pp. 57 – 59.

Passy, F. & Giugni, M. (2001), "Social Networks and Individual Perceptions: Explaining Differential Participation in Social Movements", (Vol. 16) (No. 1) *Sociological Forum*, pp. 123 – 153.

Rochon, T. R. (2000), *Culture Moves: Ideas, Activism, and Changing Values*, Princeton: Princeton University Press, 2000, p. 13.

Rogers, E. M., & Singhal, A. (2003), "Empowerment and Communication: Lessons Learned from Organizing for Social Change", (Vol. 27) *Communication Yearbook*, pp. 67 – 86.

Schattschneider, E. E. (1963), *The Semi – Sovereign People: A Realist's View of Democracy in America*, New york: Holt, Rinehart and Winston, 1963, p. 2.

Smilkstein, G. (1980), "The Cycle of Family Function: A Conceptual Model for Family Medicine", (No. 11) *The Journal of Family Practice*, pp. 223 – 232.

"Cooperative Defense of Rights" and Interactive Mechanism of Parent Groups That Have Lost Their Only Child
—A Virtual Ethnographical Study of the Online Community "Home of Parent Groups That Have Lost Their Only Child "

Dong Yang, Chen Xiaoxu

Abstract: As a product of the one-child policy, the group of parents in China who have lost their only child (known in Chinese as "*shidu*") , are becoming an increasingly important social group, with their internal social relations and interactive mechanisms as well as external environments becoming an issue worth exploration. This paper is a case study involving virtual ethnography of the online community "Home of Parent Groups That Have Lost Their Only Child", which, with a description of such interactions of *shidu* parents as their integration with the group, "cluster together for warmth", cooperative defense of rights, divisions within the group, and renewed defense of rights, analyzing the characters and internal mechanisms of the group with the intention of having a better understanding of their circumstances of survival as well as appeals for help.

Keywords: Shidu group; Virtual ethnography; Social relations; Interactive mechanism

（责任编辑：郑琦）

"整笔拨款模式"：香港政府资助非营利组织提供公共服务的制度创新

蓝煜昕　王春婷*

【摘要】以"整笔拨款"为主的香港政府资助非营利组织提供公共服务的制度，是政治、经济、社会结构和非营利组织发展生态共同作用的产物，是一种基于合作伙伴关系供给公共服务的新模式。这种在香港实践的制度创新表现为：以"整笔拨款模式"为主、其他资助形式为辅，同时以较为完善的监督与控制机制、风险防范机制以及绩效评价机制作为支撑。香港政府资助非营利组织，以提供公共服务制度对于我国现阶段的政府购买公共服务具有重要的参考价值和借鉴意义。

【关键词】香港政府　整笔拨款　非营利组织　公共服务

近年来，随着政府改革和职能转变不断向前推进，在全国范围内掀起了政府向社会力量购买服务的高潮，各地积极探索，一方面加大力气推动职能转变，将一部分公共事务交给社会力量承担；另一方面积极培育发展社会组织，将其吸纳到购买服务的框架内。然而，我们应当清醒

---

* 蓝煜昕，清华大学公共管理学院博士后；王春婷，清华大学公共管理学院博士后。

地认识到，现阶段我国政府购买服务仍属新生事物，实践探索中暴露的问题层出不穷，随着购买服务在全国范围内普遍推广、深入推进，各种问题和弊端将会不断涌现。非营利组织提供公共服务在香港经过多年的发展已经相对成熟，本文旨在通过分析以"整笔拨款模式"为主的香港资助非营利组织提供公共服务制度，探讨其对我国的启示。

一　香港政府资助非营利组织提供
公共服务的制度背景

香港政府资助非营利组织提供服务是在香港独有的经济、政治、社会结构和非营利组织生态共同作用下产生的。

在经济方面，第二次世界大战后的半个世纪，香港连续经历了三次经济结构转型：首先，从"传统经济"向"制造型经济"转型，使香港从简单的贸易港口过渡为新兴工业化城市；其次，从"制造型经济"向"服务型经济"转型，香港的制造业地位下降，1992 年，香港制造业的发展已经下降至第四位，而金融、贸易、航运、零售批发等新兴服务产业迅速崛起并成为主导产业，1997 年亚洲金融危机后，香港经济急剧下滑，失业现象严重恶化，失业率一度突破 8%，创下近 30 年的最高纪录；再次，香港迎来第三次经济转型，也开启了从"后工业社会"向正在进行的"知识型社会"转型的旅程（冯经国，1999）。香港经济的开放性、转型期的不稳定性和对国际贸易的依赖性，增加了香港经济的脆弱性。脆弱的香港经济一方面使政府在公共政策上以发展经济为先、限制公共开支、实行低税制，奉行小政府理念，对商业保持最低限度的管制和干预（冯国经，1999），政府为市场有效运作仅提供基本的监管及公共设施；另一方面对社会的稳定性提出较高要求，香港需要在稳定的政治和社会条件下发展经济。相比之下，政府对于社会需要或由经济发展造成的外部性等问题的考虑较少。在公共服务领域中，政府的较少干预为非营利组织的产生、发展以及作用发挥腾出了空间。

在政治体制方面，1997 年以前香港作为英国的殖民地，其具体的政治架构建基于英国政府的英皇制诰和皇室训令（Miners，1995：54）。殖民时期，香港一直由英国女皇委任的港督进行统治，政府公务员对港督的统治予以辅助。经济发展是港英政府关心的核心问题。信奉市场，低开支、低税率、小政府和对公共服务进行收费是历届政府制定社会政策必须遵守的几个关键原则，而且其公共开支不能超过香港本地生产总值的20%，公共开支的增长不能超越香港经济整体的增长速度（保罗·惠廷等，2001：15）。港英政府的施政理念使其对社会政策的推动仅局限于维持政治和社会稳定，不给经济发展造成负担。1997年香港回归后，中国大陆对香港的政治和公共事务方面具有重大影响，包括一些促进香港社会政策发展的政治因素。

在社会结构方面，香港经济三次结构转型改变了就业人口的结构，出现了结构性失业等现象，也加速了家庭和人口结构变化，并直接导致了贫富差距两极分化。迫于经济的压力及反性别歧视和平等机会政策等方面的进展，许多妇女走出家庭，传统的家庭保障体系濒临崩溃；接踵而至的移民造成人口迅速膨胀，社会结构变迁造成的贫困人口剧增、人口老龄化问题等给公共服务特别是医疗卫生、教育和房屋等方面带来巨大的压力，而相应的社会保障制度尚未建立起来。可以说，香港政府资助非营利组织提供公共服务的主要原因是为了适应经济发展、政治与社会稳定的需要，缓解公共服务需求和供给间的严重矛盾。

香港政府资助非营利组织提供公共服务的另一个非常重要的因素是非营利组织的推动。香港社会服务历史悠久，最初是由天主教和基督教教会包办，1870年东华三院和1883年保良局的成立，标志着以宗教和慈善为主的非营利组织提供社会服务时代的到来。"二战"后，大规模移民潮的涌入导致贫困移民和难民的数量暴增，面对大规模的救济之需，非营利组织迅速发展壮大，承担起照顾弱势群体的功能，在公共服务提供的各个领域内作用日益显著。在非营利组织的积极倡导和推动下，迫于维持社会稳定和经济持续发展的需要，政府与非营利组织展开合作，并开始大规模资助非营利组织提供公共服务。

总之，因为维护政治和社会稳定、促进经济发展的目标，以及在非营利组织的推动下，香港政府必须采取一系列的社会政策，增加对公共服务的财政投入，将社会冲突和失序限制在可控制范围以内。

二 香港政府资助非营利组织提供
公共服务的制度变迁

香港政府资助非营利组织提供公共服务经历了"酌情津贴"（discre-tionary grant）、"标准津贴模式"（standard cost subvention system）以及"整笔拨款模式"（lump sum grant manual system）三个阶段。需要指出的是，"整笔拨款模式"是在"酌情津贴"和"标准津贴模式"不能使非营利组织更好地提供公共服务的情况下产生的。

（一）"酌情津贴"阶段

"酌情津贴"阶段始于1968年，是指政府拨给非营利组织一定的补助金额，这笔补助并不能满足非营利组织全部支出所需。1965年香港第一部《社会福利白皮书》发表以前，香港政府的资助非常少且主要是救济性的。如1947年，政府才在民政务司下设社会局，每年经费只有450万美元（陈锦棠等，2008：6）。第一部《社会福利白皮书》发布以后，1965－1966年度政府福利开支为2253万元，较以前有所增加。第一部白皮书旨在描述、解释政府对社会服务的态度，强调非营利组织在提供社会服务方面的先驱作用，并与政府相辅相成。1973年，香港发布第二部《社会福利白皮书》，确定了为弱势群体提供服务是政府的责任，政府的社会福利支出大幅度增加，如1975－1976年度已经达到38618万元。[①]

（二）"标准津贴模式"阶段

"标准津贴模式"始于1982年，是一种控制资源投入（input control）的制度，对机构如何使用经费有非常严格的限制，每个津贴服务都有一套认可的人手编制、列明职位、职级、入职条件等。1991年，第四部社会福利白皮书——《跨越九十年代的社会服务白皮书》发布，政府的社

[①] 香港社会福利署：《社会福利署年报》（1966、1976），参见"香港社会福利署"网站：http://www.swd.gov.hk/tc/index/site_ngo/。

会福利开支越来越大，如 1985 - 1986 年度支出 22.99 亿元，其中非营利组织津贴约 4.49 亿元；1990 - 1991 年度支出 52.52 亿元，其中非营利津贴约 12.54 亿元，远远超出了同期经济增长的幅度。① 这使得"标准津贴模式"越来越难以持续。

（三）"整笔拨款模式"阶段

"整笔拨款模式"始于 2001 年，香港社会福利署（以下简称"社署"）针对"标准津贴模式"的官僚公式化、行政程序过度繁杂、行政费用高昂且效率低下等问题，于 2000 年对津贴补助制度进行了全面的策略性改革。改革的结果就是调整非营利组织的资助安排和管理方式，推行了"整笔拨款模式"。"整笔拨款模式"实施后，政府不再严格控制非营利组织的人手编制、薪酬架构或个别开支项目投入的资源，改为以一笔过付款的方式向非营利组织发放经常拨款（因而称为"整笔拨款"），并且给予非营利组织更大的自主权，让非营利组织可更灵活地调配资源和重整服务，适时配合社会不断转变的需要。"整笔拨款模式"着重提高效率和成效、改善质素、鼓励创新、加强问责，目的是使非营利组织更具弹性、能更灵活调配资源，持续推动服务水平，满足社会不断变化的需要。与"整笔拨款模式"相配套的是"服务表现监察制度"（Service Performance Monitoring System，SPMS），其内容包括："津贴与服务协议"（Funding and Service Agreement，FSA）和"服务质量标准"（Service Quality Standards，SQS）。服务表现监察制度注重服务"产出"（output）的成效、重视责任，为灵活的"整笔拨款模式"有效实施提供了有力保障。

三 "整笔拨款模式"的现状、
特点及补充形式

香港的社会福利服务基本由政府提供，政府也通过向非营利组织

---

① 香港社会福利署：《社会福利署年报》（1985、1986、1990、1991），参见"香港社会福利署"网站：http://www.swd.gov.hk/tc/index/site_ngo/。

提供资助的方式满足社会福利服务的需求，但也有小部分服务由私营机构提供。据统计，超过 80% 的社会服务是由非营利组织提供的，这些非营利组织必须根据《税务条例》第 88 条获得免税资格，通过申请的方式才能得到政府资助。政府选择非营利组织提供服务主要以服务质量为标准，一般情况下，获得资助的非营利组织与政府签订为期三年的《津贴及服务协议》，政府以"整笔拨款"的津贴模式进行资助。非营利组织在首次申请资助时，必须提交组织的注册证明、章程大纲、章程细则、管理结构、负责人员、组织过去三年的经审计账目以及所提供的服务等资料。那么，香港在实行"整笔拨款模式"之后的情况如何？该模式有哪些特征？除此之外，还有哪些资助形式来补充呢？

（一）"整笔拨款模式"的现状

一般来讲，"整笔拨款模式"的资助金额由不同部分（个人薪酬、公积金拨款和其他费用）组成，其中员工成本部分的资助是根据每个非营利组织的特定拨款基准厘定。拨款的费用足以保障非营利组织的运营。同时，非营利组织可以向独立检讨委员会申请提高资助额度。社署每年按价格调整拨款，社署也会不时根据特定目的发放给非营利组织拨款。"整笔拨款模式"允许非营利组织将未用款项自行管理和保留储备，但需要存入储备基金，并在周年财务报告中向社署汇报储备数额。

2009－2010 年度，社署为非营利组织提供的经常资助为 83 亿元；2010－2011 年度，增长为 86 亿元；2013－2014 年度，政府资助非营利组织约 2622 个，服务协议单位的预算资助额是 109.736 亿元。非营利组织提供的公共服务主要是安老服务、康复及医务社会服务、家庭及儿童服务、青少年服务、违法者服务、社区发展六大方面。表 1 统计了社署 2011－2014 年度政府在社会福利服务方面的财政拨款分配情况。图 1 则是 2013－2014 年度的分配情况。我们可以看到，政府财政拨款逐年增加，其中安老服务在各项社会福利服务开支中所占的比例最大。

表1 社署在 2011－2014 年度财政拨款分配情况

单位：百万元

年份\类别	2011－2012	2012－2013	2013－2014（预算）
安老服务	4,319.74	4,875.3	5,438.1
康复及医务社会服务	3,772.2	4,002.3	4,378.6
家庭及儿童服务	1,864.0	2,060.0	2,218.7
青少年服务	1,667.3	1,779.8	1,838.9
违法者服务	303.6	332.2	344.4

数据来自"香港社会福利署"网站：http://www.swd.gov.hk/tc/index/site_aboutus/page_socialwelf/。

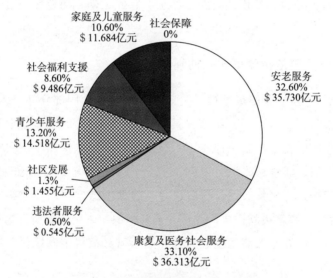

**图1 2013－2014 年度香港政府资助非营利组织提供
各类服务预算经常开支资助额**

数据来自"香港社会福利署"网站：http://www.swd.gov.hk/tc/index/site_ngo/page_subventions/sub_modesofsub/id_subvention/。

截至 2013 年 4 月，共有 171 家非营利组织接受政府资助，其中 165 家机构已实行"整笔拨款模式"，它们所得到的拨款超出 2013－2014 年度整体资助额的 99%。除了"整笔拨款"，即对非营利组织的全年经常拨款之外，涉及每年额外开支约 4.7 亿元。①

———————————

① 数据来自"香港社会福利署"网站：http://www.swd.gov.hk/tc/index/sitevngo/page_subventions/sub_modesofsub/id_lsgmanualc/。

除上述资助额外，社署另外预留 13.787 亿元向私营组织和非营利组织购买福利服务。这些服务包括合约安老院舍、改善家居及社区照顾服务、护养院床位购买和改善计划以及其他福利服务。

（二）"整笔拨款模式"的特点

以"整笔拨款"为主的香港政府资助非营利组织提供公共服务，其最主要的特点在于政府与非营利组织之间的合作伙伴关系（collaboration）。这种合作伙伴关系的存在弥补了政府、市场和志愿部门的不足，通过发挥各自功能上的优势使得政府与非营利组织相互依赖、共同合作。这种合作伙伴关系主要体现在三个方面：

一是"整笔拨款模式"不再严格控制非营利组织的人手编制、薪酬架构或个别开支项目投入的资源，而是以"整笔拨款"的形式向非营利组织提供经常性拨款，给予非营利组织更大的自主权，让非营利组织更灵活地调配资源和重整服务。这种合作伙伴关系以公共服务结果为导向，强调政府与非营利组织之间共享权力、资源，共同承担责任，二者之间相互依赖、相互信任，从简单的项目合同关系向更少竞争、更复杂的合同关系转变。这种合作伙伴关系为非营利组织高标准的服务系统提供持久动力。

二是"整笔拨款"的拨款基准以员工的个人薪酬为最重要因素，资助额必须足以应付非营利组织提供服务所需的所有开支，保障非营利组织的运营，这种资助方式不是简单地以项目为拨款基准。这种覆盖非营利组织日常运营的拨款方式足以体现香港政府奉行的"小政府"、最低限度干预的执政理念，以及政府与社会的合作伙伴关系。

三是政府与非营利组织基于共同目标而联合行动，又通过协调或整合补充资源来实现各自目标，政府与非营利组织保持长期合同、相互信任互动合作的关系。如"过渡津贴"制度①就很好地体现了合作伙伴

---

① "过渡津贴"制度是指在实行"整笔拨款"以前，政府对雇用较多资深雇员的组织，设立为期三年的"过渡津贴"计划，按其所需给予非营利组织足够的财政资源，并成立支援中心为非营利组织提供技术上的支持，以保障非营利组织能顺利过渡到"整笔拨款"模式。

关系。

（三）"整笔拨款模式"的补充形式

除"整笔拨款模式"外，香港政府资助非营利组织提供公共服务还有其他几种补充模式。未加入"整笔拨款模式"的机构继续按照以前的两种资助方式获得拨款：一是修订标准成本津贴模式：服务的标准成本由职员薪酬按认可职位的中点薪金计算。非营利组织在雇用职员方面可灵活处理，但不得超出标准成本；二是模拟成本津贴模式：津贴会按各福利机构的认可开支提供，每年并按通胀调整。"整笔拨款模式"的补充形式有：

1. 奖券基金

该基金主要用以资助福利计划的非经常开支，及辅助有限期的试验计划。享有免税资格的非营利组织可以向奖券基金申请拨款辅助。奖券基金的主要收入来源是六合彩的收益，其他经常收入包括投资收入和车牌号码拍卖。2009－2010年度及2010－2011年度奖券基金的开支分别为7亿元及9亿元。2012－2013年度的基金总收入为17.80亿元。2012－2013年度，奖券基金共拨款17.93亿元，资助基本工程项目、装修、家具、设备及试验计划等开支，涉及的项目有596项，资助各项目的支出为8.81亿元。

2. 社会福利发展基金①

社署在2009年奖券基金原则上，再拨款10亿元成立社会福利发展基金，主要用于：资助非营利组织的董事会成员、管理层和员工（不限于社会工作者）接受培训和专业发展训练；非营利组织的系统提升，以提升管理能力或促进重整服务工作；资助非营利组织改善提供服务的研究。

3. 购买服务

香港政府购买服务的定义属于狭义上的，主要指政府针对单个项目采取公开招标的方式进行，政府选择符合条件的非营利组织，并与之签订合同。香港救世军是香港政府最大的购买服务对象。社署通过竞争投

---

① 数据来自"香港社会福利署"网站：http://www.swd.gov.hk/tc/index/site_ngo/page_swdfund/。

标方式把新服务授予非营利组织。根据制度安排，非营利组织实际上并非资助水平层面的竞争，而是凭服务建议的质素及所能提高的增值服务竞争。拨款额由社署参照服务需求厘定。

4. 社会创新及创业发展基金

2013 年香港政府成立扶贫委员会，向奖券基金申请 5 亿元拨款，成立社会创新及创业发展基金。社会创新及创业发展基金的宗旨是促进跨界合作，推进经验和知识交流，通过实践社会创新和创业来达到扶贫的效果，其目标是设立和协助能吸引、启发和培育社会创业精神的程序、计划和试验项目，以实施和推动创新，促进香港社会效益，建立社会资本，以推动扶贫工作。

5. 租金/差响①/地租津贴

租金/差响/地租津贴，旨在提供经济支援给那些营办非资助福利服务的非营利组织，以认同他们回应社会需要所作出的贡献。

6. 携手扶弱基金

为推动社会福利界、商界和政府三方合作，建立伙伴关系，共同扶助弱势群体，香港政府在 2005 年施政报告中宣布设立 2 亿元的携手扶弱基金。基金于 2010 年获立法会财务委员会通过注资 2 亿元，以进一步鼓励跨界合作，扶助弱势群体。商业注资如作出捐赠支持非营利组织推行社会服务项目，政府则提供等额的配套资助。凡获得免税资格的非营利组织均可申请基金的等额资助。②

7. 服务券

服务券是一种由政府直接发放给公民，公民可以使用服务券任意选择接受服务券的非营利组织进行消费，这些非营利组织将收到的服务券向政府兑换现金的方式。例如，由安老事务委员会研究推行长者院舍住宿照顾服务券的可行性后，社署将预留 8 亿元在 2015 - 2016 年度推出

---

① 差响是一种源于英国的香港税款项目，主要是按征税的房产价值或租值抽取一定比例的款项作为政府收入的一部分。可以说，差响是一种间接税。

② 数据来自"香港社会福利署"网站：http://www.swd.gov.hk/tc/index/site_ngo/page_subventions/sub_modesofsub/id_subvention/。

3000 张服务券。①

另外社署应提供额外资源，加强对小型非营利组织的行政和专业支援，帮助其发展。小型非营利组织每年可申请最多 30 万元的拨款（或相当于其整笔拨款 10% 的款项，以款额较少者为准），最多可申请 4 年。

四 “整笔拨款模式”的保障机制

除了上述的一些补充资助模式之外，香港政府为了确保“整笔拨款模式”的顺利实施，还构建了一整套保障机制。

（一）监督与控制机制

由于香港的社会服务主要以整笔拨款的形式发放，监督与控制非营利组织提供服务的过程就非常重要。为此，香港政府建立了一套比较完善的监督与控制机制。如监督主体除了社署和其他拨款部门之外，还成立了整笔拨款督导委员会和独立处理投诉委员会；在服务绩效管理方面，建立了服务表现监察制度和周年财务报告机制。

整笔拨款督导委员会旨在提供一个重要的平台，让社署与非营利组织及其他组织遇到问题时能及时处理，负责监察整笔拨款津助制度（下称“津助制度”）的推行情况，并找出尚待改善之处；讨论推行津助制度产生的问题、建议及解决方法；促进社署、非营利组织及其员工和服务使用者之间就推行津助制度的沟通以及资讯与经验交流。

整笔拨款独立处理投诉委员会着重处理与整笔拨款有关，但接受津助的非营利组织未能妥善解决的投诉，并提出改善整笔拨款津助制度的建议。例如，投诉包括有非营利组织不当使用拨款的投诉、因非营利组织管理层的决策而直接影响服务表现的投诉、非营利组织未能符合服务规定的投诉等。该委员会向社署汇报其决定和建议，以便社署采取适当的跟进行动，改善整笔拨款津助制度。

服务表现监察制度是香港政府监督和管理非营利组织最重要的制度。

---

① 数据来自“香港社会福利署”网站：http://www.swd.gov.hk/tc/index/site_ngo/page_subventions/sub_rrlsgss/。

该制度于1999－2000年度开始实施，对于接受整笔拨款及其他社会福利资助的服务单位都要接受该制度。社署按每项资助服务的《津贴及服务协议》以及一套清晰界定的服务质素标准对非营利组织表现作出评估。《津贴及服务协议》（Funding and Service Agreement，FSA）及《服务标准》是社署作为拨款方与服务提供方之间具有约束力的文件，即社署与服务提供者须遵守就不同服务互相议定的有关协议的条款，这些条款包括服务规格说明书和服务提供者建议书，它们主要是提供更多服务政策方面的详细资料、服务提供的基本安排、主要服务提供程序及付款安排等。有关协议在社署拨款津助服务的期间维持有效。在任何时候，服务提供方或社署均可以在双方书面协议确认的情况下，提出修改协议条款的要求。服务质素是评估一个服务提供方表现的一项标准。目前，社署执行的是16项服务质素标准（Service Quality Standards，SQS），其中每项均有一套"准则"及"评估指标"说明。这些准则和评估指标均为一般性基本要求，服务提供者可根据各要求，以合适的方法应用于个别服务类别或服务提供方，以符合所有服务质素标准的要求。

周年财务报告机制。非营利组织也须就正当和谨慎运用公共资源向社署及公众负责。周年财务报告是用来表明组织所得额款和组织如何把款项用于不同运营项目的报表；实质上，周年财务报告是非营利组织的现金收支，因此，周年财务报告主要以现金会计方式编制。

此外，社署还对某些服务提供方或某些服务使用者进行满意程度调查，搜集服务使用者意见，并向服务提供者提出持续提升服务质素的建议。

（二）风险防范机制

风险管理是针对服务提供者提供欺诈报告、所提供的服务或机构管理被屡次投诉，以及在改善服务质素方面持续遇到困难等情况而进行的。根据风险管理制度，服务提供者有问题的表现或可能导致表现未如理想的情况须进行事前紧急处理，并需要仔细审查、重点介入及即时管理。对于提供服务的非营利组织如被评定违反任何协议条款，便须拟定改善计划，按照议定的时间表改善服务。此外，在整笔拨款独立处理投诉委员会处理有关服务提供方的投诉时，将协助其采取纠正措施或在管理和监察方面作出改善。为了防范风险，香港政府建立了财政通报机制、质素标准分享机制和突击探访机制。

财政通报机制。该机制是指让非营利组织在预计有财政困难时，可预先通知社署，以备不时之需，采取适当的补救措施。社署通过收集员工离职率及流失率的数据，监察福利界的整体人力概况。社署通过更频密地推行定期及突击巡查，监察非营利组织的服务表现，并且应有系统地收集服务使用者的意见。

质素标准分享机制。为了提高服务质素，服务提供者必须与社署携手合作进行服务质素改善。服务提供者不断自我完善，社署定期就执行服务质素标准方面的优良做法进行分享，必须指出的是，如果非营利组织未能按照与社署所定的协议作出任何改善，未达到合理的服务表现标准，社署有权扣款或终止向其提供拨款。

突击探访机制。为了监察服务提供方的服务表现，社署在没有任何通知条件下的突然探访。这种突击式的监察能够有效避免资金的使用不当、服务质素低下的现象，因此可以作为风险防范的一种重要机制。值得一提的是，社署至少每三年一次到服务提供方进行评估探访或突击探访，特别是对新的服务机构或其表现被怀疑有问题时进行实地评估。①

（三）绩效评价机制

社署下的津贴组负责按照服务表现监察制度所规定的内容，对受资助的非营利组织所提供的服务进行绩效评估。评估的目的是审核服务单位是否符合《津贴及服务协议》所要求的各项表现标准。服务表现评估方法包括：每年由服务提供的非营利组织就基本服务规定、服务质素标

---

① 评估探访或突击探访是社署按其与服务提供方签订的协议条款，对服务单位定期进行的服务表现监察活动，以了解服务提供方履行协议服务的情况。评估探访会按预先协定的安排进行，而突击探访属于没有任何通知条件下的突然探访。实地评估是有针对性地就个别服务提供方的独特情况，在给予短期通知或在不进行事前通知的情况下进行探访。

准及服务量标准①和服务成效标准②的表现提交自我评估报告，以及针对不符合规定的服务改善计划，受资助的非营利组织需要每半年自行报告其差异。其目的是鼓励非营利组织在管制下承担更大的责任，并通过风险管理及早觉察和介入有问题的服务机构，以及通过一站式的管理，在服务表现监察方面取得成本效益。

评估程序包括四个方面：首先，服务提供方须每季度就每个服务单位提交有关各项服务质素标准及服务程序标准的统计资料；其次，每年每个服务单位须进行自我评估，以确定是否符合服务质素标准和主要服务要求；再次，社署必须对新服务机构及其服务表现方面被指出或怀疑有问题的其他单位进行实地评估。评估的重点在鼓励改善服务质素，以及不断提高服务水平；最后，如果服务提供方被评定未能符合所要求的表现标准，有关机构必须拟定计划，在特定时间改善服务。如果经多次努力未能改善服务，社署将会采取最终惩罚措施，撤销有关服务提供方的整笔拨款及其他社会福利资助。

五　借鉴与启示

香港政府资助非营利组织提供公共服务经历了随意性拨款向标准化拨款再向弹性拨款的过程。这个过程反映了政府与非营利组织之间的关系由契约合作向合作伙伴关系的转变。转型后的香港政府扮演着服务拨款者、监督管理者和服务评估者的角色，政府拨款资金以保障非营利组织正常运营，但不干预资金具体使用过程，而是以服务结果为导向。政府在资助过程中，始终与非营利组织保持平等的互动合作关系。相比较而言，我国政府购买服务最大障碍在于政社关系不清，由此造成购买过程中稳定性差、

---

① 服务量标准指为衡量每类服务的一些基本范围表现指标，各项标准均以服务提供方所属的服务种类而制定。例如收容率、个别护理计划完成比例、小组活动的平均出席率等。

② 服务成效标准即量度服务的成效。各项标准根据不同服务类别而制定，并在量度标准时，使用特定的量度工具（如调查问卷或接受服务前后的比较），搜集相关资料。服务成效标准可泛指整体服务使用者于使用服务后的改进情况。例如扩阔支援网络、提升处理家庭问题的能力等。

对等性差、随意性强、规范性差、工具性强等问题。由此，香港政府资助非营利组织提供公共服务的"整笔拨款模式"值得我们参考、借鉴。

（一）推进政社分开，建立政府与非营利组织合作关系

首先要厘清政府与非营利组织的职能边界和角色定位，推进政社分开，进一步推行权力清单制度，加大向社会放权力度，为非营利组织发育和发展腾出空间，增强非营利组织在基本职能、组织机构、决策体系与运作管理等方面的独立自主性（王名等，2013：20）。由于我国仍处于购买服务的探索阶段，符合资质的非营利组织并不多见，因此，仅以在公共服务领域鼓励竞争、创造竞争的市场环境作为推进政府购买服务的初衷将不利于购买服务正常有序发展。反之，政府应当与非营利组织建立契约合作关系，通过各种方式与合作模式培育非营利组织，让非营利组织更多地参与到公共服务领域，营造良好的政策环境和购买服务良性生态。

（二）培育非营利组织，为政府购买服务营造良性生态

成熟的非营利组织生态是建立合作伙伴关系的基石，没有发达的市场或非营利组织，政府购买服务易流于形式。因此，我们需要重点培育和支持非营利组织发展，综合运用多种政策工具推动非营利组织参与提供公共服务：一是加大政策支持力度，通过资金支持、税收优惠、购买服务、公益创投等多种手段，形成政府支持非营利组织的政策体系；二是积极培育和发展"枢纽型"和"支持型"非营利组织，在非营利组织发展过程中形成纵向的"产业链"，促成非营利组织与政府合作的良性生态；三是搭建非营利组织发展平台，在购买服务的同时为初创的非营利组织提供场地、设施、资金等支持和服务，帮助非营利组织提升能力，将其培育为公共服务提供的重要主体和政府的重要伙伴；四是扩大向非营利组织放权空间，为非营利组织承接公共服务创造良好的平台和宽松的外部环境；五是重视对非营利组织活动过程和绩效的评估，根据评估结果落实激励政策，为非营利组织发展提供持久动力。

（三）建立健全政府购买服务的保障机制

香港政府采取的是以"整笔拨款模式"为主、其他资助形式为辅的

资助模式，同时以较为完善的监督与控制机制、风险防范机制以及绩效评价机制作为支撑。"服务表现监察制度"及"服务质素标准制度"等相关制度设计形成了一个包括监控、风险防范和绩效评价的较为完备的保障机制，为香港政府弹性资助非营利组织提供了制度保障。鉴于此，我们应当提高监控技术，建立严格专业多元的监督机制；发展独立专业多元的外部监督机制，完善内部监督机制，建立服务项目实施的动态管理与动态监督机制，及时发现问题、追究责任、采取补救措施降低风险；建立严格专业多元的绩效评估机制，创建开放性的评估系统，健全绩效评估多元主体参与机制；加强信息公开，建构一个程序透明、过程开放、公众广泛参与的公共服务平台。

参考文献

保罗·惠廷等（2001）：《香港的社会政策》，中国社会科学出版社。

陈锦棠等（2008）：《香港社会服务评估与审核》，北京大学出版社。

冯国经（1999）：《香港面临第三次经济转型》，载香港《信报》。

王名等（2013）：《谈谈加快形成现代社会组织体制问题》，《社会》，（3）。

Miners，N.（1995），*The Government and Politics of Hong Kong*，（5th edition），Hong Kong：Oxford University Press.

Lump Sum Grant: An Institutional Innovation of the Hong Kong Government for NGO Funding

Lan Yuxin，Wang Chunting

Abstract：The "Lump Sum Grant" system which the Hong Kong government has enacted for funding NGOs which provides public services is a product of combined political, economic, social struc-

「整笔拨款模式」：香港政府资助非营利组织提供公共服务的制度创新

ture action. The NGO development ecology is a new model in which public services are provided based on collaboration. This institutional innovation gives prominence to "Lump Sum Grants", and is supplemented by other forms of funding and supported by effective supervision, risk control and performance assessment mechanisms. Hong Kong's NGO funding system is of important reference value to the Chinese government purchasing public services in current stages.

Keywords: Hong Kong Government; Lump Sum Grant; NGOs; Public service

（责任编辑：林志刚）

社会建设与社会学的使命[*]

——读陆学艺《社会建设论》

陈　鹏[**]

【摘要】社会建设研究是当代著名社会学家陆学艺教授学术遗产的重要组成部分。作为陆老晚年的一部重要论著，《社会建设论》系统阐述和集中展现了中国社会建设研究"社会结构派"的重要思想和理论，充分彰显了一代社会学人心系民生、志在富民、建设社会的学术情怀和追求。面对转型期中国所遭遇的"社会后移症"，积极构建社会建设的共识和公共性、勇于充当"社会的助产士"是中国社会学义不容辞的责任和使命。

【关键词】社会结构　社会后移症　社会学的使命　《社会建设论》

1979 年，改革开放之后，中国社会学恢复重建。作为我国社会学恢复重建后承前启后的一位重要社会学家，陆学艺先生的社会建设研究是其学术遗产中不可或缺的重要组成部分。晚年的陆学艺先生可谓一位名副其实的社会建设专家。无论是早年的"三农研究"，还是中年的"社会

＊　本研究获教育部人文社科青年基金项目（14YJC840001）和中国博士后科学基金项目
（2013T60073）资助，特此致谢。

＊＊　陈鹏，北京师范大学中国社会管理研究院讲师，研究方向为社会建设与社会管理。

阶层"研究,最终都融会贯通于其晚年的"社会建设"论域之中。无论是官方的社会建设会议,还是学术界的各种社会建设论坛,陆老都是不可或缺的重要嘉宾,他总是在各种场合竭尽全力为社会建设事业鼓与呼;而由其负责筹建并担任院长的北京工业大学人文社会科学院更是成为国内从事社会建设和社会管理研究最为活跃的学术重镇之一。作为陆老晚年的一部重要论著——《社会建设论》(2012)一书汇集了先生从2006年至2012年的部分论文、演讲和报告,集中展现了中国社会建设研究"社会结构派"的重要思想和理论,充分彰显了一代社会学人"心系民生、志在富民、建设社会"的学术情怀和追求。

一 把脉"社会"的病症

"社会"是社会学的安身立命之本。作为一门经世致用的学科,社会学致力于探求社会的秩序和进步。随着"和谐社会"理论的提出,我国进入以社会建设为重点的新阶段。"社会建设"概念的提出,表明"社会"作为一个独立领域的重要性日益得到承认和尊重。作为一种新的话语体系,"社会建设"赋予了中国社会学新的想象和分析空间。如何理解社会建设的基本内涵,直接关涉到对新阶段中国社会所面临的主要矛盾的判断和定位。这是一个需要通过深入调查和科学研究方能作出回答的重大问题。

基于对中国社会的常年调查和观察,社会学家陆学艺教授给出的答案是,"现阶段中国社会的主要矛盾是经济结构和社会结构的不平衡、不协调"(陆学艺,2012:38)。据陆教授领衔的课题组研究显示,我国现在的社会结构是工业社会的初级阶段水平,而经济结构已经是工业社会的中期阶段水平,社会结构大约滞后经济结构15年(陆学艺,2012:86)。这种结构性的矛盾正是产生当今诸多社会矛盾和问题的根本原因。由此可见,现阶段的中国社会患上了严重的"社会后移症",且突出表现在经济结构与社会结构之间的不匹配。国内外的经验和教训都表明,经济结构的调整不能孤军独进,社会结构可稍后于经济结构的变动,但如果长期滞后,就会阻碍经济结构持续变化,阻碍经济社会的协调发展。

"从国际正反两方面的经验来看，一个现代化国家的形成，社会结构可能比经济结构更为重要。现代化的社会结构，才是现代社会最牢固的基础。"（陆学艺，2012：136）笔者将陆学艺教授的这一重要理论思想概括为"二元结构协同论"，即经济结构与社会结构是一个国家或地区最基本、最重要的两个结构，两者互为前提、相互支撑、协同发展，并在实际运行中需要维持一个合理的位差。这是陆学艺教授分析和判断中国社会主要矛盾的基本理论依据。

"社会"具有自身独特的机理。诊断社会的病症，需要独特的方法和技艺。在陆学艺教授看来，这门独特技艺就是"社会结构的分析视角"。[①] 社会结构既是对社会做静态分析的终点，又是对社会做动态分析的起点。某种意义上，社会结构分析可谓社会学者的看家本领。从社会结构内部构成的各个子结构来看，陆学艺教授认为当前中国的"社会后移症"主要表现在就业结构、消费结构、城乡结构、阶层结构四个方面（陆学艺，2012：147~148）。从就业结构来看，根据钱纳里标准，工业化中期阶段三次产业的就业结构标准依次应为：15.6∶16.8∶47.6，而2011年我国的就业结构依次为34.8∶29.5∶35.7（国家统计局，2012），仍然停留在工业化初期阶段；从消费结构来看，工业化中期阶段反映消费结构最重要指标之一的恩格尔系数应该下降到30%以下，而2011年我国城镇恩格尔系数为36.3%，农村为40.4%（张国栋，2012），仍然停留在工业化初期阶段；从城乡结构来看，反映城乡结构变化的城市化率在工业化中期阶段应该达到60%以上，而2011年我国城市化率为51.2%，如果按照户籍人口计算则只有35.3%（李铁，2012），仍滞留在工业化初期阶段；从阶层结构来看，在工业化中后期阶段，中产阶层规模比例经验值一般在22.5%－65%，2011年我国中产阶层规模约占22.1%（李春玲，2013），表明中产阶层规模仍然处于工业化初期阶段；且与西方发达工业社会形成的"橄榄型社会结构"相比，中国社会则形

---

① 某种意义上，陆老可谓运用社会结构视角从事社会学研究的一个典范。无论是三农问题、社会阶层问题，还是社会建设与社会管理问题，始终都离不开社会结构视角的关照。陆老认为，所谓的社会结构是指社会资源在社会成员中的配置以及社会成员获得社会资源的机会（即公平性）的结果，这对于社会结构状况以及调整更具有重要的理论与实践意义。

成了一种"中低层过大、中上层发育还没有壮大、最上层和底层都比较小的一个洋葱头形的阶层结构形态"。而在这四个子结构中,社会阶层结构则常常处于最为核心和关键的地位,它决定和主导着一个社会运行和发展的基本态势。

通过对中国的"社会结构"、"经济结构"以及"社会结构内部各子结构"的比较分析,陆学艺教授提出,现阶段我国社会建设面临的主要症结就是社会结构的严重滞后。而社会结构的滞后及其内部存在的种种偏差和不协调,就会导致社会出现"结构性紧张"(structural strain),使得社会群体之间甚至整个社会处于一种很强的张力关系之中。在这样一种状态下,社会矛盾比较容易被激化,比较容易产生社会问题和社会危机。这从当前我国频繁出现的各种群体性事件以及民众普遍反映的"看病难"、"上学难"、"住房难"及"就业难"等问题中可见一斑。

二 诊治"社会"的处方

对于当代中国转型社会而言,最大的"民情"莫过于社会自身的羸弱。所谓"社会后移症",不仅是"社会"相对于"经济"或"市场"的滞后,而且是"社会"相对于"国家"或"政治"的弱小。而社会建设的重要价值和功用,就在于培育和发展社会,增强和提升社会的公共性和自主性。那么,该当如何进行社会建设呢?目前,学术界和实务界大致形成了四种基本观点:第一种是以李培林等为代表的"社会事业派",强调社会建设应当以保障和改善民生为重点,大力推进就业、住房、社会保障和科技、教育、文化、卫生等各项民生社会事业,建立健全公共服务体系,推进基本公共服务均等化,使得改革和发展成果惠及全体人民(李培林,2007、2011a、2011b)。第二种是以龚维斌等为代表的"社会管理派",强调社会建设当前要加强和创新社会管理,应当以解决影响社会和谐稳定的突出问题为突破口,提高社会管理科学化水平(龚维斌,2011a、2011b、2012)。第三种是以陆学艺等为代表的"社会结构派",强调社会建设的核心任务是调整和优化社会结构,建立一个与社会主义市场经济相适应，与经济结构相协调的社会结构（陆学艺，2010、2011、2013）。第四种是以孙立平等为代表的"社会重建派"，强调社会建设的根本目标是建立一个能够驾驭市场、制约权力、遏制社会失序的社会主体，形成政府、市场、社会三足鼎立的格局（清华课题组，2010；沈原，2007；孙立平，2011；郭于华，2012）。

这四种不同的社会建设观点，虽然在政策着力点上各有侧重，但都是为了建设一个公平正义的和谐社会。在陆学艺教授看来，如果将这四种不同意见统一起来看，实际上可以视为今后中国社会建设的三个基本阶段。四种不同的主张分别是这三个阶段要实现的不同的重点任务。笔者将陆学艺的这一重要理论思想概括为"社会建设三阶段论"。具体来看，"社会建设三阶段论"的主要内容包括：第一阶段是"改善民生"与"创新管理"并举，着力解决民众最为关心的现实利益问题，这一阶段的重点是构筑牢固的社会性基础设施（social infrastructure），时间跨度是从当前直至"十二五"末；第二阶段是以社会体制改革推动社会结构的调整和优化，构建一个合理、开放、包容的社会结构，时间约在"十三五"前后，此一阶段的重点是破除体制障碍、释放体制红利；第三阶段是通过社会结构现代化推动社会文明全面进步，其核心目标是实现社会现代化。经由这三个阶段，到2040年前后，我国将达到中等发达国家水平，进入现代化国家行列。

某种程度上，陆老提出的"社会建设三阶段论"也是目前学术界针对社会建设所提出的较为系统和完善的理论方案之一。值得注意的是，这三个阶段并没有一个截然分开的界限，而是互有交叉地进行，只是某一阶段凸显某一方面工作的重点。在不同阶段，不同地区针对实际情况也会有不同做法。从理论本质来看，"社会结构"构成了社会建设三阶段论的核心和灵魂。在第一阶段，所谓的改善民生，已不仅仅是简单地保障和改善底层弱势群体的生存境遇，而是着眼于面向整个社会大众的生活福祉和社会权利的提高，这既是培育和调整社会阶层结构（中产阶层）的基础手段，更是减少和化解社会矛盾纠纷的治本之策。第二阶段，关键是破除体制障碍，尤其是城乡二元体制及其相应的户籍管理制度，并通过新型城镇化（即"人的城镇化"）来调整和优化社会阶层结构的构成，进而重塑社会结构的开放性和包容性。此阶段的任务甚为关键和艰巨，唯有在社会体制改革上取得实质性的突破，才能真正有效地从整体上推进社会建设。第三阶段，构造和形成现代社会结构（即"橄榄形社会结构"），这标志着社会建设主体架构和中流砥柱的夯实。三个阶段构成一个环环相扣、层层递进的社会发展过程。

在这种宏观的理论方案和构想之下，陆学艺教授同时也提出了一系列实际操作层面的社会建设政策建议和设想。比如，他认为，首先要提高对社会建设的必要性、重要性和紧迫性的认识，推进"社会建设大讨论"，在全党、全国、全社会形成高度共识；并建议"中央在每年召开经济工作会议前后召开一次社会建设工作会议，或者把社会建设工作的内容纳入经济工作会议，把会议名称改为全国经济社会工作会议"（陆学艺，2012：26）。这一建议涉及"理论指导"的问题，其背后的潜台词是，社会建设同样需要甚至更需要像当年进行经济改革大讨论形成了诸如"吴市场""厉股份"那样，有自身的理论范式。其次，推进社会建设事业的关键是要在组织体制上予以落实。"要像当年进行经济建设时建国家计划委员会一样，从中央到县市建立一个社会建设委员会，主抓社会建设"（陆学艺，2012：58）。这实际上涉及"组织建制"的问题，既是对历史经验的洞见，更是对社会建设现实困境的反思，即社会建设如果没有相应的组织机构和体制机制作保障，就很难真正实现社会建设的制度化，也无法实现社会建设成果的巩固和积累。陆老对北京、广东等地率先成立的社会工作委员会深表赞许，并建议中央层面尽快成立相应的社会建设职能部门。再次，社会建设一定要有相当的人力、财力和物力的投入，要加快解决社会建设历史欠账问题，加快建立宏大的社会工作人才队伍。这背后其实是一个"民生财政体制"或者说"公共财政体制"建设的问题。最后，相比于经济建设而言，社会建设的目标和任务比较空泛，这就需要建立一个科学、合理、客观的社会建设考评指标体系。这既是做实社会建设不可或缺的科学手段，也是对政绩考核指挥棒"唯 GDP"论的纠偏和制衡。不难发现，陆老的这些政策建议闪耀着实践的智慧和历史的洞察力，直击当前中国社会建设的要害和命脉。这也是陆老坚持"用脚做学问"及"做学问就是要解决问题"的学术精神的最好注脚和写照。

三 社会学的使命与担当

随着中央对社会建设问题日益高度重视，我国逐步迎来一个相对宽松的社会发展政策环境和氛围。党的十七大报告提出，要加快推进以改善民生为重点的社会建设。党的十八大报告提出，要在改善民生和创新管理中加强社会建设，且加强社会建设必须加快推进社会体制改革，要加快形成党委领导、政府负责、社会协同、公众参与、法治保障的社会管理体制，加快形成政府主导、覆盖城乡、可持续的基本公共服务体系，加快形成政社分开、权责明确、依法自治的现代社会组织体制，加快形成源头治理、动态处置和应急管理相结合的社会管理机制。党的十八届三中全会则进一步提出，要创新社会治理体制，改进社会治理方式，激发社会组织活力。这一系列政策举措的出台，越来越清晰地释放出一个强烈信号："社会体制改革的春天来了"（周执，2013）。某种意义上，从"二元结构协同论"到"社会建设三阶段论"，正体现了陆学艺教授因应这种宏观利好的社会发展政策环境而对中国社会建设问题的不懈探索和思考。

事实上，中国社会学从建立之初就对社会建设问题颇为关注，甚至可以说社会建设研究是民国社会学传统的一个重要组成部分。20世纪30年代，中国社会学奠基人之一孙本文先生在其皇皇巨著《社会学原理》一书中就曾单辟"社会建设与社会指导"一节专门阐述，并在1944年联合社会学界同仁创办了《社会建设》月刊。1949年新中国成立之后，由于高等学校院系调整，社会学学科被取消，整个计划经济体制时期也就不存在社会建设这一概念。1979年中国社会学恢复重建之后，一些学者就明确提出，社会学要研究社会管理，并认为这是社会学的学科价值之所在（严家明，1987）。然而，社会建设和社会管理研究在近二十年发展过程中却并没有成为社会学的分支显学。直至2002年，中共中央提出构建社会主义和谐社会，"社会学的春天"① 似乎终于来临，而"社会建设"正是发送给中国社会学的一张请柬。"构建和谐社会需要社会学，社会学也将在构建和谐社会的过程中发展和繁荣起来。"（陆学艺，2012：362）可见，对于基本国计民生问题的关注和研究将重塑中国社会学新的想象力和发展气象。"民生"代表着社会的脉搏和气息，不研究"民生"，社会学便无以"接地气"、"夯根基"及"行长远"。

然而，从现实情况来看，当前中国社会学面临的一个悖谬式问题是，一方面构建和谐社会，调整社会结构，协调利益关系，进行社会体制改革，加强社会建设和管理都需要社会学提供理论和方法的支撑，需要有大量的社会学工作者积极投入和开展工作；另一方面，现在的社会学学科由于各种原因，无论是社会学理论和方法的学科建设本身，还是社会学研究人才队伍，都势单力薄，远远不能适应和谐社会建设的需要（陆学艺，2012：354）。社会的迫切需求与社会学的薄弱现状形成了鲜明反差，这就使得加快推进中国社会学学科体系和人才队伍建设成为当务之急、时代所需。可以说，陆学艺教授一生心系社会学学科和人才的建设和发展，并为之长期身体力行地"搞调查、做课题、带学生、出成果"。晚年的陆学艺教授更是充分利用各种会议场合多次提出要把社会建设、社会管理作为一门学科进行建设，并强调要加快步伐在高校开设和培养社会管理专业本科生。"作为一门新兴的学科，社会管理适应我们国家正处于改革发展关键时期的需要，可以通过它凝聚和培养人才，多出研究成果，用以指导正在全国蓬勃展开的社会管理实践和探索……中国特色的社会管理学科也将在这个实践中成长发展起来。"（陆学艺，2012：268）而要把社会管理真正建设成为一门学科，就需要建构社会管理的理论体系，确定社会管理的研究对象，厘清社会管理的内涵和外延，明确社会管理的研究领域，形成社会管理的方法体系，并要广为借鉴和吸收古今中外的社会管理思想和理论。令人庆幸的是，2013 年 5 月，"社会管

---

① 这句话是胡锦涛同志在 2005 年 2 月中央政治局第 20 次集体学习会后，对中国社科院社会学所时任所长景天魁、副所长李培林同志所讲。原话是："现在提出建设和谐社会，是社会学发展的一个很好的时机，也可以说是社会学的春天吧！现在是社会学发展的难得的好机遇。"（陆学艺，2012：360）

理"被正式纳入国家学科目录体系，成为社会学的二级学科（国务院学位委员会，2013：19~21）。这是我国社会管理领域一个具有里程碑意义的事件，对社会管理专业人才培养将意义深远，而这其中就饱含着陆老的积极建言献策。

　　某种意义上，把"社会建设"及"社会管理"等概念范畴带入当代中国社会学分析的中心，这不仅是理论逻辑的使然，更是实践的迫切要求。众所周知，社会学从创立之日起便以重建社会为己任，以社会秩序达成为根本追求，古典社会学三大师马克思、涂尔干和韦伯分别从社会冲突、社会团结和社会理性化的角度提出和构建了自己的社会整合理论方案。就此而论，社会建设和管理本就是社会学的题中应有之义，社会学理论实质上就是社会建设理论。针对当代中国现实境况而言，改革开放带来了数十年的经济高速增长和发展，并在2010年GDP世界排名榜上跃居第二，创造了堪称"世界工厂"的体制奇迹；但与此同时，各种各样的社会问题和矛盾冲突不是越来越少，而是越来越多。这就使得加强社会建设、创新社会管理不可避免地成为中国社会发展的必然选择。而社会建设和社会管理的核心要义和关键突破口，就在于推动作为自组织的社会本身，更具体地说就是作为社会主体的现代社会组织的成长、壮大和繁荣，让社会真正运转起来，并在此基础上建构政府、市场和社会三者之间的良性互动关系和权利边界。社会学与社会生死与共、命运相依（布洛维，2007：61）。"社会"发育和成长到何种地步，"社会学"就发展和兴盛到何种程度。面对转型中国所遭遇的"社会后移症"，积极构建社会建设的共识和公共性、勇于充当"社会的助产士"是中国社会学和社会学者义不容辞的历史责任和使命（郑杭生，2011）。陆老的一生正是这种担当意识的光辉典范。陆老已然离我们而去，但他留下的宝贵学术财富将永远滋养和激励我辈社会学人继续奋勇前进。

参考文献

　　龚维斌（2011a）：《社会管理及其创新中的十大关系》，《行政管理改革》，（5），第59~64页。

—— (2011b)：《社会管理创新应完善五大维权机制》，《民主与法制时报》，10 月 17 日。

—— (2012)：《正确判断社会形势　科学推进社会管理》，《行政管理改革》，(11)，第 36 ~ 41 页。

郭于华 (2012)：《以公平正义为基础建设好社会》，《人民论坛·学术前沿》，(17)，第 51 ~ 57 页。

国家统计局 (2012)：《十六大以来我国人口总量平稳增长　就业局势稳定》，《人民网》，8 月 17 日。

国务院学位委员会第六届学科评议组 (2013)：《学位授予和人才培养一级学科简介》，高等教育出版社。

李春玲 (2013)：《如何定义中国中产阶级：划分中国中产阶级的三个标准》，《学海》，(3)，第 62 ~ 71 页。

李培林 (2007)：《积极稳妥地推进社会体制改革和创新》，《人民日报》，1 日 15 日。

—— (2011a)：《创新社会管理是我国改革的新任务》，《人民日报》，2 月 18 日。

—— (2011b)：《我国发展新阶段的社会建设与社会管理》，《社会学研究》，(4)，第 1 ~ 2 页。

李铁 (2012)：《我国城市化率 2011 年达到 51.2%，东部地区超过 60%》，《中国经营报》，11 月 16 日。

陆学艺 (2010)：《当代中国社会结构》，社会科学文献出版社。

—— (2011)：《社会建设就是建设社会现代化》，《社会学研究》，(4)，第 3 ~ 11 页。

—— (2012)：《社会建设论》，社会科学文献出版社。

—— (2013)：《当代中国社会建设》，社会科学文献出版社。

麦克·布洛维 (2007)：《公共社会学》，沈原等译，社会科学文献出版社。

清华大学社会学系社会发展研究课题组 (2010)：《以利益表达制度化实现社会的长治久安》，《领导者》，(4)，第 1 ~ 34 页。

沈原 (2007)：《社会的生产》，《社会》，(2)，第 170 ~ 191 页。

孙本文 (2012)：《孙本文文集（第一卷：社会学原理)》，社会科学文献出版社。

孙立平 (2011)：《走向积极的社会管理》，《社会学研究》，(4)，第 22 ~ 32 页。

王名 (2013)：《社会组织论纲》，社会科学文献出版社。

严家明 (1987)：《社会学要研究社会管理》，《探索》，(2)，第 60 ~ 63 页。

张国栋 (2012)：《国家统计局局长马建堂：恩格尔系数反弹值得警惕》，《证券时报》，6 月 21 日。

郑杭生 (2011)：《社会建设和社会管理研究与中国社会学使命》，《社会学研究》，（4），第 12 ~ 21 页。

周执（2013）：《王名：社会体制改革的春天来了》，《南方都市报》，6 月 3 日。

Social Construction and the Mission of Sociology
—A Review of *On Social Construction* by Lu Xueyi

Chen Peng

Abstract：Social construction studies are an important part of the academic legacy of renowned contemporary sociologist Lu Xueyi. An important work which Lu completed late in life，*On Social Construction*，is a systematic explanation and presentation of major thoughts and theories of the "social structure school" in Chinese social construction studies，representing the dedication of a generation of Chinese sociologists to public welfare and social progress. As China faces its "social legacies" amid its transformation，it is an unshirkable duty and mission for Chinese sociologists to actively build public consensus about social construction and to have the courage to serve as "the propeller of society".

Keywords：Social structure；Social legacy；Mission of sociology；*On Social Construction*

（责任编辑：朱晓红）

建立现代社会组织体制的途径

黄浩明[*]

2013 年 3 月全国两会之后，在国务院机构改革和职能转变的大方向和方案明确的基础上，社会组织的发展空间有多大，目前还不是非常明确。但是有一点可以肯定，社会组织发展的春天真的就要来了；但即使春天来了，社会组织本身能否承担起更多的社会事务，依然不是一个简单的问题，它涉及社会组织与政府之间的关系，社会组织发展过程中自身的能力建设等。因此，就如何建立现代社会组织体制，需要从完善社会组织的治理结构、建立社会组织的创新架构、创新社会组织的协同机制、建立社会组织的可持续发展和考虑全球化背景下社会组织国际化的路径的五个方面研究和应对。

一　完善社会组织的治理结构

社会组织合理的治理结构是组织发展的根本，是社会组织能否可持续发展的关键点。如何完善社会治理结构，根据国内外社会组织发展和实践的经验和教训，需要考虑以下六个方面的问题：

黄浩明，天津大学管理与经济学部在职博士生，中国国际民间组织合作促进会研究员。

（一）形成法人治理体制，承担起更多的社会事务，真正实现政社分开

社会组织的法人治理体制是组织可持续发展的基础，这里既包括政社分开之后，社会组织在独立运营过程中能够按照法律框架和组织章程规范管理和承担其组织治理的大任，建立能够实现组织的权责明确的新型体制；同时也包括社会组织本身能否有效地为社会提供优质的服务，承担其与宗旨相关的社会事务。因此，在社会组织法人治理过程中，需要处理好组织"使命"和"活命"之间的内在关系。只有当组织非常明确其希望实现的远景目标，才能够激励组织的每个成员认同这一目标并理解其价值（德鲁克，2012：65）；因此，在社会组织发展和运行中，既不能够见钱眼开、忘记组织的宗旨实现的基本要求，也不能够忽略社会环境变化、对宗旨的简单理解、没有创新思维、放弃组织的发展需求。

（二）理事会成员应当是多元、独立、自愿和民间的，要发挥理事在治理过程中的作用

非营利组织治理的核心是保证有效的决策（陈晓春等，2012：61），因此，理事能否履行其责任，决定着理事会运作的科学与民主。在选择理事会成员的过程中，应考虑让不同专业背景的社会各界代表参加理事会的工作，同时完善理事参加社会组织工作的自愿行为，即发自内心地心甘情愿为组织发展出力和贡献智慧，而不是想理事就来、不感兴趣就不参与的自由和随意行为。对于理事会成员的民间角色，目前还没有形成共识，似乎到理事会工作，立即想到与政府的关联性，也就是前面提出的政社分开的关键点，即使是社会组织在创始阶段有政府的支持和影响，但是，理事会的角色依然应是非政府的性质。

（三）建立理事会的政策治理框架

治理过程中，理事会成员是平等的，理事会成员应由日常管理转向价值观的体现与使命的实现（黄浩明，2009a：41）。因此，在决策程序上，应坚持对事不对人，不能够因为个人因素影响机构的日常管理。目

前，中国大部分社会团体、基金会和民办非企业单位的理事会出现一人说了算的现象，还有理事长或者秘书长拎着单位公章出行，以及到届不换届和该离任不办手续等现象。这些问题的关键是缺乏一个规范的政策治理框架，实际上是人治主导而非现代法人治理主导的管理体系，导致组织缺乏民主决策的基础以及管理的不规范。

（四）完善组织的管理制度

治理结构中，制度建设是关键，要克服社会组织管理的随意性。组织的制度建设是关系到社会组织能否建立百年老店的基础工程。社会组织的管理制度包括理事会的议事规则、理事会的民主参与机制、管理制度的公开讨论和履行各项制度的监督和评估等。例如，大部分社会组织没有完善的员工薪酬管理体系，因此都在参照政府、企业和事业单位的薪酬体系，其结果产生与组织管理的不一致性和不确定性。

（五）形成社会组织人力资源管理机制

目前来讲，中国社会组织的组织规模总体还是比较小，根据 2008 - 2012 年连续 5 年民政部公布的社会服务发展统计报告①显示（见表 1），中国社会组织的总体组织规模在 11.5 人到 13.9 人之间，这 5 年社会组织的平均规模是 12.66 人。

表 1　2008 - 2012 年民政部统计社会组织登记数和就业人数

年度	2008	2009	2010	2011	2012
社会组织总数（万人）	41.4	43.1	44.6	46.2	49.9
社会组织就业数（万人）	475.8	544.7	618.2	599.3	613.3
组织规模人数	11.5	12.6	13.9	13.0	12.3

以上数据充分体现出中国社会组织的整体规模偏小，即使是规范登记的社会组织，其人力资源管理规模也是有限度的，客观上也造成了社会组织人力资源管理的局限性。尽管如此，社会组织人力资源管理的重

---

① 中国民政部政府网站：参见 http：//www.mca.gov.cn。

要性依然不能忽视，因为它是组织生存和发展的关键。

（六）确立社会资源的动员机制

随着社会组织的登记规模在不断增加，社会组织的社会资源动员能力也在随之增加，尤其是2008年四川汶川大地震之后，中国的社会组织整体动员能力有了较大提高。根据民政部2007 - 2011年连续5年的报告①显示（见表2），2011年的社会组织捐赠规模已经达到470.8亿元人民币，创下历史新高。

表2　民政部系统与社会组织接受捐赠数比较

年度	2007	2008	2009	2010	2011
民政部系统接受捐赠总数（亿元）	132.8	744.5	507.2	596.8	490.1
社会组织接受捐赠总数（亿元）	77.3	440.7	417.0	393.6	470.8
社会组织占民政部的比例（%）	58.2	59.2	82.2	66.0	96.1

上表可以看出，社会组织接受社会捐赠的规模和占民政部系统的社会捐赠比例范围为58.2%到96.1%之间，其平均数已经达到72.3%。尽管如此，中国社会组织的整体动员能力还是非常小。2011年社会组织接受捐赠数额仅占中国当年GDP总量（45.8万亿元）的百分之零点一，与发达国家相比，差距为10 - 20倍。这种差距与国民的整体生活水平、国民的慈善意识以及自由慈善指数比较低都有较大关系。

二　建立社会组织的创新架构

社会组织会在发展过程中体现创新和做不同的事的理念，因此，社会组织的人才竞争、资源竞争和管理竞争也随之形成，唯有建立创新架构，才能够推动组织的发展动力和活力。其具体内容分为六个方面：

（一）提升创新观念在组织管理中的作用

需要明确社会组织的社会价值体现在何处。实践证明，非营利组织

---

① 中国民政部政府网站：参见 http：//www.mca.gov.cn。

向来不缺好的主意，最缺的是将这些创意转化为实际成果的意愿和能力（德鲁克，2012：52）。社会组织创新观念是组织管理中的灵魂，没有创新观念的组织，这样的组织就缺乏活力和动力。其实创新观念的形成，主要是对组织发展的客观认识，就类似医生给病人做一个全面体检，通过体检能够找到问题所在、危机所在及发展机会所在，并提出创新思路和对策。

（二）提升社会组织的社会影响力

社会组织既有正能量影响，也会有负能量影响。如何弘扬正能量，减少负能量？社会组织的影响力取决于组织信息的透明度、组织管理的开放度和组织运作的专业性。除了满足这三个基本条件之外，还需要建立起组织创新的动力源泉，要分析哪些机制不能够适应创新架构的要求，并寻找新的有效机制替代，以保证组织发展的连续性。如此，方能发挥社会组织的正能量。

（三）强化社会组织的品牌建设，提升其社会地位

社会组织在社会发展中的地位，其关键需要品牌意识作先导。什么是组织的品牌？其品牌的社会价值内涵是什么？其内涵都包括什么内容？建立组织的品牌，其实质就是组织的项目创新、管理创新和长效推动。许多社会组织在品牌建设刚开始之时红红火火，但由于缺乏持续的长效推动力，最后导致优秀品牌销声匿迹。

（四）吸引专业人员进入，形成专业化运作体系

社会组织在创新的过程中，无论是项目创新、管理创新，还是长效推动力，其成功与否取决于人才。人力资源规划是民间组织人力发展的基础（黄浩明，2009b：69），尤其是专业人才的队伍建设，需要有开放意识和不拘一格降人才的思维；放手大胆的使用人才，同时在薪酬管理、配套资金和政策环境方面给予大力的支持，真正做到疑人不用、用人不疑及一个宽松的发展环境及专业创新的运作体系。

（五）建立和完善社会组织整体的信用机制

由于中国社会处于一个经济转型和社会转型的发展时期，社会信用体系并不完善，这也势必对社会组织的信用体系建立增加了难度和不可确定性；同时，社会组织具有较强的公益性，属于公共事业的范畴，这就决定其资金并不是完全在自收自支，其运作资金通常来自社会捐赠、政府的支持、基金会的资助等。因此，社会信用体系关系到组织的生存和发展，如果组织一旦失去社会的信任，其组织的存在价值就会令人怀疑并引人质疑。

（六）寻求发展空间，做别人做不到或者不愿意做的事

社会组织的发展取舍过程中，需要重新考虑业务范围的潜在危机，需要对发展市场做系统分析和比较，其本质就是发现新产品、发现新空间，做别人做不到或者不愿意做的事务。因此，从战略层面、顶层设计和长远发展需要三方面考虑，有序地建立一支市场运作、市场研发和市场风险分析的员工队伍，找到组织发展的新机会，能为社会组织的可持续生存和发展奠定基础。

三　创新社会组织的协同机制

社会组织是社会文明的重要表现。在社会组织工作的人员既没有像政府机关员工拥有权力，也没有像企业员工有比较好的收入。社会组织需要通过社会协同得到社会的认可和信任，获得资源和收入，因此社会组织的协调机制其本质就是建设社会网络和增加社会资本。

（一）增强社会组织对社会事务的观察能力

社会组织对社会环境的分析和研究是其观察能力的一个重要表现。例如，行业协会的发展，需要研究国际市场的变化，需要研究市场的导向和各个国家政策的变化。五年之前，中国太阳能行业是一个非常时髦和朝阳的产业，随着欧盟、美国等国家政策的变化，发生中欧太阳能光

伏产品的纷争，① 如果太阳能行业的协会和学会能够预测和研究其发展变革的趋势和投资风险等，这样的观察结果对我国太阳能行业的健康发展一定能够起到重要咨询作用。

（二）需要协调社会组织与不同利益体的交流和合作

社会组织在协调社会内外关系过程中，与不同利益群体的交流和合作至关重要。社会组织是政府、市场和会员组织以至公民个人的桥梁和纽带，是缓冲带和汇集意见的平台，因此，社会组织不仅需要满足组织的自我发展的需求，同时也需要承担起部分的社会责任和任务。社会组织为什么要存在？为什么要生存？如果社会组织能够提供专业的运作服务和最大限度地满足社会各个利益相关者的需求，社会组织就能够存续下去。

（三）需要增强社会组织的对外传播能力

在实际生活中，社会组织的领导人经常讲：我现在连员工的工资都没有保障，或者连员工的社会保障都感到为难，谈何对外传播能力的建立？其实不然，社会组织在不同的阶段发展，其对外传播的要素是不一样的。例如，在组织刚刚创立阶段，需要利用一切力量广泛传播组织的发展目标、组织的愿景和组织的战略方向等；如果组织发展处于上升阶段，这时候就需要有选择地或者有针对性地开展对外传播和沟通。对外传播不能简单理解为一个模式包打天下。

（四）社会组织要建立一种合作各方的谈判机制，提高博弈能力

客观上讲，社会组织在与各个合作方的交往过程中，往往处于弱势状态和不利地位，因为它需要让更多不同合作方了解、理解和接受。从了解到理解，从理解到接受，其过程是漫长的，不能拔苗助长，需要有耐心和恒心，因为有不少事情需要时间和机会，需要合作方从不认识到认识，从认识到认可。因此，组织的制度管理和档案管理是保障与合作

---

① 环球网（2013）：《中欧太阳能光伏产品谈判前景乐观》，参见 http://biz.xinmin.cn/2013/07/25/21219947.html。

方长期来往的关键，不能够像熊瞎子掰玉米，掰一个丢一个。

（五）应该提高社会组织的危机应急处理能力

社会组织的危机存在是客观的，作为组织的领导人不能够回避矛盾、逃避危机，正确的态度就是面对危机、及时应对危机，将现存的危机转化为组织的发展机遇。如何处理社会组织的现存的危机，主要是研究危机处理之前的预案，危机发生过程中的及时、有序和沉着，以及危机之后的反思。作为社会组织的领导者，在解决危机过程中需要客观的分析产生危机的重要及主客观原因；用理解的心情去倾听，而不是马上去辩解；讨论解决危机的程序与规则；尽可能地维护危机双方的关系，找到解决危机的交流媒介以及对未来合作的选择等。

四 建立社会组织的可持续发展机制

可持续发展是所有社会组织面对的一个难题，其实质包括了组织发展均衡机制、寻求解决方法机会、财务和税务问题处理等，因此，需要考虑以下六个方面：

（一）形成一种均衡的发展机制

社会组织在发展过程中，能否均衡的发展？能否形成一个有效的均衡发展机制？均衡机制的非稳定性因素如何测定？通常社会组织的均衡机制包括理事会层面，理事会与秘书处，业务的均衡，财务的均衡，专业人员的均衡等等。中国的社会组织拥有多元的格局，多样化的组成，不能够用一种模式来套用和复制，因此均衡机制也是不同类型的。均衡机制的难点还是在理事会层面，也是均衡金字塔的顶端，作为理事会的负责人需要时刻想到社会组织未来均衡能否持续下去，还是昙花一现。所以，组织的均衡机制是组织决策层提出可以衡量的指标和分解之后的模块，也就是我们需要坚持"化整为零，各个击破"的原则。

（二）解决和克服发展困境的能力

社会组织在发展过程中，通常会遇到各种类型的发展困境。例如，有一家社会组织的领导，某天早上到办公室，一看几乎所有的员工都辞职离开了，这种现象就是人才危机和困境；还有的社会组织遭遇财务困境，无法支付员工的基本工资，向员工打"白条"，或者无法支付员工的社会保险等。当然，更可怕的困境就是社会信任危机。因此，作为社会组织的领导需要时时刻刻想到这样的困境也许就在今天发生，也许就在明天中午出现，因此需要有承担困境的心理压力的能力。

（三）社会组织结合自身宗旨和使命，增强组织控制能力

非营利组织如果确定了要达到成什么样的目标，就能避免因混淆道德理念和经济现实而造成的资源浪费（德鲁克，2012：84）。社会组织不宜过分地追求所谓的做强和做大，需要注重"接地气"。在发展的道路上，有时候需要停下来看看组织工作与宗旨之间的关系：我们是否为社区提供优质的服务？是否为会员提供专业的服务和为老百姓提供他们需要的服务？是否帮助那些需要帮助的人？事实上，社会组织的"接地气"，就是当组织出现各类问题之时，首先需要回到现实中来，回到组织服务的群体中来，听取他们的需求；还要回到增强组织的宗旨上来，看看组织的控制力，分析组织的存在价值。这样的过程是痛苦的，但往往也是最有效的工作方法。

（四）机构业务的可持续发展

社会组织的业务能否可持续发展？目前从事的业务的稳定性如何？是否存在政策变化的危机？是否存在因为能力有限而不可持续的潜在危机？当业务危机到来之时，能否有新的业务可以替代？社会组织业务的可持续发展需要有危机意识，有战略定位，有对社会环境变革的机遇等的分析能力。例如，2013年9月26日，国务院办公厅颁布了《关于政府向社会力量购买服务的指导意见》（国办发〔2013〕96号），作为社会组织的一员，我们是否有机会参与这一利好的政策行动？同时政府又提出要削减政府行政开支，是否也会影响政府项目资金的下拨等？

（五）专业和行政管理人员的不断成长和成熟

社会组织与企业、政府组织有着较大不同：企业工作人员相对较好

衡量和考核，政府组织的公务员相对较好管理，而社会组织的人员则较难考量。因为社会组织的特殊性决定着专业人员与行政管理人员之间能否配合好，或者项目专业人员也需要从事部分行政、后勤工作，也就是我们通常讲的一专多能；同时作为社会组织的行政管理人员，通常也需要了解项目管理的流程，了解项目管理中监督和评估等内容。所以，专业人员和行政管理人员的相互配合、理解与支持，也是社会组织人才成长和成熟的重要标志。可见，社会组织内部员工之间的沟通和交流显得尤为重要，所以能否建立不同模式的内部员工互动和交换机制，也是社会组织整体成熟的重要指标。

（六）机构财务要做到基本平衡，以确保机构的可持续发展

民间组织是社会公益事业的化身，所以更需要加强自身的道德自律（黄浩明，2009b：121）。财务平衡是组织长期发展的基本要素，因此，社会组织领导人需要对组织的收入和支出保持高度的关注，尤其需要分析社会组织的收入构成中，哪些收入是长期稳定的？哪些收入是不可控制的？哪些收入是临时的或者一锤子买卖？长期稳定的收入需要维持好、服务好，不可控制的部分要转换成相对可控的部分；潜在的收入如何努力争取获得，应作为重点去公关和沟通。在关注收入的同时，需要特别重视税收以及如何减少支出等问题，尤其是内部支出部分要尽可能减少不必要开支；对于开支控制方面，需要领导带头厉行节约，提高资金的使用效率。如果条件允许，可以采用收支预算管理，通过信息互通控制机制，减少资金管理漏洞，提高资金的效力。

五 全球化背景下社会组织国际化的发展路径

根据 2012 年民政部发布的社会服务发展统计报告①显示：2012 年共有国际及其涉外组织类的社会团体 499 个，占 27.1 万个社会团体总数的

---

① 中国民政部政府网站：参见 http：//www.mca.gov.cn。

0.18%；国际类的民办非企业单位 49 个，占 22.5 万个民非总数的 0.027%。根据中国基金会网中心①提供的数据，截止到 2013 年 8 月 3 日，从事国际事务的基金会 51 家，占 3252 家基金会总数的 1.6%。其中，公募基金会 34 家，占公募基金会 1352 家的 2.5%；非公募基金会 17 家，占非公募基金会 1900 家的 0.89%。从以上数据来看，我国参与国际事务及涉外组织类社会组织，无论是规模还是数量都显得较小。可以说，我国社会组织的国际交往还处于发展的初级阶段。

而且从时间上来看，我国社会组织也是近 10 年才开始走向国际的。新中国最早的一家基金会——中国儿童少年基金会设有一个海外联络部，② 在英国设有一个分支机构；中国扶贫基金会 2010 年在苏丹开展人道主义援助，成为中国民间组织走向非洲的典型案例；③ 中华慈善总会在 2007 年承办了中国大陆最大的民间捐赠工程，交付印尼海啸灾民④使用。这三个案例同时表明我国公益组织已经涉及国际人道主义援助事务，标志着中国公益组织的发展已经步入国际轨道。

（一）社会组织应树立国际化的意识，择机走向世界

社会组织应积极开展民间外交，与政府和企业形成三位一体的外交格局，提高我国社会组织的国际影响力和国家的整体软实力。随着中国社会组织健康可持续的发展，尤其是政府开放公益慈善类组织、行业协会商会类组织、科学与技术类组织和为城乡服务的社区类组织的登记事务，中国社会组织的发展将迎来一个比较高速的发展阶段。具有国际视野的社会组织可利用国家鼓励民间力量参与国家援外事业等新政策，同时企业也开始认可与社会组织开展海外公益慈善事业的合作，这样的机会是不可多得的。因此，中国社会组织"走出去"，中国社会组织国际化的时代即将到来。

---

① 中国基金会中心网站：参见 http：//www. foundationcenter. org. cn/。
② 2007 年作者访问中国儿童少年基金会伦敦办公室工作人员的记录。
③ 中国扶贫基金会网站：参见 http：//www. cfpa. org. cn/。
④ 中华慈善总会网站：参见 http：//www. chinacharity. cn/。

（二）社会组织应建立国际民间组织合作伙伴关系，发挥民间力量，为我所用

切实转变以往我们对于国际民间组织的传统认识和偏见，对有益于中国社会组织成长的国际民间组织要给予更多的支持和帮助，学习与借鉴它们的先进管理做法和经验，为我所用，为中国社会组织走向国际提供更多有益的经验、渠道和网络。其实当今世界，各个国际组织和国际民间组织在社会组织国际化的道路上，已经形成了一套有效的运作模式，因此，中国的社会组织如何利用机会，借船出海，探索中国社会组织国际化的发展规律和运营模式，成为中国软实力的一个重要的补充力量。

总之，建立现代社会组织体制需要解决政社分开、依法治理、权责分明、专业运作和规范管理等难题。中国社会组织的发展依然是任重而道远，需要一个不断发展和完善的过程。社会组织只有完善治理结构、搭建创新框架、创新协同机制、建立可持续发展机制并考虑国际化发展途径，才能够发挥其建立和谐社会的主体力量，为实现中国梦的目标作出贡献。

参考文献

陈晓春等（2012）：《非营利组织经营管理》，清华大学出版社。
黄浩明（2009a）：《民间组织操作指南（之四）》，对外经济贸易大学出版社。
——（2009b）：《民间组织操作指南（之一）》，对外经济贸易大学出版社。
〔美〕彼得．德鲁克（2012）：《非营利组织的管理》，机械工业出版社。

（责任编辑：林志刚）

建立现代社会组织体制的途径

枢纽式社会组织发展研究[*]

——基于上海的实践

曾永和　赵　挺^{**}

社会组织已经成为地方政府社会管理创新的重要主体。囿于当前社会组织基本管理制度的局限性，地方政府开启了各具特色的社会管理创新，近几年枢纽式的社会组织管理在上海、北京、广东等地逐渐兴起，成为社会管理创新的新现象。中共十八大报告明确提出"加快形成政社分开、权责明确、依法自治的现代社会组织制度"，指明了社会组织改革发展的方向。十二届全国人大一次会议通过的《国务院机构改革和职能转变方案》从政府职能转变的高度，明确了社会组织管理制度改革。这标志着社会组织管理体制改革在我国已经正式开启，但是如何保证登记管理改革的有序进行和直接登记以后社会组织的自治自律，枢纽式社会组织管理是一种有益的探索与实践。

一　现行社会组织管理制度的问题

1989年10月，我国规范社会组织的法规正式出台，《社会团体登记

* 基金项目：国家社科基金重点项目"新时期加强社会组织建设研究"（编号：11AZD019）。

** 曾永和，上海交通大学国际与公共事务学院博士研究生，上海市社会团体管理局综合处干部；赵挺，上海交通大学国际与公共事务学院博士研究生。

管理条例》①明确我国社会组织实行"双重管理、分级负责"的管理体制。简单讲，"双重管理"是指社会组织成立前首先要找到一个与自己从事的业务相关的县级以上党政部门作为业务主管单位，得到批准后才能到县级以上民政部门进行注册登记，登记以后日常管理由业务主管单位负责，年检、执法及登记事项变更由民政部门负责。"分级负责"对于政府机关来说意味着谁登记、谁负责管理，对于社会组织来说在哪一级行政机关登记则在相应的行政领域范围内活动。在实践中，双重管理体制表现出一些弊端，集中体现在以下三方面：

（一）社会组织找不到业务主管单位，与"官办"社会组织并存。由于法律法规没有明确哪一个党政机关必须担当哪一类社会组织的业务主管单位，是否担任业务主管很大程度上取决于部门领导的觉悟和与社会组织发起人的信任关系，导致许多民间自发性的社会组织因找不到业务主管单位而无法登记成立，无法取得合法资格。许多组织虽然没有正式登记，但是也在开展活动，处于灰色地带。有学者对我国未经登记注册的社会组织的数量进行了估算，结果不尽一致。学者谢海定认为未登记注册社会组织数约是登记组织的 10 倍。（谢海定，2004）从上海的工作实际来看，正式登记的社会组织与没有正式登记而在乡镇备案的社会组织比例大约是 1：2，上海每万名户籍人口拥有的登记社会组织数量为全国平均水平的 2 倍多。据此估计，全国实际存在的社会组织应当是已经登记的社会组织的 6 倍以上。与此同时，许多党政机关出于工作需要或者部门利益的需要，主动发起成立社会组织，自己担当业务主管单位，可以安排人员、规定其业务活动范围，导致大量官办社会组织的存在，存在所谓的"二政府"现象。

（二）对社会组织运营"干涉过多"与"放任不管"现象并存。由于业务主管单位需要对主管的社会组织承担申请登记前置审批、思想政治工作、党的建设、财务和人事管理、研讨活动、对外交往、接受境外捐赠资助、按章程开展活动等九大方面职责，为了防止因为主管社会组

---

① 《社会团体登记管理条例》首次颁布时称"社会团体"，后来称"民间组织"，十六届六中全会始称"社会组织"。目前，社会团体、民办非企业单位与基金会成为社会组织的三大子类，对应的三大法规构成社会组织的基本法律体系。

织出现问题而承担责任，许多主管部门对社会组织运营干涉过多，有的甚至干脆把社会组织的人、财、物与机关捆绑在一起进行管理，严重影响了社会组织的独立运作和健康成长。另外，有些部门出于对社会组织不重视或者由于社会组织的负责人是本单位的老领导而不便于管理，加之机关"三定"方案中没有明确管理社会组织的职责、没有专职管理的人员、经费预算等原因，日常管理责任难以落实，对社会组织的日常管理呈现"不愿意管"或"管不了"的状况。

（三）多头管理与管理不落实并存。目前上海 1.1 万个社会组织，涉及市、区两级党政机关（即业务主管单位）共有 924 个，每个业务主管单位领导对这项工作的重视程度、管理幅度、管理程度都存在很大差别。比如，72 个市级业务主管单位之下，管理超过 100 家社会组织的业务主管单位有 6 个，而有 1 家的社会组织主管单位有 14 个，呈现"九龙治水"和严重不均的状态。从登记管理机关与业务主管单位双方关系看，由于法律未明确管理者双方的相互制约和监督责任，存在各自为政、互相扯皮等问题。社会组织都是挂靠在党政机关之下，导致执法机关在对违法社会组织的执法查处上需要顾及业务主管单位的面子和态度。

二 上海枢纽式社会组织管理的探索

针对社会组织双重管理体制中存在的多头管理、责任分散、管理力量不足、行政色彩较浓等问题，2005 年上海市委关于社会组织专题会议提出了民间组织自我管理服务的思路，在吸收市社会科学界联合会、市科学技术协会等的管理实践的基础上，经过调研与试点，2006 年上海市提出了"枢纽式管理"，力求探索形成一个按照中央精神、符合上海实际、具有特大型城市特色的社会组织管理平台和办法。

"枢纽式管理"就是在政府管理部门和社会组织之间设立一个组织载体，通过该载体服务和管理一个系统、一个领域的社会组织，承担一部分党和政府授权或委托的职能，并把社会组织的需求、意见和建议向政府管理部门反馈的管理方式（曾永和，2008）。这种管理方式被称为"枢纽式管理"，该载体被称为"管理枢纽"。2006 年 8 月中共普陀区委《关于加强我区民间组织枢纽式试点工作的意见》表明，管理枢纽的定位是"加强党建工作的支撑、完善双重管理的依托、凝聚团体会员的载体和实现合作共治的平台"。总体上，上海开展枢纽式社会组织管理的探索实践主要分为三个阶段，存在三种形式，集中分布在三个区：

第一个阶段，2005年，以普陀区为代表，依托民间组织服务中心开展枢纽式管理。2002年5月，普陀区在区层面建立民间组织服务中心，8月在长寿路街道成立民间组织服务中心。民间组织服务中心下设党建工作部、社会团体服务部、民办非企业单位服务部、群众团队服务部、义工服务总站、慈善超市等部门。基于民间组织服务中心的实践基础，2006年8月普陀区委下发文件，明确依托区和街道（镇）民间组织服务中心，开展枢纽式管理工作试点。试点主要从三个方面进行：一是党建工作，在两级民间组织服务中心分别设立党总支，接受所属社会组织党组织的挂靠和指导管理工作（原来社会组织党组织挂在业务主管单位、行业或者社区的党组织都有）。二是业务指导和服务工作，全区300家民办非企业单位根据注册地分别由9个街道（镇）民间组织服务中心提供服务、组织、指导和协调，46家社会团体由区民间组织服务中心提供服务、组织、指导和协调。三是保障工作，主要试点人员、经费、办公用房三个方面的保障。

第二个阶段，2007年，以静安区为代表，建立社会组织联合会开展枢纽式管理。党的十六届六中全会提出"健全社会组织，增强服务功能"后，静安区对全区社会组织进行调研后发现，随着社会组织数量不断增加、功能日益多样化，社会组织发展的瓶颈也逐渐显现，突出表现为观念性困境、合法性和独立性缺失以及公信力不足等问题。（曾永和，2013）基于如何使社会组织"发展得好"又"掌控得住"的考虑，2007年静安区成立了区社会组织联合会（即"1"），之后又相继在5个街道（即"5"），和劳动、文化、教育等系统（即"X"）成立社会组织联合会，形成了"1＋5＋X"枢纽式社会组织管理方式。从实践看，社会组织联合会在调查研究、指导咨询、交流合作、反映诉求、管理协调等方面发挥了积极作用，并进一步深化发展，逐步形成了青年志愿、社区服务、社会维稳、慈善公益联盟四个社会组织"共同行动"工作联盟，实现社

会组织的协同合作与联动发展。

第三阶段，2012 年，以长宁区为代表，依托人民团体开展枢纽式管理实践。在社会建设与社会管理创新的大背景下，2011 年 6 月长宁区成为上海市唯一全国社会管理创新综合试点地区，2012 年 3 月长宁区委组织部、区社会建设工作办公室和区民政局认定长宁区总工会、团区委、区妇联、区残联、区"凝聚力工程"学会、区老年协会、区关心下一代协会、区人民调解协会、区志愿者协会以及各街道社会组织指导服务中心等 20 家组织为长宁区首批枢纽式社会组织，对枢纽式社会组织的定位是"政治上引领作用，对各自所联系的社会组织的指导和服务，反映社会组织的合理诉求，帮助社会组织解决发展中遇到的困难和问题，拓宽社会组织参与公益服务、调解民间矛盾、促进社会和谐的渠道，更好地发挥社会组织的积极作用"。长宁区推进枢纽式社会组织侧重于政治上的引领，同时为社会组织的发展提供指导、服务与平台。

三 枢纽式社会组织管理创新的意义

（一）促进社会组织登记管理体制改革

目前我国社会组织管理体制是计划经济条件下形成的依托行政部门来进行管理，各部门（业务主管单位）管理的幅度和重视的程度各不相同，同时社会组织的活动领域和成长空间也被限制在各个条框之内。而实行枢纽式管理以后，政府通过支持和引导枢纽组织来实现规范和秩序，枢纽组织通过工作协调、行为规范、项目带动、资源整合等渠道达成规范引领的目的，从而实现了管理方式由政府部门直接管理到通过一个中介组织间接管理，从控制到规范，从管理到治理的转变。当前，我国正在推进社会组织管理体制改革，除政治法律类、宗教类、境外非政府组织以外，社会组织将基本实行民政部门直接登记管理，如何保证改革平稳过渡，防止出现"一放就乱、一乱就收、一管就死"的恶性循环，枢纽式社会组织无疑提供了很好的思路，通过枢纽组织促进社会组织的自律自治，有利于减轻行政管理的压力，促进社会组织规范有序发展。

（二） 有助于政府职能转变

十二届人大一次会议通过了《国务院行政机构改革和政府职能转变方案》，强调这次改革的核心是转变政府职能，目的是发挥市场对资源配置的作用，调动社会力量在社会事务管理中的积极作用。政府职能转变的重要问题是转给谁、谁是合格的承接主体。在实践中，有的部门直接将其部分职能转给其主管的社会组织，这种"肥水不流外人田"的思维导致职能转变的部门化；而许多自发性社会组织由于不了解政府部门及其工作程序，找不到发挥作用的空间。一方面是由于不少社会组织的能力限制，造成难以单独承接政府委托或者转移的事项，另一方面则是由于有些政府部门对许多草根性社会组织不了解不信任造成的。而枢纽式社会组织，作为政府与一般性社会组织之间的中介，对双方都比较了解，可以很好地发挥桥梁和纽带作用，促进政府与草根性社会组织的合作，从而实现政府瘦身和社会组织成长发展的双赢，最终真正实现政府职能的转变。比如通过静安区社会组织联合会的协调，该区 50 家民办医疗机构的日常管理服务由卫生局委托给区卫生工作者协会负责，自委托以后，投诉大幅减少，既解决了管理的难题，又为卫生工作者协会找到了生存与发展的空间。

（三） 激活社会组织领域社会资本

社会学家皮埃尔·布尔迪厄认为社会资本是"实际的或潜在的资源集合体，那些资源是同对某种持久的网络的占有密不可分的"（包亚明，1997：202）。枢纽式社会组织构建起会员社会组织、社会和政府相互间联系的网络，通过这张网络传递信任、实现规范、促进合作、激活社会组织领域的社会资本。静安区社会组织联合会实行理事会领导下的会长负责制，5 个街道的社会组织联合会和文化、卫生、教育条线上的社会组织联合会的负责人都是区联合会的理事，通过每年召开一次会员大会和理事会，对于会员内部事务进行民主决策，制定行业发展规划。同时，联合会建立社会组织联系制度、新成立社会组织访问制度和专题调研等形式，掌握社会组织发展中存在的问题。对于能够通过自身协调解决的问题，及时协调解决；对于单个部门无法解决或者一时难以解决的问题，通过向区委、区政府情况专报，列席相关会议，以及党代表、人大代表与政协委员（枢纽组织党总支书记有 4 名担任区党代表）等制度性渠道及时向区反映并最后解决。同时，"1 + 5 + X"形成了社会组织相互之间交流的网络，互相深入的交流促进了持续的合作，其中"1"和"5"属于地域类枢纽型社会组织，可以很好地整合地区资源，促进不同类型组织之间的合作交流；而"X"属于行业性枢纽型社会组织，可以发挥专业力量，促进行业规范和专业能力提升。枢纽式社会组织有效地发挥了整合、协调、代表作用，激发了社会组织活力，开发了一批惠及民生的公益类项目，涌现了一批具有社会影响力的领军人物，提升了公益行业的社会影响力。

四 枢纽式社会组织管理研究的未来

枢纽式社会组织管理在上海的实践已有若干年，成为重要的地方政府社会管理创新现象。但以下四个问题需要进一步的理论与实证研究，希望对此感兴趣的学界同仁共同关注：

（一）枢纽式社会组织与人民团体等传统组织的关系：复制还是转型

人民团体和群众团体是党和政府联系某一社会群体，发挥桥梁和纽带作用的传统组织，包括参加政治协商会议的工会、共青团、妇联、科协、侨联、台联、青联、工商联 8 个人民团体，以及免予登记的包括文联、作协、新闻工作者协会、残联、红十字会等 25 个群众团体。这些组织内部具有完整的科层制结构，上级机构对下级机构行使的是条块的行政管理运作体制。而枢纽型社会组织要真正发挥平台作用，必须是开放式的组织治理结构和平等协商的社会化运作机制。目前，北京、广东等地都纷纷依托人民团体等传统组织开展枢纽式管理的实践，这究竟是人民团体去行政化回归社会的过程，还是再造一种行政性组织，在本质上实践行政吸纳社会的逻辑，这有待于进一步研究。

（二）枢纽式社会组织与政府的关系：伙伴还是伙计

枢纽式社会组织是由政府单方面认定或者组织成立的，其承担的职能也由政府明确，运作的经费主要由政府通过拨款或者购买服务形式提供，在这种情形下如何保证枢纽式社会组织的独立性与自主性？同时，作为一个领域或地域社会组织的联合性组织，枢纽承担着为会员社会组织反映诉求、维护合法权益、推动联合发展的使命。如果枢纽式社会组织成为唯政府命令是从的伙计，那么它就难以担当起为服务会员的重要角色，容易失去会员组织的认同和拥护，最终也难以承担起政府希望其承担的规范发展的任务，社会管理创新的初衷也难以实现。伙伴与伙计的主要区别，一是目标一致性，二是决策参与权，三是自主选择权，伙伴具有共同的目标、共同决策和自主选择权利，而伙计则不然。如何把政府管理的要求转化为枢纽式社会组织建设的内在要求，如何把政府对枢纽的统一规划与社会组织的自主选择相结合，如何在政府管理和服务社会中赋予枢纽式社会组织更多的决策参与权等等，需要进一步研究与探索。

（三）枢纽式社会组织与会员社会组织的关系："婆婆"还是"姐姐"

从性质上来说，枢纽式社会组织与会员组织都是注册登记的社会组织，应当是平等的法律主体，只有"平辈"的身份才能对面临的困难感同身受，设身处地地设计和开展服务，平等进行博弈。从职能上来看，由于枢纽式社会组织承担着政府授权或委托的管理服务一个领域、行业或地域社会组织的职能，与会员组织之间又是管理与被管理的关系。从实践来看，社会组织对于枢纽式社会组织的态度是喜忧参半，"喜"的是希望有一个能够为自己提供服务保障、知冷知热的知心"姐姐"，"忧"的是枢纽组织成为一个高高在上、管手管脚的"婆婆"。枢纽式社会组织要真正发挥好引领与规范一个方面社会组织的作用，必须取得会员组织的认同和拥护，如何定位好"婆婆"与"姐姐"的角色是决定这一模式成败的重要因素。

（四）枢纽式社会组织如何实现枢纽功能：社会化还是行政化

枢纽式社会组织，一边连着政府，一边连着会员组织，其承担的职能是政府不便于做而单个社会组织又做不了的事情，比如：政策倡导、职业化发展、行业服务、行业规范等，关键在于以何种方式实现其承担的职能。从组织理论的角度看，行政组织属于机械式组织，其机制是行政组织化，即依靠严格的行政控制和建立行政秩序来整合组织资源以保证行政效率。社会组织属于有机式组织，组织之间的整合依靠的是功能的分化与互补合作。如果枢纽式社会组织运用行政机制和手段来实现其功能，从根本上违背了社会组织的宗旨和特有的有机整合机制。实践中，对于部分枢纽式社会组织向政府部门要规范化建设评估、政府购买服务、免税资格认定、评比表彰等前置审查权力的倾向，政府需要保持谨慎。

参考文献

包亚明（1997）：《布尔迪厄访谈录——文化资本与社会炼金术》，上海人民出版社。

谢海定（2004）：《中国民间组织的合法性困境》，《法学研究》，（2）。

曾永和（2008）：《扬帆远航：社会组织管理机制新论》，《社团管理研究》，（6）。

——（2013）：《当下中国社会组织的发展困境与制度重建》，《求是学刊》，（3）。

（责任编辑：郑琦）

稿　　约

1. 《中国非营利评论》是有关中国非营利事业和社会组织研究的专业学术出版物,暂定每年出版两卷。《中国非营利评论》秉持学术宗旨,采用专家匿名审稿制度,评审标准仅以学术价值为依据,鼓励创新。

2. 《中国非营利评论》设"论文"、"案例"、"研究参考"、"书评"及"随笔"等栏目,刊登多种体裁的学术作品。

3. 根据国内外权威学术刊物的惯例,《中国非营利评论》要求来稿必须符合学术规范,在理论上有所创新,或在资料的收集和分析上有所贡献;书评以评论为主,其中所涉及的著作内容简介不超过全文篇幅的四分之一,所选著作以近年出版的本领域重要著作为佳。

4. 来稿切勿一稿多投。因经费和人力有限,恕不退稿,投稿一个月内作者会收到评审意见。

5. 来稿须为作者本人的研究成果。作者应保证对其作品具有著作权并不侵犯其他个人或组织的著作权。译作者应保证译本未侵犯原作者或出版者的任何可能的权利,并在可能的损害产生时自行承担损害赔偿责任。

6. 《中国非营利评论》热诚欢迎国内外学者将已经出版的论著赠予本刊编辑部,备"书评"栏目之用,营造健康、前沿的学术研讨氛围。

7. 《中国非营利评论》英文刊将委托 Brill 出版集团在全球出版发

行，中文版刊载的论文和部分案例及书评，经与作者协商后由编辑部组织翻译交英文刊采用。

8. 作者投稿时请寄打印稿或电子稿件。打印稿请寄至：北京市海淀区清华大学公共管理学院 425 室《中国非营利评论》编辑部，邮编 100084。电子稿件请发至：nporeviewc@gmail.com。

9.《中国非营利评论》鼓励学术创新、探讨和争鸣，所刊文章不代表本刊编辑部立场，未经授权，不得转载、翻译。

10.《中国非营利评论》集刊以及英文刊所刊载文章的版权属于《中国非营利评论》编辑部所有；本刊已被中国期刊网、中文科技期刊网、万方数据库、龙源期刊网等收录，为适应我国信息化建设的需要，实现刊物编辑和出版工作的网络化，扩大本刊与作者知识信息交流渠道，在本刊公开发表的作品，视同为作者同意通过本刊将其作品上传至上述网站。作者如不同意作品被收录，请在来稿时向本刊声明。但在本刊所发文章的观点均属作者个人观点，不代表本刊立场。本声明最终解释权归《中国非营利评论》编辑部所有。

由于经费所限，本刊不向作者支付稿酬，文章一经刊出，编辑部向作者寄赠当期刊物 2 本。

来 稿 体 例

1. 各栏目内容和字数要求

"论文"栏目发表中国非营利和社会组织领域的原创性研究，字数以 8000～20000 字为宜。

"案例"栏目刊登对非营利和社会组织实际运行的描述与分析性案例报告，字数以 5000～15000 字为宜。案例须包括以下内容：事实介绍，理论框架，运用理论框架对事实的分析。有关事实内容，要求准确具体。

"研究参考"栏目刊登国内外关于非营利相关主题的研究现状和前沿介绍文献综述、学术信息等，字数在 3000 – 15000 字。

"书评"栏目评介重要的非营利研究著作，以 3000～10000 字为宜。

"随笔"栏目刊发非营利研究的随感、会议评述、纪行及心得，不超过 4000 字。

2. 稿件第一页应包括如下信息：（1）文章标题；（2）作者姓名、单位、通信地址、邮编、电话与电子邮箱。

3. 稿件第二页应提供以下信息：（1）文章中、英文标题；（2）不超过 400 字的中文摘要；（3）2～5 个中文关键词。书评和随笔无须提供中文摘要和关键词。

4. 稿件正文内各级标题按 " 一 ""（一）""1.""（1）"的层次设置，其中"1."以下（不包括"1."）层次标题不单占行，与正文连排。

5. 各类表、图等，均分别用阿拉伯数字连续编号，后加冒号并注明图、表名称；图编号及名称置于图下端，表编号及名称置于表上端。

6. 本刊刊用的文稿，采用国际社会科学界通用的"页内注＋参考文献"方式。

基本要求：说明性注释采用当页脚注形式。注释序号用①，②，③……标识，每页单独排序。文献引用采用页内注，基本格式为（作者，年份：页码），外国人名在页内注中只出现姓（容易混淆者除外），主编、编著、编译等字眼及译文作者国别等字眼都无须在页内注里出现，但这些都必须在参考文献中注明。

文末列明相应参考文献，参考文献中外文分列（英、法、德等西语可并列，日语、俄语等应分列）。中文参考文献按照作者姓氏汉语拼音音序排列，外文参考文献按照作者姓氏首字母排序。基本格式为：

作者（书出版年份）：《书名》（版次），译者，卷数，出版社。

作者（文章发表年份）：《文章名》，《所刊载书刊名》，（期数），刊载页码。

author（year），*book name*，edn.，trans.，Vol.，place：press name.

author（year），"article name"，Vol.（no.）*journal name*，pages.

《中国非营利评论》征订单

　　《中国非营利评论》是由清华大学 NGO 研究所和社会科学文献出版社合作发行的学术期刊，清华大学 NGO 研究所所长王名教授担任主编。2013 年 12 月成功入选中文社会科学引文索引（CSSCI）收录集刊（2014－2015）。

　　《中国非营利评论》是一份有关中国非营利事业与非营利组织研究的专业学术出版物，每年出版两卷。出版时间为 1 月 15 日和 7 月 15 日。

　　《中国非营利评论》秉持学术宗旨，采用当今国际学术刊物通行的匿名审稿制度，提倡严谨治学，鼓励理论创新，关注实证研究，为中国非营利事业与非营利组织的研究提供一个高品位、高水准的学术论坛。本刊开设四个主要栏目，一为"主题研讨"，二为"论文"，三为"案例"，四为"书评"，五为"研究参考"，六为"随笔"。为提高刊物的学术品位和水准，本刊聘请国内外相关领域的 30 多位知名学者组成学术顾问委员会，其中海外（含港台地区）学术顾问比例不低于 1/3。本刊英文刊 *China Nonprofit Review*（ISSN 1876－5092；E－ISSN 1876－5149）已出版五卷。

· ·

▷ ［征订单］

订购单位：			
邮寄地址：		邮编：	
联系人：		职位：	
电话：	传真：	邮箱：	
第一卷	数量：	总额：	
第二卷	数量：	总额：	
第三卷	数量：	总额：	
第四卷	数量：	总额：	
第五卷	数量：	总额：	
第六卷	数量：	总额：	
第七卷	数量：	总额：	
第八卷	数量：	总额：	
第九卷	数量：	总额：	
第十卷	数量：	总额：	
第十一卷	数量：	总额：	
第十二卷	数量：	总额：	
第十三卷	数量：	总额：	
第十四卷	数量：	总额：	
发票要求：□是　□否		发票抬头：	
附言：			
付款	**汇款请至如下地址：** 账户名称:社会科学文献出版社 开户银行:中国工商银行北京北太平庄支行 银行账号:0200010019200365434	**征订单请寄至：** ◇北京市西城区北三环中路甲 29 号院 3 号楼华龙大厦　社会科学文献出版社 邮编:100029 　联系人:闫红国　　电话:010－59367156 ◇清华大学公共管理学院 NGO 研究所 邮编:100084 　联系人:刘彦霞　　电话:010－62773929		

图书在版编目（CIP）数据

中国非营利评论. 第 14 卷,2014. NO.2/王名主编.—北京：
社会科学文献出版社,2014.7
ISBN 978 - 7 - 5097 - 6380 - 3

Ⅰ.①中…　Ⅱ.①王…　Ⅲ.①社会团体 - 中国 - 文集
Ⅳ.①C232 - 53

中国版本图书馆 CIP 数据核字（2014）第 186839 号

中国非营利评论（第十四卷）

主　　办／清华大学公共管理学院 NGO 研究所
　　　　　明德公益研究中心
主　　编／王　名

出 版 人／谢寿光
项目统筹／刘骁军　芮素平
责任编辑／梅　玫　芮素平

出　　版／社会科学文献出版社·社会政法分社(010)59367156
　　　　　地址：北京市北三环中路甲 29 号院华龙大厦　邮编：100029
　　　　　网址：www.ssap.com.cn
发　　行／市场营销中心（010）59367081　59367090
　　　　　读者服务中心（010）59367028
印　　装／北京季蜂印刷有限公司

规　　格／开本：787mm × 1092mm　1/16
　　　　　印张：14　字数：214 千字
版　　次／2014 年 7 月第 1 版　2014 年 7 月第 1 次印刷
书　　号／ISBN 978 - 7 - 5097 - 6380 - 3
定　　价／45.00 元